Theo Sorg

Auf weitem Raum

Theo Sorg

Auf weitem Raum

Bilanz eines Bischofs

Quell

Fotos: epd-Bild-Stuttgart-Eppler (S. VII oben), -Hüdig (S. II unten, III oben), -Kirschner (S. I, IV, VII unten, VIII unten), -Leser (S. II oben), -Striebel (S. III unten); L'Osservatore Romano-Arturo Mari (S. V); privat (S. VIII oben); Fritz Wirschum (S. VI)

ISBN 3-7918-1993-3

1. Auflage 1993
Umschlaggestaltung: Klaus Dempel, Stuttgart
Umschlagfoto: epd-Bild-Stuttgart-Kirschner
Gesamtherstellung: Maisch & Queck, Gerlingen

Walter Arnold

dem treuen Freund
und Weggefährten
durch fünf Jahrzehnte

Inhalt

Glaube und Leben

Christ und Welt

Auf weitem Raum

»Du stellst meine Füße auf weiten Raum«
(Psalm 31,9)

Als ich am 25. November 1987 in das Bischofsamt der Evangelischen Landeskirche in Württemberg gewählt wurde, war ich mit einer doppelten Erfahrung konfrontiert: Mit der Erfahrung menschlicher Angst, mit dem Zittern und Zagen vor einer Aufgabe, die riesenhaft vor mir stand. Zugleich aber stellte sich die Erfahrung göttlicher Nähe ein, die mir auf eindrucksvolle Weise in dem Losungswort jenes Wahltages begegnete: »Herr, deine Treue ist groß« (Klagelieder Jeremias 3,23). Seitdem begleitet mich diese doppelte Spur von Erfahrungen. Ich kann aus ihnen nicht ausbrechen, ohne daß ich mich selbst verleugne oder Gottes Zuwendung in Frage stelle. Zwischen Hoffen und Verzagen verläuft – nach meiner Erfahrung – der Weg und das Amt eines Bischofs in unserer Zeit. Da ist kein Raum für triumphalistisches Gehabe oder repräsentatives Gepränge. Dem stehen heute vor allem die Entwicklungen in Kirche und Gesellschaft entgegen. Da können aber auch Angst und Zagen überwunden werden, nicht nur, weil Gott zu seiner Zusage steht, sondern auch, weil ungezählte Menschen durch kleine Zeichen aufmerksamer Begleitung einen immer wieder spüren lassen: Du bist nicht allein!

Ähnliche Erfahrungen spiegeln sich im 31. Psalm. Karl Hartenstein, der 1952 verstorbene Stuttgarter Prälat und Stiftsprediger, hat einmal geschrieben, dieser

Psalm sei »geheiligt durch die Passion des Herrn«. In der Tat: Er spricht von der tiefen Verlassenheit eines Menschen in den Abgründen der Angst, und er beschreibt zugleich die tiefe Geborgenheit in der starken Hand Gottes. Beides liegt ganz nahe beieinander, und man kann wohl nur durch die Erfahrung der Verlassenheit zur Erfahrung des Geborgenseins kommen. So steht vor dem weiten Raum das dunkle Tal, und manches Mal liegen die beiden auch ineinander.

»Du stellst meine Füße auf weiten Raum.« Es ist entscheidend, daß wir uns diesen weiten Raum nicht selber suchen oder erkämpfen. An seinem Eingang steht das »Du« Gottes: »Du stellst...« So kann, wer auf weiten Raum gestellt ist, in allen Zweifeln seines Herzens, in allen Anfechtungen seines Dienstes sich immer wieder auf dieses Du Gottes zurückziehen: »Du stellst meine Füße auf weiten Raum.«

Ein Bischofsamt ist ein Amt auf weitem Raum. Es steht auf dem weiten Raum des biblischen Evangeliums. Nach lutherischem Verständnis ist das Amt eines Bischofs in erster Linie ein Dienst am Wort, ein Predigtamt. Schon 1517 hat Martin Luther im Zusammenhang mit seinem Eintreten gegen die Ablaßpredigt geschrieben, daß es »die erste und einzige Sorge aller Bischöfe sein sollte, daß das Volk das Evangelium und die Liebe Christi lerne«. Diese Auffassung Luthers wird durch die grundlegende Bekenntnisschrift der lutherischen Reformation, die Confessio Augustana von 1530, unterstrichen, wenn dort in Artikel 28 gesagt wird, daß die Vollmacht der Bischöfe »einzig und allein ausgeübt (wird) durch das Lehren und Predigen des Wortes Gottes und die Austeilung der Sakramente... Nach göttlichem Recht besteht deshalb das bischöfliche Amt darin, das Evangelium zu predigen, Sünden zu vergeben, Lehrfragen zu entscheiden, Lehre, die gegen das Evangelium ist, zu verwerfen und die Gottlosen, deren gottloses Wesen offen zutage liegt, von der kirchlichen Gemeinschaft auszuschließen – nicht mit menschlicher Gewalt, sondern allein durch Gottes Wort.« Den weiten Raum des Evangeliums für die Menschen zu erschließen und zu bewahren, ist demnach die erste Aufgabe eines Bischofs.

Er steht aber zugleich im weiten Raum der Kirche. Daß man, um diesen weiten Raum zu überblicken, zu umfassen und zu verstehen, ein weites Herz braucht, ist zumal in der württembergischen Kirche für alle verständlich, die diese Kirche kennen. Zahlreiche Gruppen und Strömungen, nicht zuletzt die breite Bewegung des Pietismus, prägen das Gesicht unserer Kirche, und mehr als in anderen Landeskirchen wird in der unsrigen um die Wahrheit des Evangeliums und um die Mitte der Kirche gestritten. So war es für mich als Bischof – bei Wahrung meiner eigenen theologischen Überzeugung – eine ständig neu wahrzunehmende Aufgabe, im Raum unserer württembergischen Kirche »das Auseinanderstrebende zusammenzuhalten«. Dieser weite Raum endet aber nicht an den Grenzen der eigenen Kirche. Er erstreckt sich weit darüber hinaus: Die evangelischen Freikirchen, die römisch-katholische und die orthodoxen Kirchen, unsere Partnerkirchen in der Dritten Welt, anglikanische, presbyterianische oder Herrnhuter Kirchen, sie alle gehören in den Raum der Kirche Jesu Christi in dieser Welt hinein. Zu ihnen Verbindung zu halten durch Besuche und Gespräche, durch gegenseitiges Lehren und Lernen ist eine Aufgabe, die das Amt eines Bischofs einschließt.

Und schließlich ist ein Bischof im weiten Raum der Gesellschaft und der Öffentlichkeit gefordert. In unserer Zeit der Postmoderne, wo Pluralität, Individualismus und Beliebigkeit das Feld beherrschen, wird in vermehrtem Maß nach Orientierungsdaten gefragt. Die ins Wanken geratenen oder schon ganz vergessenen Werte, an denen frühere Generationen sich orientieren konnten, müssen neu gewonnen oder neu interpretiert werden. Nicht selten sind es die Vertreter der Kirchen und hier besonders die Bischöfe, die aufgefordert sind, sich in die Wertediskussion der Gegenwart einzumischen. Gegenüber einer sich immer weiter verbreitenden Mentalität, wo jeder nur noch an sich selber denkt, haben sie eine Ethik der Verantwortung zu vertreten.

Aus dieser Tätigkeit »auf weitem Raum« sind die in diesem Buch gesammelten Predigten, Vorträge und Stellungnahmen erwachsen. Freunde haben mich bewogen, dieser Sammlung von Texten zuzustimmen und mit ihnen eine Art »Bilanz« meiner Bischofsjahre vorzulegen. Ich habe das nicht ohne Zögern getan. Aber dann überwog der Gedanke an die Verantwortung, die jeder in ein öffentliches Amt Berufene trägt: »Seid allezeit bereit zur Verantwortung vor jedermann, der von euch Rechenschaft fordert über die Hoffnung, die in euch ist« (1. Petr 3,15). Wer nach über 40jähriger Dienstzeit in der Kirche, zuletzt in ihrem leitenden Amt, in den Ruhestand tritt, darf die Bitte um verantwortliche Rechenschaft nicht einfach ausschlagen.

Herzlich zu danken habe ich denen, die die vorliegenden Texte aus einer Fülle von Manuskripten ausgewählt, gesichtet und bearbeitet haben. Die Hauptlast haben meine beiden Mitarbeiter Pfarrer Frank Otfried July und Pfarrer Paul-Gerhard Schöll auf sich genommen. Frau Martina Ehrmann hat die Manuskripte geschrieben. Frau Marlene Holtzmann und Frau Gisela Mayer vom Bischofsbüro und nicht zuletzt mein Fahrer, Helmut Scheuler, haben uns für diese zusätzliche Arbeit den Rücken freigehalten. Der Evangelische Oberkirchenrat Stuttgart steuerte einen Zuschuß zu den Druckkosten bei. Ihnen allen gebührt mein Respekt und mein Dank. So möge dieser Band in unserer Kirche und darüber hinaus einen »weiten Raum« finden und von Glaubenden und Fragenden gleichermaßen als eine Hilfe zur Vergewisserung und zur Orientierung empfunden werden.

Stuttgart, Pfingsten 1993 *D. Theo Sorg*

Kirche und Gemeinde

Wenn dich deine Kinder fragen... Rechenschaft geben vom Glauben*

»Wenn dich nun dein Sohn morgen fragen wird: Was sind das für Vermahnungen, Gebote und Rechte, die euch der Herr, unser Gott, geboten hat?, so sollst du deinem Sohn sagen: Wir waren Knechte des Pharao in Ägypten, und der Herr führte uns aus Ägypten mit mächtiger Hand; und der Herr tat große und furchtbare Zeichen und Wunder an Ägypten und am Pharao und an seinem ganzen Hause vor unsern Augen und führte uns von dort weg, um uns hineinzubringen und uns das Land zu geben, wie er unsern Vätern geschworen hatte. Und der Herr hat uns geboten, nach all diesen Rechten zu tun, daß wir den Herrn, unsern Gott, fürchten, auf daß es uns wohlgehe unser Leben lang, so wie es heute ist. Und das wird unsere Gerechtigkeit sein, daß wir alle diese Gebote tun und halten vor dem Herrn, unserm Gott, wie er uns geboten hat.« (5. Mose 6,20–25)

Ja, wenn es das gäbe unter uns, das Glaubensgespräch zwischen den Generationen! Wenn es bei uns noch üblich wäre, daß Söhne und Töchter ihre Eltern, überhaupt uns Erwachsene fragen: Wie haltet ihr's mit dem Glauben? Was bringt er euch?, und wenn wir Älteren in angemessener Weise darauf antworten könnten, dann müßten nicht Synoden zusammengerufen werden, um der Frage nachzugehen, wie wir als Kirche mit jungen Menschen unterwegs sein können und wie es um die Weitergabe des Glaubens an die kommende Generation bestellt ist.

* Predigt zur Eröffnung der Württembergischen Landessynode am 12. Juni 1988 in der Schloßkirche Friedrichshafen

Aber es ist heute weithin nicht mehr so, wie es früher einmal war. Wir haben etwas verloren, das in den Anfängen des Volkes Gottes zu den Selbstverständlichkeiten gehörte. Es ist in diesem Gottesdienst nicht der Ort, über Generationenkonflikte und deren Auswirkung zu referieren. Es ist jetzt auch nicht der Ort, über das Wechselbad zwischen Aggression und Resignation zu lamentieren, in das wir hineingerissen sind, wenn wir unmittelbar mit diesen Konflikten zu tun haben. Wir haben hier vielmehr zu überlegen, was es für uns als Kirche bedeutet, wenn die Frage nach dem Glauben nicht mehr gestellt wird; wenn man auf der Seite der Jungen merkt, daß alles Fragen keinen Sinn mehr gibt, und die Älteren oft genug nicht wissen, was sie antworten sollen. Wenn dieses Gespräch verstummt, ist unsere Gemeinschaft in der Kirche elementar bedroht. Darum ist es unsere Aufgabe, nach Mitteln und Wegen zu suchen, um das ersterbende Gespräch über den Glauben wieder neu zu beleben und in Gang zu bringen, das Gespräch, über das unser biblischer Text exemplarisch berichtet: »Wenn dich nun dein Sohn (ich füge hinzu: deine Tochter) morgen fragen wird: Was sind das für Vermahnungen, Gebote und Rechte, die euch der Herr, unser Gott, geboten hat?, so sollst du sagen ...«

Es gehört zum Wesen des Menschen, daß er fragt. Ein Kind findet zu sich selber, wenn es sich und seine Umgebung wahrnimmt und, sobald es der Sprache mächtig ist, zu fragen beginnt. Junge Menschen orientieren sich fürs Leben, indem sie Fragen stellen, wo immer es ihnen möglich ist. Nun hat es mit dem Fragen eine besondere Bewandtnis. Wer fragt, gibt Vertrauen vor. Er erwartet, daß der Gefragte aufgrund seines Alters, seiner Kenntnisse und Erfahrungen eine Antwort geben kann. Das Fragen und das Antworten, beides hat mit Vertrauen zu tun.

Im Blick auf unseren Glauben ist es nicht anders.

Auch hier geht es um Gefragtwerden und Antworten; auch hier steht Vertrauen auf dem Spiel. Wer glaubt, ist immer wieder herausgefordert, seinen Glauben zu verantworten. »Seid allezeit bereit zur Verantwortung vor jedermann, der von euch Rechenschaft fordert über die Hoffnung, die in euch ist« (1. Petr 3,15). Darum ist es im Grunde eine Selbstverständlichkeit, daß wir, wie es unser Text zeigt, Rechenschaft geben über unseren Glauben, daß wir durch unser Reden und Handeln, durch unser ganzes Leben dem Ausdruck und Gestalt verleihen, was uns im Innersten ausfüllt und bewegt. Aber das ist ja nun gerade die Frage, der wir als Väter und Mütter, als Erwachsene, als Mitarbeiter in der Kirche nicht ausweichen dürfen: Lebt in uns der Glaube als eine Wirklichkeit? Lebt er so, daß unser ganzes Sein davon geprägt und bestimmt ist? Oder ist er nur ein Stück Tradition, die wir zwar mitschleppen, die aber keine Bedeutung mehr für unseren Alltag hat? Suchen wir als Christen, die wir sein wollen, immer aufs neue den Anschluß an die Quellen, aus denen christlicher Glaube sich speist und ohne deren Zufluß er verkümmern muß: das Wort Gottes, das Gebet, die Gemeinschaft, das Abendmahl? Wer mit jungen Menschen unterwegs sein will, wer seine Kinder zur Taufe bringt und in den Konfirmandenunterricht gehen heißt, wer sie auf christliche Freizeiten schickt, der müßte eigentlich selber Bescheid wissen über den Weg, den er anderen zu gehen empfiehlt, über Jesus Christus, der von sich sagt: »Ich bin der Weg und die Wahrheit und das Leben« (Joh 14,6).

So wird, liebe Synodale, liebe Gemeinde, die Besinnung über das Unterwegssein mit jungen Menschen, die Frage nach der Weitergabe des Glaubens an die kommende Generation zuerst einmal für uns Erwachsene zu einer Anfrage an unseren eigenen Glauben, an seine Echtheit, seine Lebendigkeit, seinen Gegenwartsbezug. Es wäre nicht das schlechteste Ergebnis, das diese Tagung der Landessynode erbringen könnte, wenn wir Erwachsenen unseren eigenen Glauben in diesen Tagen einer ernsthaften Prüfung unterziehen ließen und Gott darum bitten würden, unseren Glauben so zu erneuern und lebendig zu machen, daß wir mit größerer Klarheit und neuer Freude anderen Rechenschaft vom Glauben geben können.

Was ich jetzt für uns als einzelne wünsche, das gilt nicht weniger für unsere ganze Kirche und alle ihre Arbeitsfelder. Junge Menschen, die in der eigenen Familie oft keine Resonanz mehr finden für ihre Fragen, suchen Antworten an anderen Stellen. Sie kommen auch zur Kirche, in unsere Jugendarbeit. Finden sie bei uns Gehör und Verständnis, Antwort und Geleit?

Rechenschaft geben vom Glauben – darum geht es in dem alten biblischen Text, den wir zur Eröffnung unserer Landessynode miteinander bedenken: »Wenn dich nun dein Sohn (oder deine Tochter) morgen fragen wird: Was sind das für Vermahnungen, Gebote und Rechte, die euch der Herr, unser Gott, geboten hat?, so sollst du deinem Sohn (deiner Tochter) sagen ...« In zweifacher Richtung wird dies nun hier entfaltet.

Von Gottes Taten erzählen

Daß der Glaube eine sehr persönliche Seite hat, daß das Erzählen vom Glauben immer auch subjektiv eingefärbt sein wird, wenn es echt sein soll, das wissen wir. Aber jeder persönliche Glaube hat einen objektiven Grund. Dieser Grund unseres Glaubens liegt in dem, was Gott für uns getan hat. Darum wird hier zuerst der cantus firmus für ein rechtes Glaubenszeugnis eingeprägt. Er lautet nicht: »Ich habe erlebt«, er heißt: »Der Herr hat getan.« Wie ein roter Faden zieht sich das durch unseren Text: Der Herr führte uns, der Herr tat Zeichen und Wunder ... Er, immer nur er! Indem man auf ihn, den lebendigen Gott, verwiesen hat, sein Tun bezeugte, für seine Führung dankte, hat man im Gottesvolk des Alten Bundes Rechenschaft gegeben vom Glauben.

Im alten Israel hat man gewußt: Die Geschichte Gottes mit seinem Volk ist nicht nur die Summe dessen, was geschehen ist. Sie ist zugleich der Wurzelboden für das Kommende. Man hat gewußt, und so hat es der Vater seinem Sohn erzählt: Was auch kommen mag, Gott ist der Herr der Geschichte. In seinen Händen sind wir geborgen. Aus dieser Geborgenheit heraus läßt sich ein Leben, läßt sich auch die Welt gestalten. Kein Bereich ist losgelöst von Gott, nicht das Eigentum und nicht die Sozialgesetzgebung, nicht der Schutz des Lebens und nicht der Feiertag. Überall ist Gott anwesend, überall redet er mit. Das hat damals der Vater seinem Sohn, an langen Abenden am Lagerfeuer sitzend, erzählt.

Damit ist uns auch heute die Richtung gewiesen für unsere Rechenschaft vom Glauben, als Eltern und Großeltern, als Mitarbeiterinnen und Mitarbeiter in der Kirche, überall dort, wo wir mit jungen Menschen unterwegs sind: »Der Herr führte uns aus Ägypten mit mächtiger Hand...« Der Herr! Und wir können seit Karfreitag und Ostern weitererzählen von Jesus Christus, der zu uns Menschen kam und Gottes Reich auf diese Erde brachte, der uns durch seinen Tod und sein Auferstehen neues Leben in seiner Nähe ermöglicht hat. Und wir dürfen seit Pfingsten erzählen von dem Weg Gottes mit seiner Kirche, von Mission und Diakonie, die er, trotz allen Versagens und Versäumens von uns Menschen, bis an das Ende der Zeit erhalten wird.

Von Gottes Taten erzählen – damit ist der Schwerpunkt unserer Arbeit in der Kirche markiert, gerade wenn es darum geht, mit jungen Menschen unterwegs zu sein. Vielleicht sind manche von diesen jungen Leuten deshalb so skeptisch und mißtrauisch geworden, weil wir Älteren so viel von uns selber erzählen, von dem, was wir geleistet haben, von dem, was wir fertigbringen im Leben oder auch im Glauben, und weil so wenig herüberkommt von dem, was Gott getan hat und tut, durch all unser schuldhaftes Versagen und unsere menschlichen Schwächen hindurch.

Auf Gottes Gebote verweisen

»Und der Herr hat uns geboten, nach all seinen Rechten zu tun...« Wiederum derselbe Beginn: »Der Herr hat geboten!« Unserem Text unmittelbar voraus geht die erneute Proklamation des Dekalogs, der Zehn Gebote Gottes, die er uns Menschen gegeben hat als Richtungspfeile, als Merkzeichen für unser Leben. Nicht um uns einzuengen, sondern weil er es gut mit uns meint und weil er weiß, daß ohne bestimmte Spielregeln und Ordnungen sich kein Leben entfalten und kein Zusammenleben gestalten kann. Gott will, »daß es uns wohlgehe unser Leben lang«. Darum weist er hin auf seine »Vermahnungen, Gebote und Rechte«.

Wenn man junge Menschen fragt, was nach ihrer Meinung für einen Christen kennzeichnend sei, so begegnet einem nicht selten die Meinung: Christen sind Menschen, die nichts dürfen! Ein hartes Urteil, ganz gewiß, und ein höchst einseitiges dazu. Aber ehe wir uns darüber empören, sollten wir zuerst einmal nachzudenken beginnen, warum wir es offenbar nicht oder nicht ausreichend verstanden haben, den befreienden und einladenden Charakter des Evangeliums überzeugend darzustellen. Haben wir junge Menschen zu wenig spüren lassen von dem Leben der Kinder Gottes, zu dem uns Christus befreit? Oder haben wir vielleicht unser Christsein mit einem Lebensstil verbunden, den wir als notwendigen Ausweis wahren christlichen Glaubens ansehen und einfordern, der aber nicht mehr ohne weiteres der Lebensstil junger Menschen sein kann?

Rechenschaft geben vom Glauben – das ist unsere

Aufgabe als Eltern, als Lehrer, als Erzieherinnen, als Mitarbeiterinnen und Mitarbeiter in der Jugendarbeit. Je nach der Platzanweisung des einzelnen wird sich uns diese Aufgabe ganz verschieden stellen. Wir können sie nur erfüllen, wenn wir in missionarischer Sensibilität und Flexibilität uns auf junge Menschen einlassen, großzügig und weitherzig in allen Fragen der Arbeitsform und der Methode, aber eindeutig im Ziel: von Gottes Taten erzählen, auf Gottes Gebote verweisen. Es könnte ja geschehen, daß das Glaubensgespräch zwischen den Generationen neue Anstöße bekommt, wenn junge Menschen merken, daß wir Älteren nicht immer schon meinen, alles zu wissen, sondern daß wir mit ihnen unterwegs sein wollen als Menschen, die durchaus Fragen haben, die aber Gott zutrauen, daß er unseren gemeinsamen Weg begleitet und uns zum Ziel führt.

Vom Bruch zwischen den Generationen habe ich eingangs geredet, von den Konflikten, die es zwischen jüngeren und älteren Menschen auch in der Kirche und unter uns Christen heute gibt. Manche von uns könnten an dieser Stelle eine lange persönliche Leidensgeschichte erzählen. Ich sehe nur wenige menschliche Möglichkeiten, solche Brüche zu heilen. Die Ratlosigkeit unter uns ist groß. Aber es gibt eine Verheißung Gottes, die im letzten Vers des Alten Testaments aufgeschrieben steht. Dort gibt Gott das Versprechen, daß einer kommen wird, der die Herzen verwandeln kann: »Der soll das Herz der Väter bekehren zu den Söhnen und das Herz der Söhne zu ihren Vätern...« (Mal 3,24) – und ich füge hinzu: Die Mütter und Töchter sind mit eingeschlossen. Auf diese Verheißung möchte ich mich verlassen. Amen.

Wirklichkeit und Vision der Kirche*

»Und das Volk klagte vor den Ohren des HERRN, daß es ihm
schlechtgehe. Und als es der HERR hörte, entbrannte sein
Zorn, und das Feuer des HERRN loderte auf unter ihnen und
fraß am Rande des Lagers. [2]Da schrie das Volk zu Mose, und
Mose bat den HERRN; da verschwand das Feuer. [3]Und man
nannte die Stätte Tabera, weil hier das Feuer des HERRN unter
ihnen aufgelodert war.
[4]Das fremde Volk aber unter ihnen war lüstern geworden.
Da fingen auch die Israeliten wieder an zu weinen und spra-
chen: Wer wird uns Fleisch zu essen geben? [5]Wir denken an
die Fische, die wir in Ägypten umsonst aßen, und an die Kür-
bisse, die Melonen, den Lauch, die Zwiebeln und den Knob-
lauch. [6]Nun aber ist unsere Seele matt, denn unsere Augen se-
hen nichts als das Manna. [7]Es war aber das Manna wie Korian-
dersamen und anzusehen wie Bedolachharz. [8]Und das Volk
lief hin und her und sammelte und zerrieb es mit Mühlen oder
zerstieß es in Mörsern und kochte es in Töpfen und machte
sich Kuchen daraus; und es hatte einen Geschmack wie Ölku-
chen. [9]Und wenn bei Nacht der Tau über das Lager fiel, so fiel
das Manna mit darauf.
[10]Als nun Mose das Volk weinen hörte, alle Geschlechter
miteinander, einen jeden in der Tür seines Zeltes, da ent-
brannte der Zorn des HERRN sehr. Und auch Mose verdroß
es. [11]Und Mose sprach zu dem HERRN: Warum bekümmerst
du deinen Knecht? Und warum finde ich keine Gnade vor dei-
nen Augen, daß du die Last dieses ganzen Volks auf mich
legst? [12]Hab ich denn all das Volk empfangen oder geboren,
daß du zu mir sagen könntest: Trag es in deinen Armen, wie
eine Amme ein Kind trägt, in das Land, das du ihren Vätern

---

* Bibelarbeit beim Deutschen Evangelischen Kirchentag am 7. Juni 1991 in der katholischen Heilig-Geist-Kirche in Dortmund

zugeschworen hast? [13]Woher soll ich Fleisch nehmen, um es
all diesem Volk zu geben? Sie weinen vor mir und sprechen:
Gib uns Fleisch zu essen. [14]Ich vermag all das Volk nicht allein
zu tragen, denn es ist mir zu schwer. [15]Willst du aber doch so
mit mir tun, so töte mich lieber, wenn anders ich Gnade vor
deinen Augen gefunden habe, damit ich nicht mein Unglück
sehen muß.

[16]Und der HERR sprach zu Mose: Sammle mir siebzig Män-
ner unter den Ältesten Israels, von denen du weißt, daß sie Äl-
teste im Volk und seine Amtleute sind, und bringe sie vor die
Stiftshütte und stelle sie dort vor dich, [17]so will ich hernieder-
kommen und dort mit dir reden und von deinem Geist, der
auf dir ist, nehmen und auf sie legen, damit sie mit dir die Last
des Volks tragen und du nicht allein tragen mußt.

[18]Und zum Volk sollst du sagen: Heiligt euch für morgen, so
sollt ihr Fleisch zu essen haben; denn euer Weinen ist vor die
Ohren des HERRN gekommen, die ihr sprecht: ›Wer gibt uns
Fleisch zu essen? Denn es ging uns gut in Ägypten.‹ Darum
wird euch der HERR Fleisch zu essen geben, [19]nicht nur einen
Tag, nicht zwei, nicht fünf, nicht zehn, nicht zwanzig Tage
lang, [20]sondern einen Monat lang, bis ihr's nicht mehr riechen
könnt und es euch zum Ekel wird, weil ihr den HERRN verwor-
fen habt, der unter euch ist, und weil ihr vor ihm geweint und
gesagt habt: Warum sind wir aus Ägypten gegangen?

[21]Und Mose sprach: Sechshunderttausend Mann Fußvolk
sind es, mit denen ich lebe, und du sprichst: Ich will ihnen
Fleisch geben, daß sie einen Monat lang zu essen haben.
[22]Kann man so viele Schafe und Rinder schlachten, daß es für
sie genug sei? Oder kann man alle Fische des Meeres einfan-
gen, daß es für sie genug sei? [23]Der HERR aber sprach zu
Mose: Ist denn die Hand des HERRN zu kurz? Aber du sollst
jetzt sehen, ob sich dir mein Wort erfüllt oder nicht.

[24]Und Mose ging heraus und sagte dem Volk die Worte des
HERRN und versammelte siebzig Männer aus den Ältesten des
Volkes und stellte sie rings um die Stiftshütte. [25]Da kam der
HERR hernieder in der Wolke und redete mit ihm und nahm
von dem Geist, der auf ihm war, und legte ihn auf die siebzig
Ältesten. Und als der Geist auf ihnen ruhte, gerieten sie in
Verzückung wie Propheten und hörten nicht auf.

[26]Es waren aber noch zwei Männer im Lager geblieben; der
eine hieß Eldad, der andere Medad. Und der Geist kam über
sie, denn sie waren auch aufgeschrieben, jedoch nicht hinaus-
gegangen zu der Stiftshütte, und sie gerieten in Verzückung
im Lager. [27]Da lief ein junger Mann hin und sagte es Mose
und sprach: Eldad und Medad sind in Verzückung im Lager.
[28]Da antwortete Josua, der Sohn Nuns, der dem Mose diente
von seiner Jugend an, und sprach: Mose, mein Herr, wehre
ihnen! [29]Aber Mose sprach zu ihm: Eiferst du um meinetwil-
len? Wollte Gott, daß alle im Volk des HERRN Propheten wä-
ren und der HERR seinen Geist über sie kommen ließe! [30]Dar-
auf kehrte Mose zum Lager zurück mit den Ältesten Israels.
[31]Da erhob sich ein Wind, vom HERRN gesandt, und ließ
Wachteln kommen vom Meer und ließ sie auf das Lager fal-
len, eine Tagesreise weit rings um das Lager, zwei Ellen hoch
auf der Erde. [32]Da machte sich das Volk auf und sammelte
Wachteln diesen ganzen Tag und die ganze Nacht und den an-
dern ganzen Tag; und wer am wenigsten sammelte, der sam-
melte hundert Scheffel. Und sie breiteten sie rings um das La-
ger aus, um sie zu dörren. [33]Als aber das Fleisch noch zwi-
schen ihren Zähnen war und ehe es ganz aufgebraucht war, da
entbrannte der Zorn des HERRN gegen das Volk und er schlug
sie mit einer sehr großen Plage. [34]Daher heißt die Stätte ›Lust-
gräber‹, weil man dort das lüsterne Volk begrub. [35]Von den
›Lustgräbern‹ aber zog das Volk weiter nach Hazerot, und sie
blieben in Hazerot.« (4. Mose 11)

Es ist ein entlegener Text, der uns in dieser Stunde beschäftigen soll. Wer kennt ihn schon und das 4. Mose-Buch, aus dem er stammt? Die Besucherströme meiden dieses entlegene Tal, das abseits der vielbefahrenen biblischen Hauptverkehrswege liegt. Aber nun ist es mir im Urlaub schon des öfteren so ergangen, daß ich gerade in abgelegenen Seitentälern die schönsten Entdekkungen gemacht habe: seltene Pflanzen, interessante Gesteine, lohnende Ausblicke. Seien wir also gespannt auf die Entdeckungsreise durch dieses entlegene Tal der Bibel!

Aber es ist nicht nur ein entlegener Text, es ist auch ein sehr alter Text. Mit Sicherheit hatte er schon eine lange Geschichte der mündlichen Überlieferung hinter sich, ehe er Schrift wurde. Man hat sich viele Geschichten erzählt im alten Israel, Geschichten aus der Vergangenheit des Volkes, Geschichten von Gottes Führung und Bewahrung. Der Vater hat seinen Söhnen erzählt und die Mutter ihren Töchtern, wie es damals zugegangen ist, als das Volk durch die Wüste zog, von Ägypten in das gelobte Land: Vierzig Jahre Wüstenwanderung mit all dem, was an Not und Entbehrung dazugehört, aber auch an Erfahrung wunderbarer Hilfe durch Gottes Hand. Und so könnten sich, als später diese Erzählungen niedergeschrieben wurden, solche alten Geschichten miteinander verwoben haben, einzelne, ursprünglich selbständige Erzähltraditionen mögen ineinandergeflossen sein zu der erzählerischen Einheit, die wir heute vor uns haben. Etwas von solchen Prozessen des Ineinanderfließens und der Verschränkung können wir auch in unserem Text erkennen. Da ist der Erzählfaden, der an den Worten »Hunger – Manna – Wachteln« entlanggeht. Und dazwischen der andere, der sich an den Stichworten »Müdigkeit – Überlastung – Geistbegabung – Mitarbeit« festmacht. Wie dem auch sei: Wir treffen in dieser alten Geschichte auf eine Situation, die unserer heutigen durchaus nicht unähnlich ist.

Wenn es wahr ist, daß wir in den Erzählungen vom Wüstenzug Israels etwas von dem Weg des Volkes Gottes durch diese Welt abgebildet sehen dürfen, von dem Weg der Kirche Jesu Christi durch die Zeit, so können solche alten Geschichten heute für uns neu lebendig werden und ein Licht auf unseren Weg werfen. Sie können uns trösten und ermutigen, können uns aufrichten und anspornen.

Beim Nachdenken über unseren Text aus dem 4. Mose-Buch habe ich in seinem ersten Teil (V. 1–15) unsere Situation in der Kirche entdeckt; der zweite Teil (V. 16–32) hat mir Gottes Vision für die Kirche vor die Augen gerückt. Unter diesen beiden Stichworten wollen wir nun diesen Text miteinander bedenken: Unsere Situation in der Kirche, Gottes Vision für die Kirche.

Unsere Situation in der Kirche

Von der Schriftstellerin Ricarda Huch stammt der Satz: »In der Bibel stehen lauter alte Geschichten, die jeden Tag neu passieren.« So auch hier.

Gottes Volk klagt über seinen Weg

Wir wissen aus den Mose-Erzählungen des Alten Testaments, mit welchem Schwung und welcher Begeisterung die Israeliten einst aus Ägypten aufgebrochen waren, heraus aus jahrelanger Knechtschaft, hinein in die Freiheit des verheißenen Landes. Aber die Begeisterung hat nicht lange angehalten. Daß der Weg in die Freiheit mit solch drückenden Lasten verbunden sein könnte, darauf waren sie nicht gefaßt. Es gibt offenbar keine Freiheit ohne Kampf und keinen Wohlstand ohne vorausgegangene Entbehrung, bis heute nicht, wie aktuelle Beispiele zeigen. Daß es auf dem Weg in die Freiheit Durststrecken gibt, daß das graue Einerlei der Tage einen psychisch müde macht und physisch an den Rand der Widerstands- und Tragkraft bringen kann, das mußten die Israeliten damals bitter lernen. Grau und trist war ihr Weg durch die Wüste, bis hin zum Speisezettel. Jeden Tag die gleiche Speisekarte, Manna, die alte Wüstenspeise, sonst nichts. Keine Abwechslung, keine Sonderrationen, kein Menü II. Und so fangen sie an zu knurren und zu murren: »Wir wollen mehr, Fleisch muß her!« Man hört sie geradezu, wie sie skandieren: Wir wollen mehr! Man sieht ihre Spruchbänder über der Straße durch die Wüste: Fleisch muß her! Vielleicht stand da auf einem Felsblock ein junger Israelit (mit einem Megaphon in der Hand, wenn es ein solches damals schon gegeben hätte) und rief das Volk, das sich um ihn sammelte, zu diesen Parolen auf. Demonstration in der Wüste, eine Demo gegen Gott: Wir wollen mehr – Fleisch muß her! Die ganze versprochene Freiheit kann uns gestohlen bleiben, wenn unser Lebensstandard sich nicht bessert, und zwar umfassend, und zwar sofort! Fleisch und Früchte und Auto und Arbeit und Urlaub und Reisen...!

Und so tun die Israeliten, was alle tun, die miese Zeiten erleben: Sie vergolden die Vergangenheit. Sie prägen die Erinnerung um: Ja damals! Damals in Ägypten: die Fische, die Kürbisse, die Melonen, Lauch, Zwiebeln und Knoblauch (V. 5)! Das Wasser lief ihnen im Mund zusammen, wenn sie an Ägypten dachten, an die früheren Zeiten. Aber daß Ägypten für sie zugleich ein Gefangenenlager war, das hatten sie vergessen. Daß immer die ägyptischen Aufseher mit ihren Knüppeln hinter ihnen standen, Stasi-Mitarbeiter, KGB-Leute, Securitateposten, daß sie zwar Melonen und Knoblauch, aber keine Freiheit zum Leben hatten, keine Luft zum Atmen, keinen Raum zum Reden, das war in ihrer Erinnerung wie weggeblasen. Ja damals!

Denken wir jetzt einmal nicht an die neuen Bundesländer, an die GUS, an Jugoslawien oder an Rumänien! Denken wir jetzt an die Kirche! Darum geht es hier. Es ist ja Gottes Volk, von dem uns in 4. Mose 11 erzählt wird. Es ist die Situation unserer Kirche. Daß wir durch miese Zeiten gehen, haben wir vor Augen. Daß die Zahlen der Kirchenmitglieder rückläufig sind, daß es in nicht wenigen Gemeinden trist und trostlos aussieht, ist uns schmerzlich bewußt. Daß die Medien ständig neu die Kirchensteuerdiskussion anheizen, geht allmählich an den Nerv. Die Wirklichkeit der Kirche gibt vielerorts eher Anlaß zum Resignieren als zum Jubilieren. Ist es da verwunderlich, wenn Menschen zu murren beginnen: Nur immer das Manna! Nur immer das Wort! Immer die Bibel! Heute, in unserem Müsli-Zeitalter, ruft man nicht mehr nach Fleisch. Heute heißt es anders: »Wir wollen mehr! Der Geist muß her!« Zeichen und Wunder wollen wir sehen! Heilungen, Kampf gegen die Dämonen, Lobgesänge! Alles geht zurück, der Gottesdienstbesuch, die Jugendkreise, die Zahl der Ehrenamtlichen, und wir begegnen dem allein mit dem Wort! Das geht doch nicht! Aktionen müssen wir starten, Initiativen, Heilungsgottesdienste, Jesusmärsche! So macht sich Unzufriedenheit unter uns breit, eine Aussteigermentalität kommt auf: Beim nächsten Umzug ist der Austritt fällig. Und dann fangen auch bei uns manche an, die Vergangenheit zu vergolden und ins Gestern zu flüchten, wenigstens in ihren Gedanken: Ja damals!

Damals in den Zeiten der Erweckung, als Gottes Winde wehten und ganze Landstriche sich dem Evangelium öffneten.

Damals im Kirchenkampf, als das Bekenntnis und die Eindeutigkeit der Aussage gefordert war, und man beides auch fand.

Damals in unseren Dörfern in Südrußland oder in Bessarabien und Siebenbürgen, vor Stalin und Ceauşescu, als die Welt noch in Ordnung war.

Damals nach 1945, als die Scharen der Heimkehrer und der Flüchtlinge ein neues Hören und Fragen nach dem, was ein Leben begründen kann, in die Kirche trugen.

Damals im Herbst 1989, als sich in der DDR die Massen zu den Friedensgebeten drängten, weil in der Kirche Raum für die Geängsteten und Freiheit für das offene Wort war.

Ja damals! Aber heute? Sinkende Zahlen, Resignation, Mutlosigkeit um und um! Neue religiöse Bewegungen treten auf, werben in den Fußgängerzonen unserer Städte, kommen über Volkshochschulprogramme oder über das Fernsehen bis in unsere letzten Dörfer und finden Gehör. Neue Christengemeinden bilden sich neben der Kirche. Pfingstkirchen sammeln die Menschen in Massen. Sie sind weltweit die am stärksten wachsenden Kirchen. Ein neuer Geistesfrühling ist angesagt. Und daneben wir? Hat sich die Kirche in ihrer bisherigen Gestalt überlebt? Ist die Volkskirche am Ende?

Gottes Mann verzweifelt an seinem Auftrag

Und nun Mose, der von Gott berufene Führer des Volkes! Auch ihn packt die Verzweiflung: »Und auch Mose verdroß es, und er sprach: Warum bekümmerst du deinen Knecht, und warum finde ich keine Gnade vor deinen Augen, daß du die Last des ganzen Volkes auf mich legst? Ich vermag dieses Volk nicht mehr allein zu tragen. Es ist mir zu schwer« (V. 11–14). Und dann der schreckliche Satz innerer Selbstpreisgabe (V. 15): »Töte mich lieber, damit ich nicht mein Unglück sehen muß!«

Da sehe ich ihn vor mir, Mose, den Mitarbeiter Gottes, wie er die Last des Volkes tragen will und es doch nicht mehr kann. So schreit er Gott seine Klage entgegen: Ich kann doch diese Menschen nicht länger auf meinen Armen und auf meinen Schultern in das verheißene Land tragen, so wie eine Amme ihr Kind trägt (V. 12)! Du hast mich zu deinem Mitarbeiter berufen, Gott, und was bin ich nun? Der Babysitter des Gottesvolkes, das nur noch unzufrieden ist mit deiner Führung und mit meinem Leiten. Alle ihre Wünsche, ihre Erwartungen, ihren ganzen Frust hängen sie an mich hin wie an einen Kleiderständer. Und nun kann ich nicht mehr, und ich will auch nicht mehr.

Mir fällt jetzt Elia ein, dort unter seinem Ginsterstrauch (1. Kön 19), der aus lauter Verzweiflung sich den Tod herbeiwünscht, weil er nicht mehr kann. Isebel wurde ihm zu groß, und Gott zu klein. Und ich denke an den Propheten Jeremia (Kap. 20), der den Tag seiner Geburt verwünscht, weil ihm sein Auftrag zu schwer wurde. Mitarbeiter Gottes, die nicht mehr können und nicht mehr wollen!

Und nun sehe ich vor mir die große Zahl der Mitarbeiterinnen und Mitarbeiter Gottes, den treuen Dienst so vieler Frauen und Männer in unseren Kirchengemeinden, die Woche um Woche ihre Kirche sauber machen, Blumen auf den Altar stellen, die Orgel spielen, auf die Kanzel steigen, den Kindern biblische Geschichten erzählen – und das Wort der Verkündigung verhallt echolos. Seelsorge ist nicht mehr gefragt. Ich sehe die Mitarbeiterinnen des Besuchsdienstes an den Glastüren der Neubauviertel stehen – und außer einer unverbindlichen Antwort kommt nichts über. Ich sehe die Jungscharleiterin, wie sie wartet, ob diesmal ein paar Mädchen kommen – und sie bleibt wieder allein. Ich sehe die Sozialarbeiterin sich um Drogenabhängige mühen – und diese sacken nur immer weiter ab.

Mose war am Ende, und ungezählte nach ihm sind es auch. Vielleicht sitzen manche jetzt hier unter uns, denen es ähnlich zumute ist wie Mose, die so verzweifelt sind wie er: Ich kann nicht mehr! Ich will nicht mehr länger Babysitter meiner Gemeinde sein!

Das ist unsere Situation in der Kirche: Klage und Anklage, Verzagtheit und Resignation. Nur einen Unterschied sehe ich zwischen damals und heute, vermutlich den entscheidenden. »Und das Volk klagte vor den Ohren des Herrn...« (V. 1), so beginnt unser Kapitel. »Und Mose sprach zu dem Herrn...« (V. 11), so geht es weiter. Geklagt wird im Volke Gottes und unter seinen Mitarbeitern. Aber es wird vor den Ohren Gottes geklagt. Es wird gebetet. Die Klage ist ja eine der Urformen des Betens. Ein rundes Drittel unserer Psalmen sind Klagepsalmen. Vielleicht wäre dies das erste, was wir aus dieser alten Geschichte lernen sollten, das rechte Klagen vor Gott. Wenn wir das tun, könnte es auch unter uns geschehen, daß Gott uns eine neue Vision schenkt.

Gottes Vision für die Kirche

Das murrende Volk, der klagende Mose – in dieser Schilderung können wir uns wiederfinden. Aber nun sind wir eingeladen, uns auch in dem wiederzufinden, was in dieser Geschichte folgt, in dem, was uns hier als Gottes Vision für die Kirche begegnet.

Gottes Wort setzt neue Kräfte frei

Mose ist in seinem Dienst überfordert, weil er meint, er müsse allein die ganze Last der Verantwortung für den Weg des Gottesvolkes tragen. Bei nicht wenigen unserer Mitarbeiterinnen und Mitarbeiter, unserer Pfarrerinnen und Pfarrer ist es nicht anders. Sie reiben sich auf an der Menge ihrer Aufgaben und leiden unter der scheinbaren Erfolglosigkeit ihres Tuns. Aber eine Teilung von Verantwortung liegt nicht in ihrem Blick. Und eben das könnte der Weg aus dem Frust sein, der Weg zu neuer Kraft. Nur wo das Ein-Mann-System überwunden wird, können Gemeinden wieder zu blühen beginnen, werden sie lebendig, gewinnen Mitarbeiter Zuversicht.

Es ist eine klare Weisung Gottes, die Mose jetzt bekommt: »Sammle mir siebzig Männer unter den Ältesten Israels..., und bringe sie vor die Stiftshütte und stelle sie dort vor dich, so will ich herniederkommen und dort mit dir reden und von deinem Geist auf sie legen, damit sie mit dir die Last des Volkes tragen und du nicht allein tragen mußt« (V. 16–17).

Gott will nicht, daß einer alles tut; er will, daß alle etwas tun. Er möchte nicht, daß einige wenige von der Gesamtverantwortung für alle und für alles erdrückt werden. Geteilte Verantwortung ist das Grundprinzip geistlicher Leitung in der Kirche.

Wenn andere aber Verantwortung mittragen sollen, müssen die bisherigen Verantwortungsträger bereit sein, Verantwortung abzugeben und Freiräume für Eigenverantwortung zu eröffnen. Das ist offenbar gar nicht so einfach, auch in der Kirche nicht. Jede Delegation von Aufgaben bedeutet ja nicht nur Erleichterung, sondern auch ein Stück Machtverlust. Und Macht aus der Hand zu geben, das geht für viele ans Eingemachte. Es gehört aber nun einmal zu den Grundlinien des Gemeindeaufbaus in der Kirche Jesu Christi, daß nicht Hilfsdienste verteilt werden, sondern daß Verantwortung übertragen wird. Das macht nicht nur diese alte Mosegeschichte deutlich. Das zeigt vor allem das neutestamentliche Bild von der Gemeinde als dem Leib Christi mit seinen vielen unterschiedlichen Gliedern und Organen (1. Kor 12,12–27). Sie sind sehr verschiedenartig, diese einzelnen Organe, Auge und Ohr, Hände und Füße. Aber sie sind alle gleichwertig. Sie tun je ihren eigenen und besonderen Dienst und sind doch voneinander abhängig und aufeinander angewiesen. Zwei Schultern sind zu wenig, um die Verantwortung für eine Gemeinde, einen Kirchenkreis oder eine ganze Landeskirche zu tragen. Es ist ein Zeichen von Krankheit in unserer Kirche, daß so viele Verantwortungsträger so wenig Verantwortung wirklich abgeben können.

»Sammle mir siebzig Älteste.« Es ist Gott, der diese Anordnung trifft, nicht ein Unternehmensberater. »Ich will meinen Geist auf sie legen, damit sie mit dir die Last des Volkes tragen und du nicht allein tragen mußt« (V. 17). Was hier geschieht, ist nicht das Ergebnis langer Erörterungen über das Für und Wider der Laienmitarbeit in der Kirche, oder wie Erkenntnisse modernen

Managements in eine Kirchenleitung eingebracht werden können. Es ist eine fundamentale Anweisung Gottes, verbunden mit einem gottesdienstlichen Geschehen, eine Art Laienordination. Siebzig Mitarbeiter werden vor die Stiftshütte bestellt, vor das Zelt Gottes, vor das Gotteshaus, dorthin, wo Gottes Wort ergeht und wo er gegenwärtig ist. Mitarbeiterberufung, Gabenverteilung, Geistbegabung, Übernahme von Verantwortung, das sind gottesdienstliche Handlungen. Hier geht es nicht einfach nur um Strukturveränderungen oder Verwaltungsakte, hier werden geistliche Schwerpunkte neu gesetzt.

Die Kirche Jesu Christi lebt davon, daß Gottes Wort und Ruf immer neue Kräfte freisetzt, daß das unselige Ein-Mann-Prinzip überwunden und Verantwortung geteilt wird. Gott hat uns Gaben gegeben, um die Aufgaben in Kirche und Welt besorgen zu können. Beides muß nun zusammengebracht werden, die Gaben und die Aufgaben.

Gottes Geist bringt die Kirche in Bewegung

Jetzt fangen in dieser alten Geschichte die Wunder an, die sich gegen jede rationale Erklärung sperren. Gott setzt Menschen in Bewegung – und Tiere. Wachteln werden eingeflogen auf einer geheimnisvollen Luftbrücke (V. 31), um das Begehren des Volkes nach Fleisch zu stillen. So viele sind es, daß die Begehrlichen dieser Sonderzulage an Hilfsgütern überdrüssig werden und sie in akute Verteilungsschwierigkeiten kommen (V. 32). So können sich unsere Wünsche ins Gegenteil verkehren, wenn sie aus Undank und Verdrossenheit geboren sind. Manche sind schon zugrunde gegangen an dem Überfluß, den sie sich gewünscht haben. Und viele haben darüber ihre Seele verloren. Daß erfüllte Wünsche noch lange kein erfülltes Leben garantieren, das wissen wir, nicht erst seit Dietrich Bonhoeffer. Er steht mit diesem Wort ja ganz dicht bei den Nachfolgesprüchen Jesu »Was hülfe es dem Menschen, wenn er die ganze Welt gewönne und nähme doch Schaden an seiner Seele?« (Mt 16,26) und bei Jesu Gleichnis vom reichen Kornbauern (Lk 12,13–21). Nicht vom Haben lebt der Mensch, und schon gar nicht vom Immer-mehr-haben-Wollen. Erich Fromm hat uns gezeigt, daß nicht das Haben, sondern das Sein die entscheidende Kategorie des Menschlichen ist.

Aber wichtiger ist hier das andere, was Gott in Bewegung setzt: die Menschen. Siebzig Männer sind es, die auf Gottes Geheiß und Moses Ruf zusammenkommen und die mit Gottes Geist begabt werden. Hier sind es Männer, die zusammengerufen werden. An anderen Stellen berichtet uns das Alte Testament von Frauen, die Gottes Geist empfangen und dann als Prophetinnen weissagen. Der gleiche Geist kommt auf sie, auf Männer oder auf Frauen, der Geist, den Gott einst auf Mose gelegt hat und den er an Pfingsten auf seine ganze Gemeinde aus Männern und Frauen, aus Jungen und Alten legen wird. Mose wird dadurch nicht ärmer, sondern reicher. Siebzig neue Kerzen werden hier angezündet, und die erste, von der alles Licht ausgeht, wird nicht schwächer. Siebzig besondere Begabungen werden erweckt und in Verantwortung genommen. Eine jede in ihrer eigenen Art, aber jede im Dienst am gleichen Volk, im Dienst an Gottes Sache.

Es ist Gottes Geist, der diese Siebzig als Mitarbeiter begabt und begeistert. Ja, wer Gottes Geist empfängt, kann sich für Gottes Sache »begeistern«. So geschieht es hier: »Und als der Geist auf ihnen ruhte, gerieten sie in Verzückung wie Propheten« (V. 25). Vielleicht empfinden wir nüchternen Leute von heute diese Bemerkung als befremdlich. Aber war es nicht auch an Pfingsten so, als der Heilige Geist auf die Gemeinde ausgegossen wurde, daß die Menschen dies befremdlich fanden: »Sie sind voll von süßem Wein« (Apg 2,13), also betrunken?

Das ist offenbar zu allen Zeiten gleich, daß Gottes Geist nicht allein Anstöße gibt, sondern auch als anstößig empfunden wird. Werner Krusche, der frühere Bischof von Magdeburg, hat recht, wenn er sagt, daß Gottes Geist nicht nur weht, wo er will, sondern auch wie er will. Er läßt sich nicht festlegen auf das, was wir Christen in Mitteleuropa als normal, als angemessen und als schicklich empfinden. Er hält sich nicht an unsere agendarischen DIN-Formate. Er kann weit darüber hinausführen, und er tut das immer wieder. Gott sei Dank! Wer Gottesdienste in afrikanischen oder lateinamerikanischen Gemeinden erlebt hat, weiß davon ein Lied zu singen.

Wir erfahren heute, daß Menschen und Gruppen in der Kirche, in der evangelischen wie in der katholischen, auch Menschen außerhalb unserer Kirchengrenzen, etwas von dieser Geistbegabung erleben und dadurch auch immer wieder in Verzückung geraten, in Ekstase, daß sie in anderen Sprachen reden, Lobpreis- und Segnungsgottesdienste halten, manchmal durchaus nicht zur Freude derer, die fest auf überkommenen kirchlichen Traditionen beharren und deren liturgische Formen »fest gemauert in der Erde« stehen. Wir werden viel Aufmerksamkeit und geistliche Kraft darauf verwenden müssen, die charismatischen Gruppen mit ihren besonderen Erfahrungen für das Leben unserer Kirche in rechter Weise fruchtbar werden zu lassen und die Gruppen selbst vor ungesunden enthusiastischen Einseitigkeiten zu bewahren. Aber sollten wir uns nicht zuerst und vor allem darüber freuen, wenn Menschen und wenn Christen einmal »aus sich herausgehen«, vielleicht auch einmal »aus dem Häuschen sind« vor Freude – und das und nichts anderes meint ja das Wort Ekstase? Ist es nicht gut, wenn unsere wohltemperierte

Frömmigkeit und unser manchmal doch recht langweiliges Christsein neue, ungewohnte Anstöße und Akzente bekommt? Die Negersklaven in den Vereinigten Staaten, die Christen in Lateinamerika oder unsere Glaubensgeschwister in Sibirien und Kasachstan hätten die Jahrzehnte der Unterdrückung nicht überstanden, wenn sie nicht auch an dieser Stelle das biblische Wort wörtlich genommen und dem Geist, manchmal auch in außergewöhnlichen Formen, Raum gegeben hätten.

Aber – und das ist nun die Frage – wie paßt dieses Wort von den überbordenden Geistwirkungen in die Nüchternheit einer Ordnung, wie sie in unseren verfaßten Kirchen und Gemeinden gilt? Wie gehören Geistwirken und sachliche Verantwortung zusammen, Verzückung und Besonnenheit?

Dazu ist zu sagen: Gottes Geist ist nicht auf ein einliniges Wirken festzulegen. Er kann beides bewirken, die sachliche Planung und den spontanen Einfall. Die Kirche braucht beides, die nüchterne Analyse und den begeisternden Traum (Martin Luther King: I have a dream...), die nachdenkende Besonnenheit und den kühnen Wagemut, Kräfte des Bewahrens und solche des Bewegens. In einer Krise der Zuversicht, wie wir sie gegenwärtig erleben, sind wohl solche Bewegungen besonders nötig, die uns Mut machen zum Aufbruch in die Zukunft, die bereit sind, auch ungewohnte Wege zu gehen, Wege, die nicht von vornherein institutionell abgesichert und kirchenamtlich gedeckt sind. Der Heilige Geist ist immer für Überraschungen gut. Er läßt sich nun einmal nicht domestizieren. Noch einmal die Erinnerung an das Wort Werner Krusches: »Der Geist weht nicht nur, wo er will, sondern auch wie er will.«

Das war auch in der Mose-Zeit schon sichtbar, wie eine kleine Szene in unserem Erzählzusammenhang ausweist. In den Versen 26 bis 29 ist von zwei Männern die Rede, Eldad und Medad, die sich nicht genau an die vorgesehene Ordnung des Gottesdienstes gehalten haben. Sie waren nicht unter den Siebzig vor der Stiftshütte beim Ordinationsgottesdienst dabei und sind dennoch vom Geist erfaßt worden. Der junge Josua, Moses Assistent, offenbar stark auf »Law and Order« bedacht, wollte, daß Mose ihnen entgegentrete und ihre Verzückung in Schranken weise. Doch Mose setzt sich großmütig über das Verhalten dieser jungen Leute hinweg, die in jugendlichem Überschwang wohl ein wenig das Maß verloren haben: »Wollte Gott, daß alle im Volk Propheten wären...« (V. 29). Mit anderen Worten: Ein wenig Überschwang ist für das Volk Gottes nicht so bedrohlich wie dauernde Unterkühlung. Wenn wir doch mehr Menschen mit diesem Geist hätten!

Gilt das nicht auch bei uns? Es ist doch auch heute wahr, was Martin Luther in seinem Lied von der »festen Burg«, die unser Gott ist, singt: »Er ist bei uns wohl auf dem Plan mit seinem Geist und Gaben.« Vielleicht müßten wir nur entdecken, wo überall der Geist unter uns am Werk ist. Nicht nur da, wo man in neuen Zungen redet und beim Beten die Hände emporhebt, sondern auch dort, wo ein junger Mann eine aussichtsreiche Position in der Industrie aufgibt und einen Missionsdienst in Übersee übernimmt. Dort, wo einige Frauen sich zu einer Sitzwachengruppe zusammenfinden, um Schwerstkranke und Sterbende zu begleiten. Dort, wo einer seine technische oder organisatorische Begabung selbstlos in den Dienst der Gemeinde stellt. Dort, wo eine junge Mutter Kinder aus der Nachbarschaft in ihrem Wohnzimmer versammelt und ihnen Geschichten von Jesus erzählt. Dort, wo ein Unternehmer mit hohem Aufwand besondere Arbeitsplätze einrichtet, um Schwerbehinderten Lebenssinn zu vermitteln. Dort, wo eine Gruppe sich trotz vieler Enttäuschungen um Drogenabhängige kümmert. Dort, wo junge Menschen sich in der Fußgängerzone aufstellen, mit ihren Gitarren Lieder spielen und an die Vorübergehenden Traktate verteilen. Dort, wo im Gottesdienst die Gaben vieler jüngerer und älterer Gemeindeglieder zum Einsatz kommen, um Gott auf vielfältige Weise zu loben. So könnte ich fortfahren. Jeder mit seiner, jede mit ihrer Gabe. Mit der Gabe der Leitung, der Gabe der Verkündigung, der Gabe des Vermittelns oder des Tröstens, der Gabe der Geduld, der Gabe der Fürbitte.

Von unserer Situation in der Kirche und von Gottes Vision für die Kirche haben wir gesprochen und sind dabei einem alten, entlegenen Text aus dem 4. Mose-Buch auf der Spur gewesen, haben Entdeckungen gemacht in einem Seitental der Bibel, das nur wenige kennen:
Gottes Volk klagt über seinen Weg.
Gottes Mann verzweifelt an seinem Auftrag.
Gottes Wort setzt neue Kräfte frei.
Gottes Geist bringt die Kirche in Bewegung.
»In der Bibel stehen lauter alte Geschichten, die jeden Tag neu passieren«, so Ricarda Huch. Auch hier bei uns: in Westfalen und in Württemberg, in den neuen Bundesländern, im Osten Europas und in Lateinamerika. Wichtig ist nur eines, daß wir dem Wort Gottes und dem Geist Gottes Raum geben, in unserem Leben und in unserer Kirche. Denn nur das biblische Wort und nur der göttliche Geist können uns geistlich in Bewegung bringen. Mit unserer Macht ist nichts getan.

Gemeinde in diakonischer Verantwortung*

Diakonie ist eine christliche Selbstverständlichkeit. In ihr begegnen wir einem der grundlegenden Wesensmerkmale von Kirche. Es ist im Weg und Werk des irdischen Jesus vorgezeichnet und wurde von den frühesten Christengemeinden aufgenommen und fortgeführt, daß Verkündigen und Helfen, Vergeben und Heilen untrennbar zusammengehören.

Aber nun hören in unserer Zeit Selbstverständlichkeiten auf, selbstverständlich zu sein. Auch in Kirche und Diakonie treten Anspruch und Wirklichkeit, biblische Vorgabe und gegenwärtige Realität immer weiter auseinander. Von dem Zielbild einer diakonischen Gemeinde sind wir heute weit entfernt. Ja, die Diakonie ist, nicht zuletzt durch ihre Zentralisierung und Spezialisierung, in der Gefahr, aus der Gemeinde am Ort auszuwandern und sich in großen anonymen Einrichtungen, fern vom Leben der örtlichen Kirchengemeinde, zu etablieren. Das gilt für die Werke der Hilfe und Beratung mit landesweiter Ausstrahlung ebenso wie für die immer größer werdenden diakonischen Einrichtungen im Kirchenbezirk oder in den Städten. Einige Beobachtungen mögen dies belegen.

---

* Vortrag bei der Tagung »Diakonie und Gemeinde« am 26. April 1991 in Esslingen

Beobachtungen

1. Während der letzten zwei Jahrzehnte hat die Diskussion über Fragen des missionarischen Gemeindeaufbaus in der Kirche das Feld beherrscht. Zahlreiche Konzeptionen und Modelle wurden entworfen, vorgestellt und erprobt. Die Literatur zum Gemeindeaufbau ist heute nur noch von Fachleuten zu überblicken. Das Überraschende an dieser Diskussion ist nun, daß in keiner der vorliegenden Konzeptionen die Diakonie oder die diakonische Verantwortung der Gemeinde eine wesentliche Rolle spielt. Meist kommen diese Stichworte nicht einmal vor. Erst in der jüngsten Zeit haben einige Diskutanten den Bereich der diakonischen Gemeinde in ihre Überlegungen aufgenommen, Christian Möller[1] und Reiner Strunk[2].

Eine ähnliche Fehlanzeige muß im Blick auf die Ausbildung der Theologen erstattet werden. Während es an den Theologischen Fakultäten in der Bundesrepublik nicht wenige Lehrstühle und Institute für Sonderbereiche außerhalb der klassischen theologischen Disziplinen gibt, von der Archäologie bis zur Publizistik, finden wir in der Liste der Fakultäten nur ein einziges Diakoniewissenschaftliches Institut (Heidelberg). Es ist zwar davon auszugehen, daß in den Lehrveranstaltungen der Praktischen Theologie das Stichwort »Diakonie« immer wieder vorkommt, aber es kann durchaus geschehen, daß Kandidaten der Theologie nach bestandenem Examen in den Dienst der Kirche treten, ohne daß sie in ihrem Studium dem Bereich Diakonie je einmal begegnet sind.

2. Der Einladungsprospekt zu dieser Tagung bringt die Stimme eines Pfarrers zu Gehör, die sicher für viele andere steht: »Diakonie – das kommt in unserer Gemeinde nur am Rande vor. Der Krankenpflegever-

ein, der Kindergarten, Brot-für-die-Welt-Aktionen, ja. Aber sonst? Für die Diakonie gibt es heute doch Spezialisten und Spezialeinrichtungen in Hülle und Fülle. Gott sei Dank! Das entlastet uns in der Gemeinde. Wir können und wollen nicht auf jeder Hochzeit tanzen. Wir wollen Gemeinde sein, eine lebendige Gemeinde mit ihren Gruppen und Kreisen, mit ihrem Gottesdienst und mit ihrer Seelsorge.«

3. Ein Dekan schreibt in einem Visitationsbericht, der kürzlich durch meine Hände ging: »In dieser Gemeinde wäre das klassische Betätigungsfeld für eine Sozialarbeiterin oder einen Sozialarbeiter, die im Stil früherer Stadtmissionare in die Häuser gehen und ganz elementar Lebensberatung und Lebenshilfe geben. Die Diakonische Bezirksstelle ist vom eigentlichen Geschehen viel zu weit weg. Die Leute, die besonders gefährdet sind, machen sich nicht auf den Weg ins Zentrum der Stadt zu einer groß ausgebauten Einrichtung mit Pförtner, Türschildern usw. Für mich als Visitator ist es geradezu beklemmend, wenn ich angesichts dieser Situation mir selbst eingestehen und anderen vermitteln muß, wie gering unser Spielraum in der Kirche ist, uns personell auf aktuelle und brisante Herausforderungen einzustellen. Man fühlt sich mehr als elend, wenn man angesichts der offenkundigen Notstände auf Stellenschlüssel, hohen Personalkostenanteil in der Kirche und ähnliches verweisen muß.«

4. Und noch die Stimme eines Gemeindepfarrers zum Thema, wiederum aus einem Visitationsbericht von 1990: »Ich bin nicht sicher, ob die noch zunehmende Tendenz zur Spezialisierung bei Trägern der sozialen Dienste wie auch bei einzelnen Sozialarbeitern nur hilfreich ist. Handlungsvollzüge, die zusammengehören und ganzheitlicher Natur sind, werden zersplittert und

isolieren den Berater und den Klienten. An die Stelle der Ganzheitlichkeit von Hilfsprozessen tritt spezialisiertes Falldenken... Manchmal erzählen mir Menschen, und nicht nur die sozial Schwachen, daß sie schon bei mehreren Stellen waren und längst nicht mehr wissen, wer für wen und was eigentlich zuständig ist. Ich bin überzeugt, daß das auch für Fachleute kaum noch zu überblickende soziale Dienstleistungsnetz für den normalen Bürger völlig undurchschaubar und unübersichtlich geworden ist... Was das Verhältnis von Diakonie und Gemeindeleben angeht, teile ich die Kritik, die mancherorts erhoben wird. Gibt es in unserer Kirche nicht eine starke Diskrepanz zwischen machtvoller diakonischer Organisation und verkümmernder Gemeindewirklichkeit?«

Das sind einige Beobachtungen und Stimmen von Betroffenen. Sie machen betroffen, denn sie zeigen an, wie weit Anspruch und Wirklichkeit im Blick auf die gemeindliche Diakonie und die diakonische Gemeinde auseinanderliegen. Sie nötigen uns gleichzeitig, nach dem Grund zu fragen, auf dem die Gemeinde und ihre Diakonie steht, und nach dem Weg, den beide miteinander zu gehen haben.

Grundlagen

Es kann jetzt nicht darum gehen, eine Theologie der Diakonie zu entwerfen. Das ist in diesem Rahmen auch nicht entfernt möglich. Kluge Theologen haben sich darüber viele Gedanken gemacht, haben Bücher geschrieben und Sammelbände mit Aufsätzen gefüllt, die man nachlesen kann. Deshalb sollen hier nur knappe Bemerkungen zu diesem weiten Thema gemacht werden; wenige Stichworte und Bilder aus dem Neuen Testament will ich nennen, die mir vor Augen stehen, wenn der Bereich Diakonie angesprochen wird.

1. Es ist Gott selber, der den Beginn der Diakonie gesetzt hat durch die Sendung seines Sohnes in unsere Welt. Gott wendet sich den Menschen zu, die ihn verlassen haben, und er macht das für uns anschaulich und erfahrbar im Weg und Werk Jesu Christi. Sein Hingehen zu den Menschen, sein Ernstnehmen der einzelnen, sein Blick für ihre inneren und äußeren Nöte, sein vergebendes Wort und seine heilende Hand sind unverwechselbare Zeichen der Diakonie Jesu. Er hat als der »Menschensohn« das Ziel seiner Sendung nicht darin gesehen, sich dienen zu lassen, sondern anderen zu dienen und sein Leben als ein Lösegeld für viele zu geben (Mk 10,45). Im Kreuzestod Jesu, in der Hingabe seines Lebens, hat die Diakonie ihre tiefste Begründung. Und in dem Mahl, das Jesus vor seinem Tod gestiftet hat, liegt ihr theologischer Anhaltspunkt. Wenn die Wurzel des Wortes »Diakonie« den Tischdienst beschreibt, den einer für seine Gäste tut, so ist in dem Mahl, das Jesus seinen Jüngern ausgeteilt hat, das Bild des zu Tisch dienenden Herrn zu erkennen, der seinen Jüngern darreicht, was sie zum Leben nötig haben. So hat es sein gutes biblisches Recht, wenn heute Theologen wie Jürgen Roloff[3] und Christian Möller[4] das Wesen der Diakonie vom Gottesdienst und vom Abendmahl her begründen.

Aber nicht nur seinen Jüngern hat Jesus »gedient«. Die synoptischen Evangelien zeichnen den irdischen Jesus als den »Freund der Zöllner und Sünder« (Mt 11,19), als den, der sich den Mühseligen und Beladenen, den Randsiedlern und Ausgestoßenen zugewandt hat, den Menschen ohne Lobby und eigenes Recht, denen, die sich selbst nicht helfen konnten, Kranken, Behinderten, Fremden. Diesen kleinen Leuten galt seine große Liebe. Jesu Liebe zu den Menschen am Rand der Gesellschaft hat ihn schließlich ans Kreuz gebracht. Seine grenzüberschreitende Liebe hat ihn in Widerspruch gesetzt zu den Einflußreichen seiner Zeit. So war die Diakonie Gottes unter den Menschen von Anfang an mit Opfer und Leiden verbunden. Wir sind gut beraten, wenn wir diesen »roten Faden« diakonischen Handelns auch heute nicht aus dem Auge verlieren.

2. Die frühe Kirche wußte sich in diese Spur ihres gekreuzigten und auferstandenen Herrn gerufen. Von den ältesten Paulusbriefen an wurde alles, was dem Aufbau der Gemeinde dient, als »Diakonie« bezeichnet, der Dienst am Wort ebenso wie der Dienst der helfenden Hand (1. Kor 12,5; 2. Kor 5,18). Beide Dienste gehören in einem doppelten Sinn untrennbar zusammen: Sie sind einerseits verschiedene Entfaltungen des einen Evangeliums. Und sie nehmen auf der andern Seite den Menschen als ganzheitliches Wesen ernst.

Aller Dienst der christlichen Gemeinde hat nach dem Neuen Testament seinen Grund in der Erfahrung, daß gerechtfertigte Sünder, die ihr Leben als ein Geschenk der Barmherzigkeit Gottes ansehen, auch bereit sind, was sie selbst empfangen haben, an andere weiterzugeben. Auch hier wird der enge Zusammenhang zwischen Gottesdienst und Diakonie sichtbar: Diakonie ist das Weitergeben dessen, was man im Gottesdienst empfangen hat; Diakonie ist in den Alltag des Lebens umgesetzte Liturgie, Gotteslob, das sich in Menschendienst verwandelt und das gerade darin Gottesdienst bleibt.

3. Diese »Lebensliturgie«, wie sie Paulus in Röm 12,1 beschreibt, dieser Gottesdienst im Alltag der Welt, der »mit Herzen, Mund und Händen« geschieht, hat sich, wie wir wissen, in den späteren Schriften der neutestamentlichen Zeit in unterschiedliche Ämter und Dienste aufgegliedert. Obwohl es damals schon einzelne Diakone (Apg 6,1–7) und Diakonissen (Röm 16,1) gab, werden alle Dienste in der Gemeinde, so verschieden sie auch sind, unter dem Stichwort »Diakonia« zusam-

mengefaßt. Apostel werden eingesetzt, Propheten, Hirten und Lehrer, »damit die Heiligen zugerüstet werden zum Werk des Dienstes« (Eph 4,11–12). Zur Diakonie sind demnach alle beauftragt. Durch die Diakonie der »Heiligen«, der Gemeindeglieder, die ihre unterschiedlichen Gaben einander zur Verfügung stellen, kann Gottes Dienst in der Welt geschehen.

Entwicklungen

Die Entwicklung der Folgezeit und das Entstehen eines eigenständigen Diakonats nachzuzeichnen ist hier nicht der Raum. Ich kann jetzt nur – in einem großen zeitlichen und sachlichen Sprung – auf Veränderungen in der jüngsten Zeit hinweisen, die dazu geführt haben, daß Diakonie sich heute nur noch in einem Spagat vollziehen kann, der für die Kirche immer bedrohlicher wird. Nicht nur aus personellen und aus finanziellen Gründen, sondern mehr noch deshalb, weil wir durch die Entwicklung der Diakonie im Sozialstaat immer weiter von dem Bild abgetrieben werden, das der Diakonie ursprünglich zugrunde liegt. Ich will in diesem Zusammenhang auf zwei Probleme hinweisen.

1. Während in früheren Zeiten das diakonische Handeln der Kirche wesentlich Einzelfallhilfe war, von Gliedern der Gemeinde oder von dafür besonders Beauftragten geleistet, sind im letzten Jahrhundert große Werke der Mutterhaus- und Anstaltsdiakonie entstanden, die sich Personengruppen zuwenden, die aus dem allgemeinen Raster gesellschaftlicher Versorgung fallen, Kindern, Alten, chronisch Kranken, Behinderten, Gefährdeten. Wir können dankbar sein, daß wir diese diakonischen Einrichtungen haben. Ohne sie wäre das Netz sozialer Hilfen in unserer Gesellschaft längst nicht

so dicht, wie das in der Gegenwart glücklicherweise der Fall ist. In kirchlicher Trägerschaft befinden sich heute (evangelische und katholische Träger zusammengenommen) in den alten Bundesländern 69 Prozent der Jugendhilfe, 64 Prozent der Altenpflege, 35 Prozent der Krankenhäuser und 56 Prozent der Kindergärten.

Freilich stellt sich angesichts der ständig steigenden Anforderungen von seiten des Staates und der Kommunen die Frage, ob es nicht in naher Zukunft zu einer Überforderung unserer kirchlichen Möglichkeiten kommt, selbst dann, wenn unser diakonisches Engagement durch gesetzlich abgesicherte Beiträge der öffentlichen Hand finanziell zu einem nicht geringen Teil abgedeckt zu sein scheint. Die Frage ist, ob wir unsere Einrichtungen künftig weiter aufstocken und erweitern dürfen. Können wir es uns leisten, die Diakonie- und Sozialstationen in den nächsten Jahren, wie das Land Baden-Württemberg es wünscht, personell um ein Erhebliches auszudehnen? Sollen wir weitere Kindergärten eröffnen? Müssen wir neue Arbeitsfelder sozialer Hilfe aufgreifen, um deren Übernahme wir gebeten werden? Haben wir angesichts der gegenwärtigen Entwicklung im Pflegebereich längerfristig die Menschen zur Verfügung, die, vom Evangelium motiviert, sich den vielfältigen sozialen Aufgaben der Zukunft stellen? Dürfen wir es uns angesichts unseres kirchlichen Auftrags erlauben, Mitarbeiterinnen und Mitarbeiter anzustellen, die keiner christlichen Kirche angehören oder die sich zu einer nichtchristlichen Religion zählen? Wäre es jetzt nicht vielmehr an der Zeit, zu überlegen, ob wir statt der bisher nahezu flächendeckend ausgebrachten Betreuungs- und Beratungsangebote nicht eher auf exemplarische und modellhafte diakonische Hilfen zugehen sollen, die auf neuen Arbeitsfeldern Impulse geben, in der Hoffnung, daß diese dann von anderen Trägern aufgenommen und weitergeführt werden?

2. Ebenso gewichtig erscheint mir eine andere Überlegung. Diakonisches Handeln ist, wenn wir es recht verstehen, eine Dimension unseres christlichen Glaubens. Mitarbeit in der Diakonie ermöglicht die Vertiefung von Lebens- und Glaubenserfahrung. Darum darf die Diakonie unter keinen Umständen aus unseren Kirchengemeinden am Ort auswandern. Eine Gemeinde kann sich durch das Delegieren diakonischer Aufgaben an bestehende Institutionen oder an die großflächig organisierte »Offene Diakonie« nicht aus ihrer eigenen Verantwortung entlassen fühlen. Man kann auch als einzelner Christ sein Gewissen nicht einfach durch Spenden für diakonische Einrichtungen beruhigen.

Es muß in unserer Kirche in der Zukunft beides geben: die professionell arbeitende Diakonie, die in großen Werken und Verbänden zusammengefaßt ist, und ein verstärktes diakonisches Bewußtsein jedes einzelnen Christenmenschen, auch jeder Kirchengemeinde und ihrer diakonisch Verantwortlichen, das sich immer wieder die Frage stellt, was gerade jetzt die nächstliegende Aufgabe ist oder welcher Personenkreis im Augenblick eine besondere Zuwendung braucht. Die Pflege einer solchen diakonischen Gesinnung, die Bereitschaft, füreinander Verantwortung zu übernehmen, die spontane und konkrete Offenheit zur gegenseitigen Hilfe, im gleichen Haus, in der Nachbarschaft oder am selben Ort, muß gefördert, neue Bereitschaft sollte geweckt werden, im Sinne des Pauluswortes: »Einer trage des andern Last, so werdet ihr das Gesetz Christi erfüllen« (Gal 6,2).

Konkretionen

Das Feld, das unter diesem Stichwort jetzt zu beackern wäre, ist weit. Ich beschränke mich auf einige wenige Akzente.

Diakonie, wenn sie recht verstanden wird, lebt vom Gottesdienst. Sie setzt ihn fort und um im Alltag von Gemeinde und Welt. Deshalb müssen vom Gottesdienst Anstöße zum diakonischen Handeln ausgehen. In unserer gottesdienstlichen Verkündigung wird zwar viel von Konsequenzen des Glaubens gesprochen, von dem, was wir tun sollen. Reden wir aber auch von dem, was Gott seiner Gemeinde an Gaben geschenkt und anvertraut hat? Wenn Diakonie das Weitergeben dessen ist, was man selbst empfangen hat, dann muß der Gemeinde zuerst zugesprochen werden, was sie bekommen hat, natürliche und geistliche Gaben, die es zu entdecken, zu erwecken, zu entwickeln und dann in der kleinen Münze des Alltags weiterzugeben gilt.

Zur diakonischen Dimension des Gottesdienstes gehört auch die Fürbitte. Natürlich kommen in unseren Kirchengebeten summarisch die Kranken, Alten, Einsamen und Sterbenden vor. Vorhandene Notstände in Gemeinde und Welt aber, offenkundige Defizite oder Fehlentwicklungen werden höchst selten genannt. In welchem Fürbittegebet erscheint zum Beispiel der Pflegenotstand, die Problematik von Aussiedlern und Asylanten oder die Not von Suchtgefährdeten? Es ist erfreulich, daß sich in den letzten Jahren in zunehmendem Maße Gemeindeglieder an der Formulierung gottesdienstlicher Gebete beteiligen. Vielleicht kann auf diesem Weg das Anliegen der Diakonie künftig stärker in den Blick gerückt werden.

Und schließlich die gottesdienstlichen Abkündigungen, oft genug eine lieblose Aneinanderreihung von Veranstaltungsdaten. Abkündigungen können aber, bei einiger Sorgfalt, zu gezielten Informationen über die diakonische und missionarische Verantwortung der Gemeinde gestaltet werden. Hier könnten Notstände erörtert und Projekte erläutert werden, hier ist Raum für

Berichte über Aktionen oder Ereignisse im Bereich von Diakonie und Mission. Wer von uns wird am nächsten Sonntag im Gottesdienst seiner Gemeinde über die jetzige Esslinger Tagung berichten?

An dieser Stelle sei noch hingewiesen auf die Rolle des Diakons und der Diakonin im Blick auf das gottesdienstliche Leben einer Gemeinde. Wenn es recht zugeht, kommt dem Diakonat eine Vermittlerrolle zwischen dem Sonntags- und dem Alltagsgottesdienst der Gemeinde zu. Aufgabe des Diakonats ist es, eine lebendige Verbindung zwischen Liturgie und Diakonie zu pflegen und die Gemeinde für deren inneren Zusammenhang immer neu aufzuschließen.

Menschen zur besseren Wahrnehmung verhelfen

Eine Kirchengemeinde muß sich selbst und ihre einzelnen Glieder beständig im Wahrnehmen dessen einüben, was als Herausforderung vor ihr steht. Beim Lesen neutestamentlicher Geschichten fällt mir auf, wie oft es von Jesus heißt: »Und als er den Menschen sah..., und als er das Volk sah.« Mit dem Sehen fängt das Helfen an. Das Fernsehen hat unsere Augen so verdorben, daß wir die Nöte in der Nähe nicht mehr wahrnehmen. Wir haben die Nahsicht verloren. Deshalb müssen wir, wenn wir diakonische Verantwortung übernehmen wollen, zuerst wieder das rechte Sehen üben, wir als einzelne wie auch als ganze Gemeinde.

Wir müssen sensibel werden für das, was um uns her geschieht. Zu dieser Wahrnehmungsfähigkeit, zu dieser diakonischen Sensibilität gehören auch die notwendigen Kommunikationsstrukturen. Jeder Kirchengemeinderat müßte eine(n) Beauftragte(n) für Diakonie haben, der/die Kontakt hält zu den diakonischen Einrichtungen und Aktionen in Gemeinde, Kirchenbezirk und Landeskirche, in Kommune und Gesellschaft. In regelmäßigen Abständen müßten Vertreter/innen der Diakonie im Kirchengemeinderat über ihre Arbeit berichten und so einen Informationsfluß in Gang halten, aus dem dann immer neue Impulse erwachsen können.

Die Rolle der Ehrenamtlichen stärken

Wir stehen heute in der Gefahr, eine Kirche der Hauptamtlichen und eine Diakonie der Spezialisten zu werden. Wir sind aber nicht mehr Kirche des allgemeinen Priestertums der Glaubenden, wir können die Vision einer diakonischen Gemeinde nicht verwirklichen, wenn wir in weiter zunehmendem Maße von hauptberuflichen Kräften abhängig werden. Dieser besondere Dienst der Spezialisten ist heute unverzichtbar. Darüber bedarf es unter uns keiner Diskussion. Gerade in der Diakonie geht es an vielen Stellen nicht mehr ohne subtile Spezialkenntnisse. Aber die Rolle der Ehrenamtlichen darf daneben nicht verkümmern und zum Handlanger- und Hilfsdienst für die hauptamtlichen Mitarbeiter verkommen. Kirche und Diakonie wären arm, wenn es den selbstverständlichen und ohne viele Worte geübten Dienst von Gemeindegliedern in der Nachbarschaft und in den Häusern nicht mehr gäbe, die Sitzwachengruppen zur Begleitung Sterbender, die Besuchsdienste in Altenheimen oder die Arbeitskreise zur Betreuung von Aussiedlern und Asylanten.

Eine diakonische Gemeinde muß das Ehrenamt stärken und den Ehrenamtlichen neues Selbstbewußtsein vermitteln. Es darf nicht sein, daß in der Kirche vorrangig die Qualifikation zählt und das Charisma dahinter zurücktritt. Unsere Kirche und Diakonie wäre nicht, was sie heute ist, wenn nicht zu allen Zeiten Menschen ihr besonderes Charisma der Seelsorge, des Gesprächs, des Tröstens oder der helfenden Handreichung still und selbstverständlich eingebracht hätten. Wir müssen deshalb, wenn wir Gemeinde in diakonischer Verantwortung sein wollen, der heute von Staats wegen allgegenwärtigen Zertifikat-Gläubigkeit widerstehen und müssen in der Gemeinde auch dem Charisma Raum geben. Die Erfahrung lehrt, daß eine Kirche nur so lange lebendig bleibt, wie möglichst viele ihrer Glieder ihre Gaben miteinander teilen. Die Pflege eines vertrauensvollen Miteinanders von haupt- und ehrenamtlichen Kräften gehört deshalb zu den unveräußerlichen Kennzeichen eines diakonischen Gemeindeaufbaus.

Mit den Umbrüchen in den Lebensbedingungen unserer Zeit hängt es zusammen, daß Motivation und Form ehrenamtlicher Mitarbeit sich ändern. Die Bereitschaft zu langfristig verpflichtender, in festen und herkömmlichen Formen geschehender Mitarbeit nimmt ab, die Aufgeschlossenheit für spontane Aktivitäten in Projekten und Initiativen nimmt dagegen deutlich zu. Überall dort finden sich heute Menschen zur Mitarbeit bereit, wo sie ihre Kreativität einbringen und in der gebotenen zeitlichen Flexibilität verwirklichen können.

Mut zur Unvollkommenheit haben

In einem Aufsatz »Diakonie – Heilung eines verwundeten Vertrauens« macht Bernhard Kurrle, ein Karlshöher Diakon, darauf aufmerksam, wie lähmend und demotivierend sich in der Diakonie früherer Zeit Parolen ausgewirkt haben wie: »Nur keine halben Sachen! Ganz oder gar nicht!« Viele haben durch solche steilen Imperative den Mut verloren, eine konkrete Hilfe spontan und aus persönlicher Betroffenheit in Angriff zu nehmen, so gut oder auch so unvollkommen, wie es eben sein könnte. Kurrle weist mit Recht darauf hin, daß es an der Zeit sei, jetzt die andere Seite zu betonen: Lieber eine halbe Hilfe als gar keine! Der Selbstzweifel muß durch ein neues Selbstvertrauen überwunden werden! »Der Hang zur perfekten Hilfeleistung droht uns zum Verhängnis zu werden. Selbstvertrauen: frei sein im Vertrauen auf meine begrenzten Möglichkeiten.

Selbstzweifel: gefangen sein im Zweifel über meine möglichen Begrenzungen. *Selbstvertrauen statt Selbstzweifel,* weil es die Zusage Gottes gibt: Meine Kraft ist in den Schwachen mächtig!«[5]

Ich kann dem uneingeschränkt zustimmen. Ganz gewiß brauchen wir heute in der Diakonie mehr als je zuvor Professionalität und Kompetenz. Aber allein auf Perfektion zu setzen, auf perfekte Versorgung, auf perfekte Pflege, auf perfekte Apparaturen oder perfekte Organisation, das wäre das Ende christlicher Liebestätigkeit. Denn mit Perfektion allein wird man dem Menschen in seinen vielfältigen Lebenssituationen und -defiziten nicht gerecht. Die Diakonie braucht auch die spontanen Hilfen, selbst wenn sie unvollkommen sind; sie braucht die emotionale Zuwendung aus persönlicher Betroffenheit, auch wenn das vielleicht nicht dem Lehrbuch entspricht. Der Stellenwert der alltäglichen Diakonie darf dem der professionellen nicht untergeordnet werden, als wäre sie eine zu vernachlässigende Größe. Gerade in unserer menschlichen Schwachheit und Unvollkommenheit kann Gott seine Kraft beweisen.

Die Vernetzung sozialer Hilfen fördern

Eine diakonische Gemeinde lebt vom Engagement aller ihrer Glieder. Sie trägt Verantwortung dafür, ihren Dienst so zu gestalten, daß er als wirkliche Hilfe empfunden wird. So muß nicht nur diakonisches Bewußtsein geweckt werden, sondern darüber hinaus ist Schulung und Einübung nötig, mit dem Ziel, Hilfe zur Selbsthilfe zu vermitteln, damit Menschen gleichen Schicksals und ähnlicher Betroffenheit ihre Erfahrungen teilen und sich gegenseitig weiterhelfen können.

Eine Kirchengemeinde steht mit dem, was sie diakonisch tut, nicht allein. Sie ist nicht der Atlas, der mit starken Schultern alle Wolkenbänke sozialer Not tragen müßte. Andere Träger caritativer Hilfseinrichtungen arbeiten neben ihr, die Caritas der katholischen Kirche, die Freikirchen, freie soziale Einrichtungen, etwa die Arbeiterwohlfahrt, oder kommunale und staatliche Behörden. Es ist dringend notwendig, diese manchmal unverbunden nebeneinander herlaufenden Hilfen sinnvoll zu vernetzen. So können Pannen verhindert und Doppelungen vermieden werden, so lassen sich notwendige Hilfeleistungen insgesamt effektiver gestalten, was zu einer Entlastung des einzelnen Trägers führt. Alleinvertretungsansprüche blockieren nur notwendige Hilfsmaßnahmen; Zusammenarbeit dagegen bringt weiter.

Zu dieser Vernetzung gehört auch, sich einzuschalten in die Gemeinwesenarbeit der Kommunen, der bürgerlichen Gemeinden, mitzureden bei der Diskussion öffentlicher Belange, wo immer es um den Menschen, um seine Lebenswelt, um soziale Gerechtigkeit und um den Frieden geht. Eine diakonische Gemeinde lebt nicht im Ghetto der Selbstgenügsamkeit. Sie trägt Mitverantwortung für das gelingende Zusammenleben der Menschen in Staat und Gesellschaft. Sozialpolitik, Sicherung von Arbeitsplätzen, Sorge für Arbeitslose – an allen sozialen Brennpunkten denkt und arbeitet eine diakonische Gemeinde mit, und wir können nur hoffen, daß sie das mit der nötigen Kompetenz und Sachkenntnis tut.

Ich breche hier ab. Wir haben gesehen, daß die diakonische Verantwortung, die aus dem Zuspruch des Evangeliums und aus dem Beispiel Jesu Christi erwächst, nicht Sache einzelner interessierter Gruppen in der Kirche, auch nicht einfach nur Aufgabe besonders ausgebildeter Spezialisten sein kann, so notwendig diese gerade heute sind. Diakonie ist Auftrag der ganzen Gemeinde. Johann Hinrich Wichern hat dies 1849 in einer Rede so zusammengefaßt: »Wo der fürbittende Geist sich zur Macht erhöbe und aus ihm die Taten der rettenden

Liebe geboren würden, da müßte die innere Mission im vollsten Sinne des Wortes, gleichwie in welcher Form, zur Sache der Gemeinden und damit zur Sache der ganzen Kirche werden.« Eine programmatische Vision! Von ihrer Erfüllung aber sind wir noch weit entfernt.

Anmerkungen

1 Christian Möller, Lehre vom Gemeindeaufbau, Band 2, Göttingen 1990

2 Reiner Strunk (Hg.), Schritte zum Vertrauen, Stuttgart 1989

3 Jürgen Roloff, Zur diakonischen Dimension und Bedeutung von Gottesdienst und Abendmahl, in: Diakonie – biblische Grundlagen, hg. von G. Schäfer und Th. Strohm, Heidelberg 1985, S. 186ff.

4 Christian Möller, a.a.O., S. 4

5 Wilfried Brandt / Bernhard Kurrle, Diakonie – Heilung eines verwundeten Vertrauens, in: Reiner Strunk (Hg.), a.a.O., S. 114f.

Pietismus und Kirche – dargestellt am Beispiel Württemberg*

Ohne Frage gehört der Pietismus zu den bedeutenden geistlichen Strömungen innerhalb des Protestantismus. Über drei Jahrhunderte hinweg sind nachhaltige Wirkungen von ihm ausgegangen. Das gilt in besonderem Maße für unsere Landeskirche, wo es vor allem in den Gebieten des alten Herzogtums Württemberg wohl kaum eine Gemeinde gibt, in der nicht Spuren des Pietismus zu finden sind.

Was meinen wir aber, wenn wir von Pietismus reden? Hier gilt es zunächst, eine weit verbreitete falsche Vorstellung auszuräumen: Der Pietismus ist kein monolithischer Block. Das wird gerade in seiner württembergischen Ausprägung deutlich. Die pietistische Bewegung ist vielmehr ein stark zerklüftetes Gebilde. In einer mehr als dreihundertjährigen Geschichte sind unter dieser Bezeichnung zahlreiche, zum Teil sehr verschiedenartige Ströme zusammengeflossen, die in ihren heutigen Ausformungen nicht leicht auf einen Nenner zu bringen sind.

Allen pietistischen Strömungen ist freilich eines gemeinsam: Sie haben immer Anstoß erregt. So leidenschaftlich die einen sich ihm verschrieben haben, so heftig haben andere den Pietismus bekämpft. Immer aufs neue hat man versucht, diese Bewegung mit negativ klingenden Vorzeichen abzustempeln. Gefühlsbetonte Frömmelei, enggeführte Gesetzlichkeit, blinder Bekeh-

---

* Vortrag, gehalten am 26. Oktober 1988 im Evangelischen Stift Tübingen

rungseifer, primitiver Buchstabenglaube – das sind nur einige der Etikettierungen, die man von Anfang an dem Pietismus angehängt hat.

Zu solchen Urteilen kann man freilich nur kommen, solange der Pietismus allein von außen betrachtet wird. Wer sich nicht der Mühe unterzieht, ihn an seinen Quellen zu studieren und seinem Herzschlag nachzuspüren, wird sein Wesen kaum in den Blick bekommen.

Ein Blick in die Geschichte des Pietismus

In den Jahrzehnten, die dem reformatorischen Aufbruch Martin Luthers folgten, hat man sich in der lutherischen Kirche mit großem Eifer bemüht, die von den Reformatoren übernommenen Lehrauffassungen zu ordnen und in ein System zu bringen. Dabei traten über dem »Festschreiben« der rechten Lehre der gelebte Glaube, das persönliche Zeugnis und die Gemeinschaft untereinander in den Hintergrund. Der christliche Glaube wurde mehr und mehr zu einem Lehrsystem, zur »Orthodoxie«.

Auf diesem Boden ist der Pietismus gewachsen. Ganz gewiß ist er nicht ausreichend erfaßt, wenn man in ihm nur eine Reaktion auf die Orthodoxie sieht. Auch dem Pietismus ging es zu allen Zeiten um die rechte Lehre. Dennoch eignet ihm in seinen Anfängen der Charakter einer Gegenbewegung. Er wollte zur Lehre das Leben bringen – nicht zuletzt auch unter dem Eindruck der Verheerungen im kirchlichen Leben, die der Dreißigjährige Krieg zurückgelassen hatte.

Der eigentliche Pietismus hat sich in verschiedenen Phasen entwickelt.

Der Barock-Pietismus

Der klassische Pietismus hat sich etwa von der Mitte des 17. bis zur Mitte des 18. Jahrhunderts ausgebreitet.

An seinem Anfang steht ein Theologe, der mit Fug und Recht der »Vater des Pietismus« genannt werden darf: Philipp Jakob Spener (1635–1705). In seiner 1675 veröffentlichten Schrift »Pia desideria« legte er ein Programm vor, in dem er Anregungen für eine Erneuerung der Kirche unterbreitete: gründliches Bibelstudium der Gemeindeglieder, Mitarbeit der Laien in der Kirche, Verwirklichung eines überzeugend gelebten Christenstandes, rücksichtsvolles Verhalten in Religionsstreitigkeiten, Reform des Studiums der Theologie durch Bezug auf die Gemeinde und Erneuerung der gottesdienstlichen Predigt. Schon etwa 1670 hatte er in Frankfurt sogenannte collegia pietatis, eine Art von »Hauskreisen« zur Bibelbesprechung und zum Gebet eingerichtet. In ihnen traf sich, wer mit Ernst Christ sein wollte. Hier wurden auch soziale Schranken durchbrochen, denn diese Versammlungen standen für Menschen aus allen Schichten offen.

Der Barock-Pietismus hat sich von seinen ersten Anfängen an innerhalb der verfaßten Kirche entfaltet und ausgebreitet. Er suchte die Schäden der Kirche durch intensive Mitarbeit am kirchlichen Leben zu beheben. Eine äußere Absonderung von der Kirche vollzogen nur einige wenige separatistische Zirkel.

Daß der frühe Pietismus eine ganz und gar innerkirchliche Bewegung war, ist besonders deutlich an seiner Entwicklung in Württemberg abzulesen. Hier waren es zwei Vertreter des Kirchenregiments, die die württembergische Kirche für die Einflüsse der jungen Reformbewegung öffneten: Johann Andreas Hochstetter (1637–1720), Professor der Theologie in Tübingen, und der Stuttgarter Hofprediger Johann Reinhard Hedinger (1664–1704). Beide standen in leitender Verantwortung für die württembergische Kirche. Beiden lag deren geistliche Erneuerung am Herzen. So öffneten sie sich für die Reformvorschläge, die Spener in seinen

»Pia desideria« niedergelegt hatte, und trugen diese Gedanken in das württembergische Kirchenwesen hinein.

In der nächsten Generation waren es Gestalten wie der gelehrte Denkendorfer Klosterpräzeptor Johann Albrecht Bengel (1687–1752), der eine ganze Generation württembergischer Pfarrer geprägt hat, der tiefsinnige Prälat von Murrhardt Friedrich Christoph Oetinger (1702–1782), der Liederdichter Philipp Friedrich Hiller (1699–1769), später der Pfarrer und Erfinder Philipp Matthäus Hahn (1739–1790), der Bauer und Laienprediger Johann Michael Hahn (1758–1819) und manche andere, die stark in das Leben der Kirche und ihrer Pfarrerschaft hineinwirkten. Im Jahr 1743 erhielt der schwäbische Pietismus durch ein »Generalrescript« des herzoglichen Konsistoriums offizielles Heimatrecht in der Kirche. Er konnte sich fortan im ganzen württembergischen Land ausbreiten.

Diesem frühen Pietismus war eine erstaunliche Offenheit gegenüber den theologischen, geistigen und sogar den naturwissenschaftlichen Strömungen jener Zeit zu eigen. Bengels Forschungen am griechischen Text des Neuen Testaments, Oetingers Auseinandersetzung mit der Philosophie seiner Zeit, Ph. M. Hahns technische Erfindungen und Flattichs pädagogische Originalität sind Zeichen dafür, daß der Pietismus seine Lehren im wissenschaftlichen Kontext vor den Fragen seiner Zeit zu verantworten verstand. Er hat sich bewußt in die Kirche hinein entfaltet und damit eine Geschichte wechselseitigen Gebens und Nehmens eingeleitet.

Die Erweckungsbewegung

Dem Barock-Pietismus folgte am Ende des 18. und am Anfang des 19. Jahrhunderts die Erweckungsbewegung. Sie ist geistesgeschichtlich auf dem Hintergrund der Aufklärung zu sehen, jener Strömung, die unter dem Einfluß Immanuel Kants die Emanzipation der

Wissenschaft von der Religion betrieb und das Denken des Menschen aus der früher selbstverständlichen Einbettung in die Welt des Glaubens löste.

Das mußte zwangsläufig Rückwirkungen auf die Kirche und die Frömmigkeitsbewegungen jener Zeit haben. Auch die Erweckung ist – neben Einflüssen aus dem Idealismus und der Romantik – davon gezeichnet. Die geistige Offenheit des ursprünglichen Pietismus engte sich ein. In den Vordergrund trat die persönliche Glaubenserfahrung mit dem ihr oftmals innewohnenden Zug zur Individualisierung des Glaubens. Die Weite des Glaubens erhielt sich auf andere Weise: Die Mission wurde zu einem charakteristischen Grundzug der Erweckung am Anfang des 19. Jahrhunderts.

Diese Bewegung hat in den einzelnen Teilen Deutschlands sehr unterschiedliche Ausformungen gefunden. In Württemberg waren es zunächst einzelne Pfarrer, die den alten Pietismus neu belebten, vor allem Ludwig Hofacker (1798–1828) mit seinen Predigten. Aber es waren ebenso Nichttheologen, Lehrer, Kaufleute, Handwerker, Bauern, oftmals ausgeprägte geistliche Originale, die zu Trägern der Erweckung wurden. Eine starke Anziehungskraft übte das kleine Dorf Möttlingen am Rande des Schwarzwaldes aus, wo es durch die Verkündigung des Pfarrers Johann Christoph Blumhardt (1805–1880) um das Jahr 1840 zu einem tiefen geistlichen Umbruch kam. Als Blumhardt 1852 die Leitung des Kurhauses in Bad Boll übernahm, wurde dieser Platz für viele ein Quellort neuen inneren Lebens, wo sie in der Seelsorge Frieden für Leib und Seele fanden und durch die Predigt von der Hoffnung auf das kommende Reich Gottes gestärkt wurden.

Aus dieser Erweckungsbewegung sind mehrere Seitenäste gewachsen, die je ein bestimmtes Anliegen dieser Frömmigkeit aufgenommen und verfolgt haben, die Äußere und Innere Mission und die Jugendarbeit.

Die Gründung bedeutender Werke der Äußeren und Inneren Mission auf deutschem und schweizer Boden fällt in den Zeitraum zwischen 1815 und 1850. Der Missionsgedanke, der schon im älteren Pietismus eine wichtige Rolle gespielt hatte, fand in den erweckten Kreisen neues Interesse. Die Ausbreitung des Reiches Gottes in der Welt und der Liebesdienst an Alten, Armen, Kranken und Verlassenen wurde von ihnen als eine besonders wichtige Aufgabe angesehen.

Ein ähnliches Gewicht bekam die missionarische Arbeit unter jungen Männern, die zu jener Zeit begann. Sie führte zum Zusammenschluß verschiedener Jungmännerbünde; 1855 kam es in Paris zur Gründung des Weltbundes der CVJM.

Die Gemeinschaftsbewegung

Am Ausgang des 19. Jahrhunderts kam es, ausgelöst durch angelsächsische Einflüsse, zu einem weiteren Umschwung innerhalb des Pietismus in Deutschland: Erweckungen im Norden Amerikas und in England warfen neue Funken in die breite Bewegung pietistischer Frömmigkeit. Eine starke sammelnde Kraft ging von dem Bonner Theologen Christlieb (1833–1889), einem Württemberger, aus. Er hatte erkannt, wie als Folge der unaufhaltsam um sich greifenden Industrialisierung weite Volks-Kreise so sehr entkirchlicht waren, daß das Gebot der Stunde nur das Hinausgehen an die »Hecken und Zäune« sein konnte. Darum rief er den früheren Basler Missionar Elias Schrenk (1831–1913) als Evangelisten nach Deutschland. Schrenks Evangelisationen bedeuteten den Durchbruch der evangelistischen Arbeit im deutschsprachigen Europa.

Der Schwerpunkt dieser dritten Welle des Pietismus lag, wie es ihr Name sagt, auf der Evangelisation und der Pflege geistlicher Gemeinschaft. Es fällt auf, daß der Neupietismus im Gegensatz zum älteren verhältnis-

Besuch des Oberhauptes der koptisch-orthodoxen Kirche von Ägypten, Papst Schenuda, am 22. 11. 1990. Eintragung ins Gästebuch im Oberkirchenrat

Amtseinführung des römisch-katholischen Bischofs der Diözese Rottenburg-Stuttgart am 17. 6. 1989 auf dem Balkon des Bischofshauses (v. l. n. r.): Ministerpräsident Dr. Späth, Landesbischof D. Sorg, Bischof Dr. Kasper

Gespräch der vier Bischöfe Baden-Württembergs mit Ministerpräsident Teufel (1992; v. l. n. r.): Bischof Dr. Kasper (Rottenburg-Stuttgart), Landesbischof D. Sorg (Württemberg), Landesbischof Dr. Engelhardt (Baden), Erzbischof Dr. Sailer (Freiburg), Ministerpräsident Teufel

Besuch bei Daimler Benz am 3. 4. 1992; rechts: Direktor Kleinert

Besuch auf dem Bauernhof der Vorsitzenden des Evang. Bauernwerks in Langenau-Göttingen am 29. 6. 1992

Gottesdienst in der Stuttgarter Stiftskirche am 11. 3. 1992 mit dem Primas der anglikanischen Kirche, Erzbischof George Carey von Canterbury

mäßig wenige Theologen von wissenschaftlichem Rang hervorgebracht hat. Der Neupietismus hat seinen Schwerpunkt in der Pflege des persönlichen Glaubens und in einer ausgeprägten evangelistischen Aktivität gesehen, was angesichts der Entkirchlichung und Entchristlichung jener Zeit durchaus verständlich ist. In ähnlicher Weise trat in der Gemeinschaftsbewegung das dem frühen Pietismus eigene Interesse an sozialen Fragen zurück. Gustav Werner (1809–1887), der Begründer des Bruderhauses in Reutlingen, wurde in seinen Absichten weder von der Kirche noch vom Pietismus seiner Zeit verstanden.

Auch das Verhältnis des Neupietismus zur Kirche gestaltete sich, wohl durch die Einflüsse des angelsächsischen Freikirchentums, distanzierter. Obwohl durch die Gemeinschaften manches an geistlichem Leben in die damals nicht gerade lebendige Kirche eingeflossen ist, läßt sich nicht übersehen, daß in dieser Bewegung die geistige Weite und Offenheit, die dem alten Pietismus eigen war, nicht durchgehalten wurde.

Die Evangelikalen

Diese Entwicklungsphase in der Geschichte des Pietismus hat ihre Wurzeln in den Vereinigten Staaten. Dort kam es nach dem Zweiten Weltkrieg und besonders in den fünfziger Jahren zu einem »Aufbruch der Evangelikalen«. Diese neue Bewegung ist einerseits durch ein ausgeprägtes Festhalten an der Bibel als dem absolut zuverlässigen und unfehlbaren Wort Gottes (bis hin zum Fundamentalismus), andererseits durch ihren starken, durchaus auch kirchenkritischen Missionswillen gekennzeichnet. Sie kam auch nach Deutschland und entfaltet bis heute eine starke missionarische Kraft. Neue Aktionen traten ins Leben. Diese Aktivitäten umgreifen auch die Freikirchen sowie zahlreiche neu entstandene freie missionarische Werke.

Die Evangelikalen, inzwischen eine große weltweite Bewegung mit starkem kirchlichem Einfluß, haben sich bei uns mehr und mehr mit den bestehenden pietistischen Gruppierungen verbunden. In den wesentlichen Grundanliegen mit denen des Pietismus konform, haben sie diese zum Teil aktualisiert und weitergeführt, teilweise aber auch verengt. Der den Evangelikalen von ihrer angelsächsischen Herkunft her anhaftende kirchenkritische Zug hat zu mancherlei Auseinandersetzungen in unserer Kirche geführt, die je und dann in die Nähe einer Zerreißprobe führten. Eine Reihe von alternativen Einrichtungen der Evangelikalen in Mission, Entwicklungshilfe, Publizistik und Theologenausbildung, die sogenannten Parallelstrukturen, könnten den Eindruck vermitteln, als wären die Evangelikalen auf dem Weg zu eigener Kirchwerdung. Bei genauerem Hinsehen zeigt sich aber, daß hier, bewußt innerhalb der Kirche, eigene Akzente gesetzt wurden, die man zu vermissen meinte oder die teilweise nur defizitär vorhanden waren. Die immer wieder einmal beschworene Gefahr einer »Dritten Konfession«, einer »Kirche der Evangelischen Allianz«, wird so lange nicht gegeben sein, wie in der Volkskirche einerseits Raum ist für eigenständige Entwicklungen und Entfaltungen biblischen Glaubens, Lebens und Handelns, andererseits diese Entwicklungen sich selbst nicht absolut setzen und zum alleinigen Maßstab für alle Glieder der Kirche machen. Daß es hier aber zu Irritationen, manchmal auch zu Spannungen kommt, zeigt die Erfahrung der letzten Jahre.

Als eine besondere Eigenheit der pietistischen und evangelikalen Bewegung stellt sich in den letzten Jahrzehnten immer deutlicher heraus, daß sie sich über geschichtlich gewachsene Strukturen hinaus entwickelt und eigene, neue Formen schafft. In ihnen sind die Grundgedanken des Pietismus vorhanden und werden bewußt festgehalten und gelebt, sie bringen sich aber in den überlieferten »Gehäusen« nicht mehr unter. Offene Abende, Hausbibelkreise, Gebetszellen und vieles andere, was aus Jugendwochen, Evangelisationen oder Freizeiten entstanden ist und was sich keiner der bestehenden pietistischen oder evangelikalen Gruppierungen angeschlossen hat, sondern innerhalb der Kirchengemeinde frei existiert und dort mitarbeitet, all das zeigt an, daß wir unter Pietismus immer weniger eine organisatorisch festgelegte und greifbare Größe, sondern eine Fülle von eigenen Ausprägungen biblischer Frömmigkeit zu verstehen haben. Gemeinsam sind dieser Grundströmung bestimmte Grundüberzeugungen, die sich durch die Zeiten durchgehalten haben und bei denen der Herzschlag der Pietisten besonders deutlich zu spüren ist.

Gemeinsame Grundanliegen des Pietismus

Die Schriftfrage

Zu allen Zeiten war der Pietismus eine Bibelbewegung. Die Heilige Schrift ist für ihn die maßgebliche Richtschnur des Glaubens, der Lehre und des Lebens. Nicht von ungefähr waren die Väter des frühen Pietismus Bibeltheologen von Rang, ob wir an Spener, an Francke oder an Bengel denken. Die Hinwendung zu dem Wort der Schrift gehört für den Pietisten zu den unaufgebbaren Grundlagen seines Lebens und Handelns. Gegenüber den dogmatischen Überlagerungen der Schrift in der Zeit der Orthodoxie und gegenüber dem Versuch, die Schrift dem Vernunftglauben der Aufklärung unterzuordnen, hat der Pietismus das biblische Wort betont. Die Berufung auf das Wort Jesu »Es steht geschrieben« war das Argument des Pietismus gegenüber der liberalen Theologie.

Nach dem Verständnis des Pietismus soll die Bibel aber nicht nur ein *Lehrbuch* sein. Sie soll zum *Lebensbuch* der Christen werden. Deshalb setzten sich Vertreter des Pietismus für eine möglichst weite Verbreitung der Bibel ein und gründeten Bibelanstalten, riefen Bibelstunden ins Leben, beteiligten auch Nichttheologen an der Auslegung der Schrift und forderten, daß die gottesdienstliche Predigt entscheidend Auslegung der Heiligen Schrift biete.

Bei dem Bestreben, die Bibel Mittelpunkt von Glauben und Leben sein zu lassen, hat man im Pietismus aber nicht zu allen Zeiten die Gefahren vermieden, die an diesem Wege lauern. So wird zum Beispiel die göttliche Seite der Schrift stark hervorgehoben und mit Entschiedenheit verfochten; daß sie auch eine menschliche Seite hat, wird gerne übersehen, und daß Gottes eigenes Wort uns nur in menschlicher Rede begegnet, wird durchaus nicht von allen anerkannt. Eine andere Versuchung in der Schriftauslegung des Pietismus besteht darin, daß der Text, seine Situation und seine Aussage als Sprungbrett benützt werden für die Auslegung eigener Erfahrungen. So kann es geschehen, daß die eigene Erfahrung oder ein bestimmtes Vorverständnis zum Maß der Auslegung des biblischen Wortes wird und der Subjektivismus das Objektive überdeckt.

Trotz dieser Gefährdungen, denen er immer wieder erlegen ist, kommt dem Pietismus das Verdienst zu, die Ehrfurcht vor dem göttlichen Wort hochgehalten, die Liebe zur Bibel geweckt und gepflegt und die Kenntnis der Heiligen Schrift vermehrt und vertieft zu haben.

Umkehr und Nachfolge

Mit der Betonung dieser beiden Schwerpunkte hat der Pietismus Grundaussagen der Bibel festgehalten, die in der Verkündigung der Kirche nicht zu allen Zeiten gebührende Beachtung gefunden haben. In der altprotestantischen Orthodoxie wurde vor allem die objektive Seite des christlichen Glaubens betont, das, was Christus für uns getan hat. Dieses grundlegende Heilshandeln Gottes in Christus wird dem Menschen in der Taufe zugeeignet. Damit wird dokumentiert, daß Gottes Liebe allem menschlichen Wollen und Tun vorausgeht. Das ist ohne Frage richtig; aber es ist nicht alles. Die Verkündigung der Kirche darf die andere Seite nicht mehr außer acht lassen, nämlich daß der Mensch eingeladen ist, sich persönlich anzueignen, was Gott ihm längst zugeeignet hat.

Eben dies wurde im Pietismus von Anfang an mit Nachdruck betont. Nur indem ein Mensch die ihm schon übereignete Gnade Gottes annimmt, wird er ein Glaubender. Er ist es nicht von Natur. Aus diesem Grund geht es dem Pietismus zu allen Zeiten um glaubenweckende Verkündigung, um Evangelisation der Kirche mit ihren vielen Mitgliedern, die ihr Leben ohne erkennbare Beziehung zu Christus führen.

Dieser Glaubensschritt des Menschen muß sich dann in seinem Leben bewähren. Aus dem Glauben sollen Früchte erwachsen, die einen als Christen kenntlich machen. Denn die Liebe ist die »Verleiblichung des Glaubens«. Im Pietismus wird deshalb Wert gelegt auf ein Leben, in dem Christus-Nachfolge sich verwirklicht. Diese persönliche Seite des Glaubens und seine Konsequenzen im Leben zu betonen ist der Pietismus nie müde geworden. Daß dabei mancherorts des Guten zu viel geschah, daß man Menschen ungeistlich bedrängt und durch das Mittel der Angst Entscheidungen herbeigeführt hat, daß das Bemühen um Heiligung in Gesetzlichkeit umschlug und Menschen dadurch geistlich und vielleicht auch psychisch Schaden nahmen, darf nicht verschwiegen werden.

Gemeinschaft und allgemeines Priestertum

Indem er das allgemeine Priestertum aller Gläubigen ernst nahm, brachte der Pietismus eine der grundlegenden Aussagen der Bibel über die Struktur der Gemeinde, die von Martin Luther wieder entdeckt wurde, neu zum Leuchten. Biblische Texte wie 2. Mose 19,5f., 1. Petr 2,5.9f. und andere reden davon, daß Gott die Glaubenden zu »Königen und Priestern« gemacht und zu konkreten Diensten berufen hat. Paulus beschreibt in 1. Kor 12, daß jeder, der mit Ernst zur Gemeinde gehört, Gaben von Gott empfangen hat, die es zum Aufbau der Gemeinde einzusetzen gilt.

In den immer anonymer werdenden Großkirchen muß es Stätten geben, wo der Mensch Zuwendung und Geborgenheit findet. Seit den Tagen Speners hat es der Pietismus als seine besondere Aufgabe angesehen, über die gottesdienstliche Versammlung hinaus kleine Kreise zu bilden, in denen der einzelne sich angenommen fühlen kann. Schon die Urgemeinde kannte diesen Doppelschritt der Gemeindebildung, wenn in der Apostelgeschichte darauf hingewiesen wird, daß die Christen sich nicht nur im Tempel, sondern auch in den Häusern trafen. In überschaubaren Kreisen kann sich Gemeinschaft gestalten, hier ist ein Übungsfeld, wo einer dem anderen mit seinen Gaben hilft. Die Volkskirche wird in Zukunft der Bildung solcher »Hausgemeinden« besondere Aufmerksamkeit zuwenden müssen; sie werden zweifellos ein wesentliches Element einer Kirche von morgen darstellen.

Schwierig wird es dann, wenn die kleinen Kreise, Gruppen und »Stunden« sich nicht mehr als ein Teil der ganzen Gemeinde verstehen, sondern sich selbst, ihre Lehre und ihre Frömmigkeitsprägung absolut setzen. Schwierig wird es, wenn man die Gemeinde und ihre Aktivitäten nur mit der Elle der eigenen Art zu messen bereit ist, wenn solche Kreise sich abkapseln und absondern, wenn sie an sich selbst genug haben. Gerade sie bedürfen des übergreifenden Ganzen der Gemeinde. Solange sie sich als Teil des Ganzen verstehen, wirken sie belebend und befruchtend auf die Gemeinde und können wesentliche Impulse vermitteln für deren inneren und äußeren Aufbau.

Evangelisation, Mission und Diakonie

Es gibt kaum eine Bewegung innerhalb der Kirche, in der man den Missionsauftrag Christi so ernst genommen und mit so vielen personellen und finanziellen Opfern verwirklicht hat wie im Pietismus. Weil jeder Glaubende zu Zeugnis und Dienst berufen ist, hat man sich zu allen Zeiten mit persönlichem Einsatz für Mission, Evangelisation und Diakonie verantwortlich gewußt. Neben den Einrichtungen der Äußeren wurden darum auch solche der Inneren Mission gegründet, getragen und unterstützt: Diakonissenhäuser, Anstalten, Kinderheime, Waisen- und Rettungshäuser.

Von dieser Geschichte her ist es zu verstehen, daß in den Kreisen des Pietismus Entwicklungen mit Mißtrauen beobachtet werden, die den Missionsbefehl Christi zu verkürzen scheinen oder im Dialog mit den Weltreligionen nicht mehr das »Christus allein« festhalten, oder wenn das Profil der christlichen Diakonie zu verschwimmen scheint.

Biblische Hoffnung

Der Pietismus, vor allem in seiner schwäbischen Ausprägung, versteht sich als eine Schar von Wachenden und Wartenden, die dem wiederkommenden Christus entgegengehen. Von dieser endzeitlichen Erwartung her, die den »Zeichen der Zeit« eine besondere Aufmerksamkeit schenkt, empfängt ihr geistliches Leben, empfängt auch ihr missionarisches und diakonisches Engagement wesentliche Impulse.

Daß an dieser Stelle nicht immer der Versuchung zur Spekulation widerstanden wurde, muß um der Wahrheit willen zugegeben werden. Nicht wenige der schwäbischen Pietisten sind am Anfang des letzten Jahrhunderts nach Rußland ausgewandert, um dem nach ihrer aus der Bibel abgeleiteten Überzeugung von Osten her wiederkommenden Christus näher zu sein. Die Gründung der pietistischen Brüdergemeinden in Korntal und Wilhelmsdorf mit ihren diakonischen und pädagogischen Einrichtungen war ein Versuch, die Auswanderungswilligen im eigenen Land anzusiedeln.

Die Gefahr endzeitlicher Spekulationen ist auch in der Gegenwart nicht gebannt. Schriften evangelikaler Autoren – vor allem aus Amerika – sind in pietistischen Kreisen weit verbreitet und werden aufmerksam gelesen; Bücher, in denen mit minutiöser Genauigkeit der »Plan Gottes« beschrieben und mit konkreten politischen und wirtschaftlichen Ereignissen der Gegenwart oder mit weltanschaulichen Strömungen unserer Zeit allzu kurzschlüssig verbunden wird. Hier, an der Umschlagstelle von einer nüchternen, biblisch begründeten Eschatologie zu unnüchternem Spekulieren und Kombinieren, ist ohne Frage eine offene Flanke der pietistischen Bewegung.

Pietismus und Kirche

Die lange gemeinsame Geschichte von Pietismus und Kirche läßt erkennen, daß ein Bruch zwischen beiden Größen nichts weniger als ein Bruch mit der Geschichte unserer Kirche sein würde. Es würde sich zugleich ein Einbruch in der Mitarbeiterschaft unserer Landeskirche vollziehen, dessen Ausmaß wir uns wohl nur schwer vorstellen können. Beide Größen, Kirche und Pietismus, wären nicht mehr sie selbst, wenn sie einander loslassen würden. Sie bleiben aufeinander angewiesen, gerade auch dann, wenn das Verhältnis zwischen beiden sich durchaus nicht immer und überall spannungsfrei gestaltet, wenn Probleme im gegenseitigen Verhältnis auftreten, wenn man sich manches zu tragen gibt und beide Seiten manchmal geradezu aneinander leiden. Pietisten können an einer allzu großen Weite und Vielfalt in der Kirche leiden, an Wegen, an Aktionen, an Äußerungen innerhalb der Kirche, die für sie nicht mehr vertretbar erscheinen, an Akzentverschiebungen, an der verbreiteten Unentschiedenheit und Gleichgültigkeit so vieler Mitglieder der Kirche. Und Leute aus der Kirche, die einen anderen Weg der Frömmigkeit und des Engagements in der Gemeinde gehen, leiden an manchen gesetzlichen Engführungen oder an starr festgehaltenen Überzeugungen innerhalb des Pietismus. Um ein konkretes Beispiel zu nennen: In der Frage der Verantwortung für das menschliche Leben und die Welt, in der wir unser Leben führen, stehen sich zwei verschiedene Schwerpunktfelder christlichen Handelns gegenüber, die je ihr eigenes Gewicht haben und höchste Aufmerksamkeit verdienen. Beide gehören im Grunde zusammen und bedingen sich gegenseitig, können aber oftmals nicht zusammengebracht werden. So setzt man sich auf der einen Seite vehement für Frieden, Gerechtigkeit und Bewahrung der Schöpfung ein, auf der anderen wird mit gleicher Intensität der Schutz des ungeborenen Lebens vertreten. Beides ist der besonderen Aufmerksamkeit wacher und verantwortungsbewußter Christenmenschen befohlen. Es ist kaum zu verstehen, daß es hier so schwer ist, in der zu vertretenden Sache zusammenzufinden. Das Leiden aneinander ist uns nicht abgenommen. Es könnte sogar Verheißung haben, wenn es zu einem Ringen umeinander wird, wenn man sich gegenseitig nicht losläßt, sondern einander anerkennt als Glieder einer Kirche, in der Raum ist für viele Gaben und Kräfte, wenn sie dem einen Herrn und seinem Reich dienen wollen.

Unsere Kirche hat zu allen Zeiten Menschen nötig, die hinweisen auf das, was die Kirche zur Kirche macht. Eine Volkskirche, wie wir es sind, steht bei dem Vielerlei, was von ihr erwartet wird, was sie sagen und tun soll, in der Gefahr, sich nach außen zu verströmen oder sich an äußere Gegebenheiten anzupassen. Darum ist es ein wichtiger Dienst, wenn in ihrer Mitte Menschen darauf hinweisen, daß die Kirche bei ihrer Sache bleibt.

Auch der Pietismus ist keine unangefochtene und unfehlbare Größe. Auch er steht unter Gefährdungen, der Gefahr der Gesetzlichkeit etwa oder der Unnüchternheit, der Weltflüchtigkeit oder des Absolutsetzens eigener Positionen. Auch der Pietismus braucht immer wieder die Besinnung auf seinen Ursprung und eine Orientierung darüber, daß er ein Teil des Ganzen, aber nicht selbst das Ganze ist.

In der christlichen Kirche gibt es eine Vielzahl an Strömungen und Prägungen. Sie sollen einander ergänzen, korrigieren und befruchten. Alle Gaben, die Jesus Christus seiner Gemeinde gegeben hat, haben nach 1. Kor 12–14 dem Bau seines Reiches und der Ausbreitung seiner Herrschaft auf dieser Erde zu dienen. So stehen wir als Glieder der Kirche Jesu Christi unter einem gemeinsamen Auftrag, so verschieden unsere persönliche Führung und Prägung auch sein mag. Alles, was wir hier an geistlicher Gemeinschaft, an spirituellem Leben und an wahrgenommener Verantwortung für das Leben in die Welt einbringen, ist ein Baugerüst, unter dem das Reich Gottes wächst. Wir sind Bauarbeiter, mehr nicht. Der Bauherr ist ein anderer. Er selber hat sich die Vollendung seines Reiches vorbehalten. Uns will er an der Arbeit sehen, gemeinsam.

Charismatische Gruppen in unserer Kirche

Ein Wort an die Gemeinden zum Pfingstfest 1990

Aufmerksam nehmen wir wahr, wie sich seit einigen Jahren in unserer Kirche und andernorts geistliche Aufbrüche entwickeln, die viele, vor allem junge Menschen für eine innere Erneuerung und ein Leben aus den Kräften des Geistes Gottes gewinnen. Ein fröhliches, unverkrampftes Christsein ist diesen neuen Gruppen eigen; ihre warme und persönliche Atmosphäre wirkt anziehend auf Menschen; Gebete und Lieder, vor allem der Lobpreis und die Anbetung Gottes, finden einen weiten Raum. Zeugnisse persönlicher Glaubenserfahrung werden ausgetauscht, Segnungen finden statt. Man rechnet auf eine neue, fast »selbstverständlich« zu nennende Weise mit dem unmittelbaren Wirken des Heiligen Geistes.

Neue Anstöße tun einer Kirche gut, deren Gefährdung nicht zuletzt in der Gleichgültigkeit vieler ihrer Mitglieder und in der drohenden Verfestigung mancher Arbeitsformen liegt. Das gilt auch für Anstöße und Anregungen, die von den charismatischen Gruppen in unserer Kirche ausgehen.

Doch es tauchen auch Fragen auf. Was heißt eigentlich »charismatisch«? Was hat es mit den neuen Kreisen auf sich, die uns in vielen Gemeinden unseres Landes begegnen oder die sich um bestimmte Zentren sammeln? Müssen wir sie als etwas »Besonderes« ansehen? Können sie sich und ihre Impulse in unsere Gemeinden einbringen? Wird sich auf die Länge der Zeit das Neue mit dem Alten vertragen? Was sollen wir von den mancherorts stattfindenden Segnungs- und Anbetungsgottesdiensten halten? Wo hat in unserer Kirche Heilung ihren Ort? Es ist notwendig, daß wir in diesen Fragen zu einer größeren Klarheit kommen.

Seit den Tagen der Reformation hat es in der evangelischen Kirche immer wieder einzelne Personen oder ganze Bewegungen gegeben, die das Wirken des Heiligen Geistes in besonderer Weise betont und in die Mitte gerückt haben. Nicht immer ist das in der gebotenen biblischen Nüchternheit geschehen.

Die Charismatische Bewegung in unseren Tagen (ein Teil dieser weltweiten Geistbewegung nennt sich »Geistliche Gemeinde-Erneuerung«/GGE; die charismatischen Kreise pflegen auch enge Verbindungen zur »Gemeindewachstumsbewegung« und zur »Arbeitsgemeinschaft für Gemeindeaufbau«/AGGA) trägt ähnliche Züge wie die sogenannte Pfingstbewegung um die Jahrhundertwende. Trotz mancher Unterschiede, die nicht zu übersehen sind, machen Vertreter der charismatischen Kreise deutlich, daß über den Abstand der Zeit hinweg ein innerer Zusammenhang zwischen beiden Bewegungen besteht. Damals, vor acht und mehr Jahrzehnten, haben sich vor allem die Väter des Pietismus und der Gemeinschaftsbewegung intensiv mit den Pfingstgruppen auseinandergesetzt und diese Auseinandersetzung gewissermaßen stellvertretend für die ganze evangelische Kirche geführt. Ein Ergebnis jenes Ringens war die »Berliner Erklärung« von 1909, in der der Geist dieser Bewegung als ein »falscher Geist«, die Bewegung selbst als eine »Bewegung von unten« bezeichnet wurde.

Inzwischen sind Jahrzehnte vergangen. Wenn heute die Frage nach dem Heiligen Geist und seinem Wirken in unserer Kirche neu aufgebrochen ist, so erfordert die veränderte Lage ein neues Nachdenken und neue Antworten.

Vieles, was uns in den charismatischen Gruppen begegnet, ist uns aus der Heiligen Schrift vertraut. Im Alten Testament wird zum Beispiel erzählt, daß Mose und die 70 Ältesten vom Geist Gottes erfüllt waren, so daß sie in Verzückung gerieten wie Propheten (4. Mose 11,25). Mose legt seinem Nachfolger die Hände auf, und Josua – erfüllt mit dem Geist der Weisheit – hat Autorität in Israel (4. Mose 27,18). In den Psalmen finden wir häufig, daß Beter um Gottes Geist bitten (Psalm 51,13 u. ä.). Aber nicht alles, was sich geistlich gibt, ist geistlich. Es begegnen uns im Alten Testament auch Propheten, die falsche Träume erzählen und Gottes Volk verführen (Jer 23,32). Der Ergriffenheit durch verschwommene Traumgesichte setzt der Prophet die Klarheit des Wortes Gottes entgegen (Jer 23,28).

Im Neuen Testament wartet der greise Simeon »auf den Trost Israels, und der Heilige Geist war mit ihm« (Lk 2,25). Jesus sieht den Geist herabfahren und über sich kommen (Mk 1,10). In der Kraft dieses Geistes verkündigt er in Vollmacht und tut Zeichen und Wunder (Lk 4,18–21). Er verheißt für die Zeit nach seiner Himmelfahrt den Geist als Beistand und als Quelle missionarischer Kraft (Joh 14,16 und 26; Apg 1,8). Am Pfingsttag wird die versammelte Jüngerschar mit dem Heiligen Geist beschenkt, der das Wunder des Glaubens, des Zeugnisses und der Einheit wirkt (Apg 2).

Wie oft Paulus sich zu den Gaben des Geistes äußert und sie rühmt, ist jedem bekannt, der den Römerbrief oder die Korintherbriefe liest. Der Apostel selbst ist immer wieder vom Geist ergriffen (2. Kor 12,1–10), aber er erkennt auch die Gefahr, sich »der hohen Offenbarungen zu überheben« (2. Kor 12,7). Nur »durch den heiligen Geist« kann der Glaubende bekennen: »Herr ist Jesus!« (1. Kor 12,3). Nur durch den Geist erhalten wir Gewißheit unseres Glaubens (Röm 8,14–16). Durch denselben Geist werden die Glaubenden zusammengefügt »zu *einem* Leib« (1. Kor 12,13), in dem die verschiedenen Gnadengaben Gottes, die »Charismen«, wirksam sind »zur Auferbauung« der Gemeinde (1. Kor 14,26), nicht jedoch zur Selbstdarstellung des »Charismatikers« (2. Kor 10,12–18). In 1. Kor 11–14 wird ausführlich über »Geist und Gemeinde« gesprochen; gerade hier ist deutlich, daß Gottes Gnadengaben der ganzen Gemeinde gegeben sind. Es gilt demnach, daß jede Gemeinde, wenn sie sich recht versteht, eine »charismatische Gemeinde« ist, und daß jeder, der mit Ernst Christ sein will, als »Charismatiker«, als ein mit dem Heiligen Geist und seinen Gaben Beschenkter gelten kann. »Charismatisch« ist also – biblisch betrachtet – nicht eine Bezeichnung für das Besondere, das Außerordentliche und Spektakuläre, sondern für das, was sich unter dem Wirken des Heiligen Geistes bei allen finden kann, die im Glauben an Christus leben.

Das größte »Charisma«, von dem Paulus redet, ist die Liebe (1. Kor 13), in der alle Gnadengaben Gottes zusammengefaßt sind. Sie ist der »bessere Weg« (1. Kor 12,31), der allein über die sonst der Gemeinde geschenkten Gaben hinausführt; sie ist die Gabe, die Bestand hat, wenn alles vergeht.

In ihrem Bekenntnis zum Dreieinigen Gott bringt die christliche Gemeinde von Anfang an zum Ausdruck, daß es Kirche ohne Glauben an den Heiligen Geist nicht geben kann. Der eine Gott der Bibel begegnet uns als Schöpfer und Erlöser und ist als derselbe auch im Heiligen Geist in seiner Kirche am Werk: »Der Herr ist der Geist« (2. Kor 3,17).

Erfahrungen mit dem Heiligen Geist – eine Quelle der Erneuerung

Erfahrungen mit dem Heiligen Geist sind durch die Jahrhunderte hindurch in unserer Kirche zur Quelle der Erneuerung für ganze Gemeinden wie für einzelne Christen geworden. Es ist wahr, was Martin Luther in seiner Erklärung zum Dritten Glaubensartikel sagt: »Ich glaube, daß ich nicht aus eigener Vernunft noch Kraft an Jesus Christus, meinen Herrn, glauben oder zu ihm kommen kann; sondern der Heilige Geist hat mich durchs Evangelium berufen, mit seinen Gaben erleuchtet, im rechten Glauben geheiligt und erhalten...« Es ist wahr, und es ist ein Wunder: Durch das Evangelium redet Gott selbst zu uns und erfüllt uns mit Vertrauen auf ihn und auf sein Wort.

Erfahrungen mit dem Heiligen Geist führen auch heute viele Menschen zur Begegnung mit der Kraft und dem Segen des auferstandenen und gegenwärtigen Christus. Sie kommen zum Glauben und rufen seinen Namen an. Sie erfahren die Kraft Jesu Christi und seine Bewahrung im täglichen Leben, sie werden dankbar für Wunder, wie sie auch in der Bibel bezeugt sind, und lernen neu, sich Gott zu überlassen in dem Vertrauen, daß er uns führt.

Selbstkritische Fragen an unsere Kirche

Dies gilt auch im Blick auf unsere Landeskirche. Auch unter uns erfüllt die Hoffnung auf eine neue, fruchtbare Entfaltung des Gemeindelebens durch das Wirken des Heiligen Geistes viele Christen, Gemeinden, Gemeinschaften, Jugendgruppen und Hauskreise mit großer Zuversicht.

Zugleich wird unsere Kirche durch diese Bewegung vor Fragen gestellt, denen wir zuerst selbstkritisch standhalten müssen. Neu sich bildende Gruppen weisen oftmals auf Defizite des Bestehenden hin.

Wir müssen uns fragen,

- ob wir der Freude über den Ostersieg Jesu Christi als einer lebensverwandelnden Wirklichkeit hinreichend Ausdruck geben;
- ob wir in unserer Kirche so erwartungsvoll und lebendig mit dem Wirken des Heiligen Geistes rechnen, wie es den Verheißungen der Bibel entspricht;
- ob wir als Theologen ein solches Verhältnis zu den Erfahrungen des Glaubens haben, daß wir sie einander offen zugestehen, freimütig darüber reden können und sie an Gottes Wort prüfen;
- ob Gemeindeglieder mit ihren manchmal recht unmittelbaren Glaubenserfahrungen sich verstanden und angenommen fühlen, wenn sie von konkreten Erfahrungen, von Gebetserhörung oder persönlicher Führung reden, oder ob das in der Kirche als peinlich empfunden wird;
- ob wir mit unseren Gottesdiensten der Lebendigkeit und Vielfalt neutestamentlicher Gottesdienstgestaltung nahekommen;
- ob wir in Verkündigung und Seelsorge, in Theologie und Liturgie ernstnehmen, was die Bibel über den Segen und das Segnen sagt;
- ob in unserem persönlichen und gottesdienstlichen Beten neben Bitte und Fürbitte auch Lobpreis und Anbetung Gottes Raum finden;
- ob der Heilungsauftrag Jesu an seine Jünger für uns nur eine Erinnerung an eine vergangene Zeit oder eine lebendige Wirklichkeit ist;
- ob die Kirche bei ihrem Planen und Gestalten allein auf Hochrechnungen und Statistiken setzt oder ob sie in allem notwendigen Planen mit Weisungen des Heiligen Geistes für ihren weiteren Weg rechnet.

Erst wenn wir uns bemühen, diese Fragen uns selbst zu stellen, haben wir auch das Recht, an andere Fragen zu richten.

»Prüft aber alles...«

Es ist unverkennbar, daß im Leben der charismatischen Gruppen sich auch Entwicklungen zeigen, die – neben dankbarer Zustimmung – bei manchen Gemeindegliedern Ratlosigkeit und Befremden auslösen, andere zu Widerspruch oder Abgrenzung herausfordern. Alle Gaben, die Gott uns gibt, können in unseren Händen zu Gefährdungen der Gemeinde werden. Darum ist zu allen Zeiten, auch heute, die biblische Weisung ernstzunehmen, alles zu prüfen und die Geister zu unterscheiden (1. Thess 5,21; 1. Joh 4,1). Die Gabe der »Unterscheidung« ist von Paulus ausdrücklich als ein Charisma ausgewiesen, das der Gemeinde »zum Nutzen aller« anvertraut wurde (1. Kor 12,7 und 10).

Im Blick auf das Wirken des Heiligen Geistes gilt es nach biblisch-reformatorischem Zeugnis überall dort wachsam zu sein,

- wo aus dem notwendigen Bitten um den Geist, den Gott schenkt, wann und wo er will, ein ungeistliches Drängen nach ständig neuen und vermehrten Geisterfahrungen oder ein Sich-Rühmen mit dem eigenen Geistbesitz wird;
- wo man einzelne Gaben des Geistes – das Sprachengebet, die Heilungsgabe, die besondere prophetische Rede – anderen Gaben überordnet, sie auffallend hervorhebt, und nur sie zum Ausweis echten Glaubens macht;
- wo einseitig eine Theologie der Herrlichkeit verkündigt wird, die Künftiges vorwegnehmen will und die die tiefen Erfahrungen und den Segen von Anfechtung, Kreuz und Leiden ausklammert;
- wo elitäre Kreise gebildet werden, die an sich selbst und ihren eigenen Erfahrungen mit dem Heiligen Geist genug haben, die sich nicht mehr ihrer Gliedschaft am Leibe Christi bewußt sind und sich von der

Gemeinde der »normalen Christen« absondern oder auf Gemeinde-Neugründungen zielen;
- wo man den Geist Gottes unter menschliche Regie zu bringen versucht und weltliche Regeln strategischer Machbarkeit und statistischen Erfolgsdenkens in den Vordergrund treten.

Die Gaben nicht vom Geber trennen

Die Gaben des Geistes, wie immer sie im einzelnen sich entfalten, können nicht abgelöst werden von ihrem Geber, von Jesus Christus, dem Herrn seiner Gemeinde, der auch als der Auferstandene immer der Gekreuzigte bleibt. Und hinter den »Gaben des Geistes« dürfen die »Früchte des Geistes« (Gal 5,22–23) nicht zurücktreten, in denen sich das Wesen eines Christen ausprägt und an denen er als solcher zu erkennen ist.

Alle, die sich charismatischen Strömungen öffnen, bitte ich, die folgenden Fragen zu bedenken:

- Gewiß ist es Gottes Wille, »daß allen Menschen geholfen werde und sie zur Erkenntnis der Wahrheit kommen« (1. Tim 2,4). Aber kann man Glauben »machen« und Erweckungen »planen«? Müssen wir nicht beides demütig erbitten und geduldig von Gott erwarten? Jesus sagt: »Es kann niemand zu mir kommen, es sei denn, ihn zieht der Vater« (Joh 6,44). Und zeigt nicht Jesu Gleichnis vom Sämann und dem vierfachen Ackerfeld, daß nicht alle Aussaat des Wortes aufgeht und Frucht bringt (Mk 4,1–9 und 13–20)?
- Gibt es – bei aller dankbaren Bejahung der Wundermacht Gottes – nicht auch eine allzu menschliche Wundersucht? Jesus hat vor ihr gewarnt: »Wenn ihr nicht Zeichen und Wunder seht, so glaubt ihr nicht« (Joh 4,48). Und haben wir nicht dem Denken zu widerstehen, daß Verkündigung nur dann in Vollmacht geschieht, wenn sie von sichtbaren Zeichen und Wundern begleitet ist?

- Müssen bei einer Erweckung und beim Aufbau der Gemeinde nicht auch geistliche Wachstumsgesetze beachtet werden? Jesus sagt: »Der eine sät, der andere erntet. Ich habe euch gesandt, zu ernten, wo ihr nicht gearbeitet habt; andere haben gearbeitet, und euch ist ihre Arbeit zugute gekommen« (Joh 4,37–38). Und Paulus sagt: »So ist nun weder der pflanzt noch der begießt etwas, sondern Gott, der das Gedeihen gibt. Der aber pflanzt und der begießt, sind einer wie der andere« (1. Kor 3,7–8).

Die Kirche bleibt unvollkommen

Wie muß sich diese Erkenntnis auf den Umgang verschiedener Gruppen in derselben Kirche auswirken?

- Führt die Wiederentdeckung der Erfahrungsdimension des Glaubens und die Ausübung bestimmter Charismen nicht oft zu starken Bindungen an Einzelpersonen, auch zur Bildung von Personalgemeinden, die dann dazu neigen, sich von der größeren kirchlichen Gemeinschaft abzusetzen? Haben wir nicht neu zu lernen, was Kirche Jesu Christi heute ist? Schließt die Liebe zu Christus, dem »Haupt«, nicht auch die Liebe zur Gemeinde als seinem ganzen »Leib« mit ein (1. Kor 12,12–30)? Gehört dazu nicht auch die Bereitschaft, an der Unvollkommenheit der Kirche zu leiden, für sie zu beten, in ihr zu arbeiten und sich jedenfalls nicht von ihr zu trennen? Der Apostel schreibt: »Laßt uns festhalten an dem Bekenntnis der Hoffnung und nicht wanken...; und laßt uns aufeinander achthaben und uns anreizen zur Liebe und zu guten Werken, und nicht verlassen unsre Versammlungen, wie einige zu tun pflegen, sondern einander ermahnen, und das um so mehr, als ihr seht, daß sich der Tag naht« (Hebr 10,23–25).
- Unsere reformatorischen Väter haben erkannt, daß die Gemeinde Jesu, solange sie in dieser Welt lebt,

eine angefochtene Gemeinde bleibt. Luther nennt drei Merkmale für echtes Christsein: Gebet, Wortbetrachtung und Anfechtung (oratio, meditatio, tentatio). Man darf deshalb den Glauben nicht an äußeren Erfolgen messen wollen, weder an geschehenen Heilungen noch an beeindruckenden Zahlen. Jesus sagt: »Selig sind, die nicht sehen und doch glauben« (Joh 20,29). Erfahrungen der Anfechtung und der »Wüste« gehören zu jedem Christenleben. Wer nur von einer großen Geisterfahrung zur andern leben möchte und diese bewußt sucht, indem er von Versammlung zu Versammlung reist, lernt es nicht, in der Anfechtung auf das Wort zu merken, und kommt nicht zur geistlichen Reife.

- Der Glaube an Christus ist die »eigentliche« Wirkung des Heiligen Geistes. Wo dieser Glaube entsteht, ist »Erkenntnis der Wahrheit« (1. Tim 2,4). Der Glaube bekennt, »daß Jesus Christus... mich verlorenen und verdammten Menschen erlöst hat..., auf daß ich sein eigen sei« (Luther). Mehr gibt es nicht. Kein Charisma und kein Glaubenserlebnis »überbietet« das. Dieses Fundament bleibt bestehen, wenn Glaubenserfahrungen verblassen oder Wunder ausbleiben. Ist es deshalb richtig, nach einem »Mehr« zu streben? Nach einem »Mehr« an Geist, an Gaben, an Erkenntnis? Paulus schreibt: »Jetzt erkenne ich stückweise; dann aber werde ich erkennen, wie ich erkannt bin« (1. Kor 13,12).
- Immer wieder mahnt der Apostel die Gemeinden angesichts enthusiastischer Gefährdungen zur Nüchternheit. Alles Schwärmerische enthält geistliche Gefahren. Persönliche Glaubenserlebnisse und -erfahrungen dürfen deshalb nicht dem sorgfältigen und hörbereiten Umgang mit dem biblischen Wort vorgeordnet und zum Maßstab für das Verstehen der Bibel gemacht werden. Jesus sagt: »...sucht in der

Schrift…, sie ist's, die von mir zeugt« (Joh 5,39). Und Paulus: »So kommt der Glaube aus der Predigt« (wörtlich: »aus dem Gehörten«), »das Predigen aber durch das Wort Christi« (Röm 10,17).

»…und das Gute behaltet«

Mit den Vätern und Müttern unseres Glaubens halten wir fest, daß das uns in der Heiligen Schrift begegnende Wort Gottes die Mitte unseres Glaubens und aller Bemühungen um Aufbau der Gemeinde und Erneuerung der Kirche ist und bleibt. Mit Philipp Spittas Lied »Es kennt der Herr die Seinen« (EKG 471) singen auch wir:

»Er kennet seine Scharen
am Glauben, der nicht schaut
und doch dem Unsichtbaren,
als säh er ihn, vertraut;
der aus dem Wort gezeuget
und durch das Wort sich nährt
und vor dem Wort sich beuget
und mit dem Wort sich wehrt.«

Mit Martin Luther und Johannes Brenz sprechen wir: »Wo das Wort Gottes ist, da ist das Paradies.« Was das Württembergische Glaubensbekenntnis schon 1552 sagt, gilt auch heute: »Die Heilige Schrift, so glauben und bekennen wir, ist die Stelle, wo der Heilige Geist redet… Es ist offenkundig, daß alles, was zum Heil zu wissen not ist, in den Schriften der Propheten und Apostel enthalten ist.« Denn die Heilige Schrift ist selbst schon »eine wahrhaftige und gewisse Predigt des Heiligen Geistes«.

Mit den Brüdern und Schwestern der charismatischen Gruppen und Kreise beten wir um eine Erwekkung unserer Gemeinden und um die geistliche Erneuerung der Kirche, wie sie Gott in der Geschichte unserer

Kirche immer wieder geschenkt hat, durch Pietismus und Erweckung, durch liturgische Bewegungen, in neuerer Zeit auch durch Anstöße aus verschiedenen Kommunitäten. Wir wollen ebenso um das Wirken des Heiligen Geistes in unserem persönlichen Leben bitten, damit wir freudig und überzeugend weitersagen können, was Christus uns bedeutet, und ihn bekennen als den Herrn der Welt.

Freude an der Kirche

Veni Creator Spiritus! Komm, Schöpfer Geist! Diese Bitte darf unter uns nicht verstummen. Sie gilt nicht nur an Pfingsten.

- Dabei dürfen wir uns täglich unserer *Taufe* freuen. Die eine Taufe ist uns genug, weil uns Gott darin bezeugt, daß er »dem Getauften ein gnädiger Gott wolle sein« (Johannes Brenz). Das dürfen wir im Glauben dankbar annehmen. Wer auf eine zweite Taufe aus ist, stellt diesen festen Grund in Frage. Gott steht zu dem Wort, das er uns mit der Taufe gibt.
- Und wir wollen neue Freude gewinnen am *Gottesdienst* und an anderen Versammlungen der Gemeinde. Sie wollen geistliche Orte sein, an denen Gott uns sein Wort austeilt, seinen Geist schenkt und seine Gaben erweckt. Sie sind zugleich der Ort, wo uns Gottes Segen zugesprochen wird. Das letzte Wort im Gottesdienst ist der Segen, so daß jeder Gottesdienst ein Segnungsgottesdienst ist.
- Wir wollen uns auch am *Heiligen Abendmahl* freuen, in dem der gekreuzigte und auferstandene Herr sich uns mitteilt in Brot und Wein, uns persönlichen Zuspruch und Segen erfahren läßt und uns unserer Taufe vergewissert.
- Wir freuen uns ebenso der geschwisterlichen *Gemeinschaft* in vielerlei Kreisen und Gruppen unserer Kirche, wo füreinander in Gebet und Fürbitte, Seel-

sorge, Beratung und Begleitung Verantwortung übernommen wird, wo Schuld bekannt und Vergebung zugesprochen wird, und wo Orientierung, Ermutigung und – wenn Gott es wirkt – auch äußere Heilung erfahren werden kann.

– Wir wollen aber auch nicht vergessen, daß der Geist Gottes *im alltäglichen Gottesdienst unseres Lebens* unser Denken und Fühlen, Reden und Handeln prägen und gestalten will (Röm 12). Hier wachsen in der Bewährung im Alltag und im Dienst für andere die »Früchte des Geistes« (Gal 5,22–23), nach denen unser Herr uns fragt und auf die die Menschen warten.

Achthaben auf den Weg Gottes

Gemeinsam wollen wir darauf achthaben, welchen Weg Gott unsere Kirche heute führen will. Wir wollen uns offenhalten für neue Erfahrungen mit Gott, die uns durch sein Wort in der Heiligen Schrift erschlossen werden, und wollen »den heiligen Geist Gottes nicht betrüben« (Eph 4,30) durch Unbußfertigkeit und Überheblichkeit, durch Selbstsicherheit und Rechthaberei, durch Starrsinn und mangelnde Bereitschaft zum Prüfen und Sich-prüfen-Lassen.

Die Zerspaltenheit des Leibes Christi ist eine Not. Ihr steht in der Geschichte gerade unserer Kirche eine reiche Erfahrung mit der Integration neuer geistlicher Bewegungen gegenüber. Dies geschah zum Besten der Kirche. Wir wissen, daß die Kirche Jesu Christi, solange sie in dieser Welt unterwegs ist, nie fertig oder gar vollkommen sein wird. Sie braucht ebenso wie jede neue Bewegung Korrekturen, Ergänzungen und Anstöße. Es ist das Werk des Heiligen Geistes, wenn er unter uns die Erkenntnis wachhält, daß wir Glieder am Leibe Christi sind und deshalb die Ergänzung durch andere nötig haben.

Deshalb möchte ich Sie alle bitten, die Sie diesen

Brief in die Hand bekommen haben, aufeinander zuzugehen, ob Sie nun Theologen sind oder Nichttheologen, Mitglieder eines Hauskreises oder einer Jugendgruppe, ob Sie zu den Gemeinschaften, die seit langem in unserer Kirche heimisch sind, oder zu einer der neuen Bewegungen gehören. Ich bitte Sie, das Gespräch miteinander zu suchen, die Anfragen dieses Briefes zu bedenken und sie an der Heiligen Schrift zu prüfen.

Wir wollen aneinander festhalten, um gemeinsam unserer Welt, die sich immer mehr von Gott abwendet, das Evangelium von Jesus Christus, dem gekreuzigten, auferstandenen und wiederkommenden Herrn, bezeugen zu können.

Gott schenke es, daß wir miteinander aus ganzem Herzen in das Lied Martin Luthers einstimmen können:

»Er ist bei uns wohl auf dem Plan
mit seinem Geist und Gaben.«

Grund, Ziel und Weg missionarischer Verkündigung

Überlegungen zu 1. Kor 9,16.19–23

Wo es um die Rettung von Menschenleben geht, dürfen Aufwand und Kosten keine Rolle spielen. Wenn bei einem schweren Unfall rasch ärztliche Hilfe geleistet werden muß, werden Rettungsfahrzeuge und teure Hubschrauber eingesetzt. Kann einem Kind mit einer lebensbedrohenden Krankheit nur durch eine Spezialbehandlung im Ausland geholfen werden, setzen die Eltern alles daran, ihr Kind dorthin zu bringen. Wenn es um die Rettung von Menschenleben geht, fragt man nicht nach den Kosten, da rechnet man nicht die Zeit.

Wenn das schon bei der Rettung des irdischen Lebens gilt, wieviel mehr müßte es gelten, wenn es um das ewige Leben geht, wenn Menschen aus dem Bann von Sünde und Tod befreit und in das Reich des Sohnes Gottes versetzt werden sollen (Kol 1,13)? Das ist die Frage, vor der die Kirche mit ihren Mitarbeiterinnen und Mitarbeitern immer aufs neue steht: Was müssen wir tun, um Menschen für Christus zu gewinnen? Welche Mittel sollen eingesetzt, welche Wege können beschritten werden, damit wir an Gottes Rettungswerk unter den Menschen in rechter Weise teilhaben?

An dieser Frage treten die Meinungen in der Christenheit heute weit auseinander. Was den einen an Einsatz und Bemühen selbstverständlich ist, geht den anderen zu weit, und wieder anderen ist es entschieden zu wenig. Die Kontroversen, die an dieser Stelle aufgebrochen sind, bewegen sich nicht nur im Bereich des Formalen; sie betreffen nicht allein die Methoden missionarischer Arbeit. Sie gehen ins Grundsätzliche: Ist Mission im herkömmlichen Sinne überhaupt noch zu verantworten? Darf man von »Bekehrung zu Gott« heute noch ernsthaft reden? Muß nicht an die Stelle evangelistischer Predigt die soziale oder die politische Aktion treten, die sich nicht nur auf den einzelnen Menschen richtet, sondern die Strukturen der Gesellschaft zu ändern sucht? Und zudem: Ist in der gegenwärtigen Zeit nicht in erster Linie das informierende und verstehende Gespräch mit anderen Religionen und Weltanschauungen geboten? Also nicht Mission, sondern Dialog, nicht Exklusivität, sondern Toleranz?

Weil der grundlegende Auftrag der Kirche umstritten ist, legt es sich nahe, wieder die Bibel über Weg und Ziel der Mitarbeiterschaft Gottes zu befragen. Paulus, der Apostel Jesu Christi, kann uns zu dieser Frage Beachtenswertes sagen.

»Daß ich das Evangelium predige, dessen darf ich mich nicht rühmen; denn ich muß es tun. Und wehe mir, wenn ich das Evangelium nicht predigte! Denn obwohl ich frei bin von jedermann, habe ich doch mich selbst jedermann zum Knecht gemacht, damit ich möglichst viele gewinne. Den Juden bin ich wie ein Jude geworden, damit ich die Juden gewinne. Denen, die unter dem Gesetz sind, bin ich wie einer unter dem Gesetz geworden – obwohl ich selbst nicht unter dem Gesetz bin –, damit ich die, die unter dem Gesetz sind, gewinne. Denen, die ohne Gesetz sind, bin ich wie einer ohne Gesetz geworden – obwohl ich doch nicht ohne Gesetz bin vor Gott, sondern ich bin in dem Gesetz Christi –, damit ich die, die ohne Gesetz sind, gewinne. Den Schwachen bin ich ein Schwacher geworden, damit ich die Schwachen gewinne. Ich bin allen alles geworden, damit ich auf alle Weise einige rette. Alles aber tue ich um des Evangeliums willen, um an ihm teilzuhaben.« (1. Kor 9,16.19–23)

»Mit Recht gelten diese Sätze des Paulus... als klassische Formulierung für die Maxime seines ganzen missionarischen Verhaltens«, bemerkt G. Bornkamm zu diesem Abschnitt[1]; G. Eichholz nennt ihn den »Kanon des missionarischen Handelns bei Paulus«[2], »die Regel seiner missionarischen Existenz«[3]. Rhetorisch meisterhaft ist dieser Briefteil aufgebaut; eine sorgfältige Architektur der Argumentation liegt ihm zugrunde. Zu Anfang (V. 19) und als Abschluß (V. 22b–23) wird, gleichsam als Rahmen, ein zusammenfassender Grundgedanke formuliert; die dazwischen stehenden Sätze konkretisieren diesen Gedanken im Hinblick auf die Juden (V. 20), auf die »Heiden« (V. 21) sowie auf die »Schwachen« (V. 22a), wobei diese letzte Konkretion unmittelbar auf den Textzusammenhang von 1. Kor 8–10 Bezug nimmt, wo in der Diskussion um den Genuß von Götzenopferfleisch das Problem der »Schwachen« auftaucht. Der Abschnitt 9,19–23 trägt »in hohem Maße grundsätzlichen Charakter«, der Ichstil der Sätze ist »primär paradigmatisch« und nicht autobiographisch zu verstehen.[4] Dabei hält der Apostel unverrückbar an seinem persönlichen Ausgangspunkt fest: Die Botschaft von der suchenden und rettenden Menschenliebe Gottes weiterzutragen, ist ihm zum Lebensinhalt geworden (V. 16). Sein Leben als Missionar Jesu Christi war für ihn nichts Zusätzliches, keine Liebhaberei, die er neben anderen betrieb, keine Freizeitbeschäftigung, so wie andere Menschen ihren Garten pflegen, Brieftauben züchten oder Autogramme sammeln. Die Verkündigung der Liebe Gottes zu den Menschen war sein »Schicksal«. Er war nicht mehr er selber, wenn er nicht Zeugnis geben konnte von dem, der in ihm lebt: Jesus Christus (Gal 2,20).

Versuchen wir nun, auf die eingangs gestellten Fragen bei Paulus eine Antwort zu finden!

Das innere Muß – der Grund

»Daß ich das Evangelium predige, dessen darf ich mich nicht rühmen; denn ich muß es tun. Und wehe mir, wenn ich das Evangelium nicht predigte!« Paulus, der Apostel Jesu Christi, setzt mit diesen Worten ein Maß für alle, auf die Gott seine Hand gelegt hat. Für sie alle, gleich zu welcher Aufgabe sie berufen sind und wo sie ihre konkrete Platzanweisung finden, gilt nun: »Ich muß es tun!« Dieses »göttliche Muß«, diese höchste Beauftragung begegnet uns nicht nur bei Paulus. Es ist nichts Einmaliges, das nur einem Apostel wie ihm widerfahren könnte. Die Bibel nennt weitere Beispiele: »Herr, du hast mich überredet, und ich habe mich überreden lassen. Du bist mir zu stark gewesen und hast gewonnen... Aber des Herrn Wort ist mir zu Hohn und Spott geworden täglich. Da dachte ich: Ich will nicht mehr an ihn denken und nicht mehr in seinem Namen predigen. Aber es ward in meinem Herzen wie ein brennendes Feuer..., daß ich's nicht ertragen konnte; ich wäre schier vergangen« (Jer 20,7–9). Auch hier, in den »Konfessionen« des Propheten Jeremia, begegnen wir – wie an anderen Stellen der Bibel – dieser Unausweichlichkeit des göttlichen Auftrags. »Ich muß es tun!« Es hat darum sein biblisches Recht, wenn E. Käsemann in diesem Zusammenhang von einem »schicksalhaften« Auftrag spricht. Anangke, das griechische Wort an dieser Stelle, bezeichnet hier die Macht der Gnade, die einen Menschen in Dienst nimmt, »die Macht des radikal fordernden, sich dem Menschen gegenüber mit seiner Forderung durchsetzenden, seinen Diener zu seinem Werkzeug machenden Gotteswillen«[5].

Nicht, daß Paulus diesem Ruf gegenüber zähneknirschend kapituliert hätte. »Paulus muß – aber es ist ein fröhliches, ein ganz in sein Wollen und Wünschen eingegangenes Müssen. Freiheit – in Bindung; Bindung, die

Freiheit bewirkt. ›Sklave Jesu Christi‹ wird Paulus sich mit Stolz nennen (Röm 1,1; Phil 1,1; Kol 4,12) ... Alle persönliche Freiheit des Apostels ist aufgegangen in der Freiheit Christi, die über ihn verfügt hat (Gal 1,15; vgl. Jer 1,4). In dem göttlichen Muß liegt die Freiheit des Apostels (Gal 1,10). ›Ich kann nicht anders, Gott helfe mir‹ – es gibt keine tiefere Begründung der Freiheit.«[6]

Frei vom Gesetz, im Innersten aber an Gott gebunden, unter dem »Gesetz Christi« stehend und darum unabhängig von Menschen und auch frei von sich selber, frei zum Loslassen und Verzichten, frei vom Pochen auf die eigenen Rechte, damit aber frei zum Einsatz seiner Kräfte, seiner Zeit, seiner äußeren Mittel, ja seines ganzen Lebens für die Aufgaben, die Gott ihm zeigt, so findet der Apostel sich vor. »Als Sklave Christi ist er dazu befreit, sich zum Knecht aller zu machen« (2. Kor 4,5).[7]

Martin Luther hat diesen Gedanken des Apostels kongenial aufgenommen, als er seiner Schrift »Von der Freiheit eines Christenmenschen« (1520) die These voranstellte: »Ein Christenmensch ist ein freier Herr über alle Dinge und niemandem untertan (durch den Glauben). Ein Christenmensch ist ein dienstbarer Knecht aller Dinge und jedermann untertan (durch die Liebe).« In der missionarischen Begegnung, in seinem Bezeugen, Reden und Handeln wird Paulus »jedermanns Knecht«; dies wird er durch die Liebe Christi, die ihn dazu drängt (2. Kor 5,14) und die auf alles verzichtet, was einem Menschen das Aufnehmen und Verstehen der Botschaft erschweren könnte. So ist der Grund missionarischen Lebens und Dienstes dieses »innere Muß«, das Jesus Christus auf ihn gelegt hat.

Für Christus gewinnen – das Ziel

Wer als Mitarbeiter Gottes bei Paulus in die Schule geht, bekommt für seinen Dienst eine eindeutige Zielangabe. Fünfmal erscheint in unserem Abschnitt das Stichwort: »...damit ich gewinne.« Dieses Wort wird in V. 22 als »retten« interpretiert: »...damit ich rette.« In diesen beiden Worten erkennen wir den roten Faden, der sich durch die »Dienstanweisung« des Apostels zieht. Diese Begriffe geben zugleich das Ziel jeder missionarischen Arbeit, aller Verkündigung in Kirche, Mission und Evangelisation an: Menschen für Christus zu gewinnen.

Für den Apostel ist dieses Ziel deshalb von so großer Bedeutung, weil er die Menschen als Sünder sieht; er sieht sie von Gott, ihrem Schöpfer, getrennt, von seinen Wegen abgewichen, aus ihrer angestammten Heimat vertrieben, ihren Begierden preisgegeben durch das Böse, das in ihnen wohnt. Sie können nur gerettet werden und das Heil finden, wenn sie umkehren und heimkommen zu Gott, dem Vater, der auf sie wartet. Durch die Abkehr von der naturhaften, durch die Sünde gezeichneten Lebensrichtung hin zu Jesus Christus, dem Versöhner, wird ein Menschenleben heil, wird es zur »neuen Kreatur« (2. Kor 5,17). Und darum geht es dem Apostel. Dies muß Ziel der Verkündigung des Wortes Gottes zu allen Zeiten sein.

»Für Christus gewinnen« – also nicht für Ansichten, die wir vertreten, nicht für einen Frömmigkeitstyp, den wir verkörpern, auch nicht für einen bestimmten Lebensstil, den wir für den richtigen halten. Ein Verkündiger darf nicht Menschen zu seiner Art bekehren wollen; er soll sie für Christus gewinnen und es dann ihm überlassen, wie sie in seiner Nachfolge ihre eigene Art und ihren persönlichen Stil finden.

Dieses »Gewinnen für Christus« geschieht in erster Linie durch das Wort der einladenden, werbenden Verkündigung. Es wird aber ebenso durch persönliche Zuwendung und mitmenschliche Solidarität geschehen, durch einen überzeugenden Lebensstil, durch die Art, wie wir auf andere Menschen eingehen, sie ernst nehmen und sie begleiten. In der Geschichte der christlichen Mission gab es immer wieder Zeiten und Zonen, in denen es gefährlich, ja sogar lebensbedrohend war, mit Worten allein zu missionieren. Um so überzeugender war dann das Lebenszeugnis derer, denen man ohne viele Worte etwas abspürte von der Gesinnung Christi, die nichts für sich selber sucht, sondern ganz für andere da ist. Menschen für Christus gewinnen – das ist und bleibt eine Aufgabe, die das ganze Leben eines Boten Jesu Christi beansprucht.

Missionarische Beweglichkeit – der Weg

»Den Juden ein Jude, den Griechen ein Grieche« – das ist in unserem heutigen Sprachgebrauch eine Redensart geworden, wobei das Wort von den »Griechen« im biblischen Text keinen Anhalt hat. Hier müssen wir achthaben, daß wir der Aussage des Apostels keine Gewalt antun und ihr keinen falschen Sinn unterschieben. Wenn man den Satz des Paulus nur oberflächlich betrachtet, könnte man ihn als einen Ausdruck von Konformismus oder einer extremen Anpassungsfähigkeit, vielleicht auch als einen Mangel an persönlichem Profil verstehen. Wenn man von einem Menschen sagt, daß er es mit allen kann, dann kann damit zugleich angedeutet sein, daß er es nur deshalb mit allen versteht, weil er keinen eigenen Standpunkt hat.

Nicht so bei Paulus! Er wendet nicht billige Anpassungstechniken an; er sucht auch keine Effekte zu erzielen, indem er rasch die Farbe wechselt und den Menschen das sagt, was sie hören wollen. Wer als Bote Gottes den Menschen nach dem Mund redet, verrät seinen Auftrag und macht sich unglaubwürdig.

Paulus redet und handelt, wie ein rechter Missionar

es tut. In seiner Absicht, Menschen für Christus zu gewinnen, begibt er sich in die größtmögliche Nähe zu den Adressaten seiner Botschaft. Er »sucht den Hörer auf, wo er zu Hause ist, wobei dieses Zuhause weit genug zu fassen ist: räumlich, sprachlich, geschichtlich«.[8] Der Apostel zeigt hier eine missionarische Beweglichkeit, die sich auf immer neue Situationen einstellt, denn er weiß sich nicht allein dem Evangelium, sondern ebenso den Menschen verpflichtet. H. Chadwick verwendet in diesem Zusammenhang die Begriffe »elasticity« und »flexibility« (Dehnbarkeit und Biegsamkeit)[9], um das Verhalten des Paulus zu beschreiben. Ein Blick in die Apostelgeschichte macht dies anschaulich: Einmal spricht der Apostel auf dem Marktplatz in Athen zu Hörern, die in der griechischen Philosophie gebildet sind (Apg 17,16–34), ein andermal legt er in der Synagoge zu Ephesus die jüdische Thora aus (Apg 19,8), und ein drittes Mal gibt er in einer kleinen Hausgemeinde in Korinth vor neugewonnenen Christen ein Zeugnis seines Glaubens (Apg 18,7–11).

Dreimal derselbe Bote, dreimal dasselbe Evangelium. Aber jedesmal eine andere Situation und deshalb drei verschiedene Versuche, dieses Evangelium weiterzusagen, dreimal auch eine andere Sprache. In missionarischer Beweglichkeit stellt sich der Apostel auf die verschiedenen Menschen ein, sucht immer neue Kontaktstellen, neue Anknüpfungspunkte, wählt andere Worte und Bilder, um mit dem einen Evangelium die »Wellenlänge« gerade dieser Hörer zu erreichen. Er gleicht das Evangelium nicht an die Verhältnisse an, sondern er bemüht sich, es den Hörern verständlich zu machen, indem er ihre jeweilige Situation wahrnimmt und ihre Lebenswelt, ihre Fragen und Probleme ernst nimmt.

Der Inhalt des Evangeliums ist für ihn die Konstante, die Form der Verkündigung handhabt er variabel.

»Nicht die Botschaft, sondern sich selbst paßt er seinen Hörern an und ist damit ein wahrer Zeuge des Evangeliums.«[10]

Dieses missionarische Verhalten des Apostels hat seinen tiefsten Grund in der Sendung des Gottessohnes in die Welt: »Das Wort ward Fleisch und wohnte unter uns« (Joh 1,14). Weil Gott in Jesus Christus, seinem menschgewordenen Wort, sich zu uns herabgelassen hat und den Menschen ein Mensch wurde, will er, daß wir uns herbeilassen, die Ebene des anderen Menschen zu suchen, um ihn für Christus zu gewinnen. Deshalb redet Paulus nicht auf die anderen ein, er geht auf sie zu in echter menschlicher Solidarität: auf die Juden wie ein Jude, auf die Heiden, wie wenn er einer ihresgleichen wäre, auf die Schwachen, wie wenn er zu ihnen gehörte. So gilt bis heute als eine Grundregel für jeden Verkündiger des Evangeliums, daß er die Tradition, die Situation und die Intention der Menschen ernst nehmen und auf sie eingehen muß, wenn er sie für Christus gewinnen will.

Im Letzten und Tiefsten ist diese missionarische Bemühung um andere Menschen eine Frage nach der Liebe, die nicht das Ihre sucht, sondern das, was dem anderen nützt, nach der Liebe, die wir um Christi willen für andere aufzuwenden bereit sind (1. Kor 13,5; Röm 15,2; Phil 2,4). Missionarischer Dienst in menschengewinnender Beweglichkeit heißt, die Menschen in ihrer persönlichen Geschichte und ihrem sozialen Umfeld sehen, ihre je eigene Situation ohne Vorurteil annehmen, das Gespräch mit ihnen suchen und nicht abbrechen, auch wenn sich anfängliche Schwierigkeiten und Mißerfolge einstellen, auch einmal Schritte wagen und etwas tun, was man für sich selbst so nicht tun würde. Keine Mühe darf zuviel sein, kein Aufwand gescheut werden, wenn es darum geht, Menschen für Christus zu gewinnen.

Wie vieles wenden wir auf, um irdisches Leben zu retten und zu erhalten! Wie weniges setzen wir dagegen ein, wo das ewige Leben auf dem Spiel steht; wie wenig an geistiger Anstrengung, an menschlichem Einfühlungsvermögen, an Kraft der Phantasie! Wie oft fehlt uns der Blick für eine besondere Situation! »Wer Menschen gewinnen will, muß sein Herz an die Angel hängen.« Auch wer Menschen für Christus gewinnen will. Mit weniger ist es nicht getan.

Anmerkungen

1 Günther Bornkamm, Das missionarische Verhalten des Paulus nach 1. Korinther 9,19–23 und in der Apostelgeschichte, in: ders., Geschichte und Glaube. Gesammelte Aufsätze Band IV, München 1971, S. 149.
2 Georg Eichholz, Die Theologie des Paulus im Umriß, Neukirchen 1972, S. 48.
3 A.a.O., S. 49.
4 Georg Eichholz, Der missionarische Kanon des Paulus, in: ders., Tradition und Interpretation. Studien zum Neuen Testament und zur Hermeneutik, München 1965, S. 114.
5 Ernst Käsemann, Eine paulinische Variation des »amor fati«, in: ders., Exegetische Versuche und Besinnungen. Zweiter Band, Göttingen 1964, S. 234.
6 Gottfried Voigt, Die lebendigen Steine. Homiletische Auslegung der Predigttexte der Reihe VI, Berlin 1983, S. 280.
7 Friedrich Lang, Die Briefe an die Korinther, NTD Band 7, Göttingen ^{16}1986, S. 119.
8 Georg Eichholz, Die Theologie des Paulus im Umriß, S. 53.
9 Henry Chadwick, All Things to All Men, in: NTS I 54/55, S. 261 ff., zit. nach Georg Eichholz, a.a.O., S. 49.
10 Christian Wolff, Der erste Brief des Paulus an die Korinther. Zweiter Teil, ThHK VII/2, Berlin 1982, S. 31.

Spiritualität und Dienst

Hirtendienst*

»Die Ältesten unter euch ermahne ich, der Mitälteste und Zeuge der Leiden Christi, der ich auch teilhabe an der Herrlichkeit, die offenbart werden soll: Weidet die Herde Gottes, die euch anbefohlen ist; achtet auf sie, nicht gezwungen, sondern freiwillig, wie es Gott gefällt; nicht um schändlichen Gewinns willen, sondern von Herzensgrund; nicht als Herren über die Gemeinde, sondern als Vorbilder der Herde. So werdet ihr, wenn erscheinen wird der Erzhirte, die unvergängliche Krone der Herrlichkeit empfangen.« (1. Petr 5,1–4)

Im Internationalen Büro für Maße und Gewichte in Paris wird ein Platin-Iridium-Stab aufbewahrt. Dieser Stab, Urmeter genannt, bestimmt alle Längenmaße, die wir mit Meter, Kilometer oder Zentimeter bezeichnen. Vom Urmeter her wurde festgesetzt, welche Länge diese Maßeinheiten haben.

Unser biblischer Text aus dem 1. Petrusbrief ist mit einem solchen Urmeter zu vergleichen. Hier werden grundlegende Maßstäbe gesetzt für den Dienst in der Kirche Jesu Christi. Auch wenn das, was in diesem Abschnitt gemeint ist, weit über unseren Pfarrerstand hinausreicht und alle einschließt, die in der christlichen Kirche an irgendeiner Stelle Verantwortung tragen, so haben wir es hier doch in besonderer Weise mit einem Urmeter unseres Berufsstandes zu tun. Alles, was wir als Pfarrerinnen, als Pfarrer oder als Pfarrfrauen und -männer planen und ins Werk setzen, will von diesem

* Predigt beim 100jährigen Jubiläum des Evangelischen Pfarrvereins in Württemberg am 14. Oktober 1991 in der Stiftskirche Stuttgart

Maß bestimmt sein, muß an diesem Maß gemessen werden.

An einem Tag wie heute, an dem wir das 100jährige Bestehen unseres Württembergischen Pfarrvereins feiern, ist uns Gelegenheit gegeben, unser Leben und unseren Dienst neu zu vermessen. So wollen wir dieses Jubiläum dazu nutzen, uns nicht nur freundliche Grußworte zu sagen und den Verantwortlichen des Pfarrvereins zu danken für ihren selbstlosen Einsatz für uns alle; wir wollen zugleich das Urmeter des biblischen Wortes an unseren Stand und Beruf anlegen und an dem Pfarrerspiegel des 1. Petrusbriefes zu messen versuchen, wo wir in unserem Dienst zu kurz greifen oder über das Ziel hinausschießen.

Die Maßstäbe, auf die wir uns jetzt besinnen wollen, sind in unserem Text an einem alten biblischen Bild festgemacht, das immer wieder Ärgernis erregt hat und zum Widerspruch reizte. Ich weiß das. Und dennoch kenne ich kein Bild, das unseren Dienst als Pfarrerinnen und Pfarrer so angemessen beschreibt wie das vom Hirten und seiner Herde. So möchte ich jetzt dazu einladen, die Anstöße und Einwände, die wir als Theologen in uns tragen, einmal nicht in den Vordergrund zu rükken. Wir wollen uns der Mitte dieses Bildes zuwenden, wissend, daß es auf dieser Erde keinen Vergleich gibt, der nicht die Unvollkommenheit alles Irdischen an sich trägt.

Die Mitte

Die Mitte dieses Bildes, das Urmaß unseres Dienstes, ist eine Person. Auf diese Person zielen die Aussagen unseres Textes hin. Von dieser Person her erhält alles, was hier gezeichnet wird, seinen Rang und seine Würde: »...wenn erscheinen wird der Erzhirte« – das ist die Mitte. »Er ist allein der gute Hirt.« Er! Nicht wir! Nicht Menschen stehen im Blickpunkt, wenn es um den

Hirtendienst, um Seelsorge und Verkündigung in der Kirche geht. Er ist die Mitte, der oberste Hirte: Jesus Christus.

Ich denke, wir haben jetzt vor Augen, wie die Evangelien sein Bild zeichnen. Wir sehen ihn, wie er unterwegs ist zu den Menschen, zu Hohen und Niederen, zu Nahen und Fernen, zu Suchenden und Sicheren. Allen gilt sein einladendes und freisprechendes Wort, seine helfende und aufrichtende Hand, sein suchendes und hoffendes Herz. Keinen und keine übersieht er, auch die nicht, die von allen anderen übersehen werden. Auf alle fällt sein Auge, auch auf die, die im Schatten leben. Für die Schuld aller ist er am Kreuz gestorben, als Hoffnungszeichen für alle ist er auferstanden, zur Vollendung aller Dinge wird er wiederkommen.

Er ist die Mitte, nicht wir Menschen! Bei ihm liegt das Urmaß unseres Dienstes, nicht in kirchenamtlichen Verlautbarungen oder in Lehrbüchern der Pastoralpsychologie. An seinem Weg und Werk wird deutlich, wie sich Reich Gottes in dieser Welt verwirklicht. Er – die Mitte.

Unser Auftrag

Nun erst, an der zweiten Stelle, dem großen Hirten nachgeordnet, ist von uns Menschen, ist von dem Auftrag zu reden, der uns bei unserer Ordination übertragen wurde: »Weidet die Herde Gottes, die euch anbefohlen ist.« Unser Dienst, den wir als Pfarrerinnen und Pfarrer tun, ist demnach kein aus sich selbst zu definierendes, es ist ein abgeleitetes Tun, das Zug um Zug dem nachgebildet sein soll, was uns im Urbild des Dienstes vorgegeben ist.

»Weidet die Herde Gottes, die euch anbefohlen ist; achtet auf sie ...« Es ist nicht unsere Herde, die wir weiden sollen, es ist nicht unsere Gemeinde, an die wir gewiesen wurden. Gottes Herde ist es; ihm sind die Menschen zu eigen, die uns anbefohlen sind. Mit jedem einzelnen von ihnen hat Gott seine besondere Geschichte, mit jeder geht er seinen eigenen Weg. Und wir dürfen dabei sein, wenn er sein Werk an den Menschen tut, dürfen dabei sein als Hörende oder Redende, als Hoffende oder Helfende. Es ist nicht unser Betrieb, auch nicht unser kirchlicher Betrieb, den wir voranbringen müßten; es ist sein Werk, bei dem wir ihm folgen dürfen.

Und dann das gewichtige Wort vom Weiden der Herde! Wer weidet, hilft zum Leben. Weiden heißt ja, Plätze suchen für andere, wo sie das finden, was sie zum Leben brauchen: Brot zum Leben – das Evangelium; Rat fürs Leben – die Seelsorge; Hilfe zum Leben – die Diakonie. Weiden heißt, zusammenhalten; es heißt, auf Gefahren achthaben; es heißt, sich besonders um Schwache oder Gefährdete kümmern; es heißt, seine ganze Aufmerksamkeit denen zuwenden, die den Anschluß zu verlieren drohen oder die es schwer haben mit sich selbst, mit ihrer Umgebung oder auch mit der Kirche.

Weiden – in diesem einen Wort faßt sich zusammen, was ich jetzt im einzelnen unter Stichworten wie Verkündigung und Seelsorge, Diakonie, Beratung, Lehre oder Gemeindeleitung entfalten könnte. Weiden – das meint den Dienst des Evangeliums an den Menschen unserer Zeit. »Weidet die Herde Gottes, die euch anbefohlen ist.« In diesem einen Satz ist die ganze Weite und Tiefe unseres Auftrags als Pfarrerinnen und Pfarrer zusammengefaßt.

Leiden und Versuchungen

Wir wollen ehrlich sein, liebe Brüder und Schwestern: Manche unter uns tragen schwer an ihrem Dienst. Es gibt Leiden im Pfarrdienst und im Pfarrhaus, offenes und verborgenes, in unserem Auftrag begründetes und hausgemachtes. Mir persönlich ist es immer eine Hilfe, wenn ich in diesem Bibelabschnitt lese, daß in unseren Dienst schon von Anfang an ein Stück des Leidens Christi eingeflochten ist. Was wir tun, ist Dienst unter dem Kreuz. Die Gleichgültigkeit, der wir heute so häufig begegnen, die Vergeblichkeit vieler unserer Bemühungen, die uns zur schweren Belastung werden kann, soviel Ungereimtes und Unwägbares, das uns über den Weg kommt – dies und vieles andere macht uns den Dienst oft schwer und läßt die Jahre bis zum Ruhestand bei manchen zu einer einzigen Seufzerbrücke werden. Wir sollten uns deshalb immer klar machen, daß auch dann, wenn es uns äußerlich gut geht und wir eigentlich keinen Grund zur Klage haben, unser Pfarrdienst ein Stücklein Leiden um Christi willen in sich schließt, ein Stück von dem Kreuz, das zu tragen uns aufgegeben ist.

Und dann ist da die Rede von konkreten Versuchungen, die unsere Arbeit beschweren können: die Routine etwa, die uns im Laufe der Jahre alles nur noch pflichtmäßig erledigen läßt, »gezwungen«, wie es hier heißt. Oder der Ehrgeiz, der nur die eigene Person zur Geltung bringen und für sich selbst allen »Gewinn« abschöpfen will. Oder die Herrschsucht, die anderen die Freiheit nimmt und ihnen unsre eigenen Erkenntnisse, Erfahrungen oder Überzeugungen als für alle verbindlich aufzwingen will. Gerade die Gefahr, Macht über andere auszuüben, ist uns im Pfarramt immer wieder nahe. Wir sind mit solchen Versuchungen zu keiner Zeit fertig. Sie begleiten uns wie Schatten. Und wenn es in der Fortsetzung unseres Textes heißt, daß wir alle miteinander festhalten sollen an der Demut und daß Gott dem Demütigen Gnade gibt, so ist das ganz gewiß nicht ohne Grund gerade in diesen Zusammenhang gestellt.

»...so werdet ihr, wenn erscheinen wird der Erzhirte, die unvergängliche Krone der Herrlichkeit empfangen.« Ich weiß, Kronen haben für uns heute nichts Verlockendes mehr, und mit dem Lohngedanken tun wir Theologinnen und Theologen uns immer schwer. »Wir dienen, Herr, um keinen Lohn, es wär uns selbst zu Schaden«, so beginnt ein Lied von Rudolf Alexander Schröder in unserem Gesangbuch. Aber dann geht es weiter: »Doch stehen wir um deinen Thron im Abglanz deiner Gnaden.« Das ist die Verheißung über unserem Dienst als Pfarrerin und als Pfarrer, daß immer wieder etwas vom Abglanz der Gnade Gottes auf uns fällt, ein kleines Stück Erhörung oder Erfüllung: Wenn ein Menschenherz sich auftut, wenn neue Mitarbeiter gefunden werden, wenn Aktionen gelingen, wenn es vorangeht an einer Stelle, wo wir es nicht gedacht hätten. Oder wenn wir in unserem eigenen Leben oder in unserer Familie ein Stück von dem Frieden Gottes erfahren, der höher ist als alle Vernunft.

Ein Stück, ja nur ein Stück Erfüllung mitten im Stückwerk unseres Lebens und Dienstes in den Pfarrhäusern unseres Landes! Ich weiß, das ist wenig, wenn wir es mit den Maßstäben einer erfolgsverwöhnten Gesellschaft messen. Aber es ist viel, nein, es ist alles, sobald wir es sub specie aeternitatis ansehen. »Gottes gesammelte Stückwerke« sind wir, wie Theophil Askani einmal geschrieben hat, aber von Gott geliebte Stückwerke. Ja sagen zum Dienst als Pfarrerin und Pfarrer, das heißt immer neu ja sagen zum Stückwerk, in der Gewißheit, daß Jesus Christus, der Erzhirte, unser menschliches Stückwerk vollenden wird, wenn sein großer Tag kommt. Amen.

Zwischen Hoffen und Verzagen

Pfarrer sein, Pfarrerin sein heute

Mit dem bemerkenswerten Ausdruck *kalon ergon* (»eine hohe Aufgabe«) wird im Neuen Testament der Dienst bezeichnet, der, durch viele Wandlungen hindurch, zur Gestalt des heutigen Pfarrdienstes geführt hat. Auch wenn in der Gegenwart manches an zeitbedingten Belastungen auf diesem Beruf liegt, dürfen wir doch seine ursprüngliche Bestimmung nicht aus dem Auge verlieren: »Das ist gewißlich wahr: Wenn jemand ein Bischofsamt begehrt, der begehrt eine hohe Aufgabe«, ein schönes Amt (1. Tim 3,1)! So meint auch ein bischöfliches Wort aus unseren Tagen, das im Blick auf die vielstimmigen Identitätsdiskussionen unter Pfarrern gesprochen wurde: »Wenn wir nicht wiederentdecken, daß es ein königliches Amt ist, Gott und den Menschen mit dem Evangelium zu dienen, ist uns nicht zu helfen.«[1]

Das Bild, das wir Pfarrer und Pfarrerinnen von uns selber haben, und die Erwartungen, die von außen an unseren Beruf herangetragen werden, sind vielfältig, oft genug auch widersprüchlich. Sie sind abhängig von zahlreichen Faktoren, die wir selbst nur zu einem geringen Teil beeinflussen können. Es ist deshalb nicht verwunderlich, daß für das Bild des Pfarrers jede Epoche eigene Schwerpunkte setzte. In Ina Seidels Roman »Lennacker«, der die Geschichte einer Pfarrerdynastie durch zwölf Generationen beschreibt, lassen sich solche Verschiebungen der Akzente fast wie an einer Zeittafel ablesen. Diese Entwicklung ist noch längst nicht an ihr Ende gekommen. Im Gegenteil, die Veränderungen im Berufsbild des Pfarrers vollziehen sich heute in kürzeren Abständen als in vergangenen Zeiten. Neue, früher nicht gekannte Akzente treten hinzu: die Frau als Pfarrerin, die gleichzeitige Berufstätigkeit von Ehepartner und Ehepartnerin, das von einem Theologenehepaar gemeinsam geführte Pfarramt, Teilzeitarbeit im Pfarramt, weitgehende Spezialisierung der pastoralen Dienste usw. Dennoch sind es immer wieder die gleichen Konstanten, die den Pfarrerberuf durch den Lauf der Zeiten hindurch kenntlich machen.

Pfarrer sein als Beruf

In einer vor kurzem erschienenen Studie wird der Beruf des Pfarrers zu den »archaischen«, zu den »Urberufen« gezählt, wie ihn etwa der Landwirt oder der Arzt ausüben. »Urberufe waren meist breit angelegt, vielfältig, ganzheitlich, lebensumfassend, generationenübergreifend. Sie sind spröde gegenüber der Entwicklung hin zur Spezialisierung der Berufe in der Neuzeit. Spezialisierung hat Begrenzung zur Folge, Rückzug aus vielfachen Kontakten, aus Mitleben und Zusammenleben... Spezialisierung verstärkt Anonymität, schafft eine Parzellierung der Lebensbereiche. Auf dem Hintergrund dieser Entwicklung kommt die Stärke des Pfarrerberufes zum Leuchten.«[2]

Auf den Beruf des Pfarrers und der Pfarrerin werden auch heute große Erwartungen projiziert. Selbst wenn die Institution Kirche zunehmend kritisch hinterfragt wird, bleibt das Interesse an der Person des Pfarrers und der Pfarrerin nach wie vor bestehen. In der Skala des Prestiges der Berufe stand der Pfarrer, wie repräsentative Umfragen zeigten, bis in die jüngste Zeit hinein mit auf den vordersten Plätzen. Die hohen Einschaltquoten bei den Pfarrerserien des Fernsehens (»Oh Gott, Herr Pfarrer!«; »Mit Leib und Seele«; »Pfarrerin Lenau«) unterstreichen dieses Interesse.

»Pfarrer sein, Pfarrerin sein«, so hat Bischof Martin Kruse einmal ausgeführt, »das ist eine, ja die Schlüsselfunktion in der Kirche. Man kann das für falsch oder für verhängnisvoll halten; aber es ist so. Und es hilft nicht weiter, wenn man dies leugnen oder kaschieren wollte.«[3] Kruse geht dann den Gründen dafür nach, etwa der Kontinuität des Amtes seit den Anfangszeiten der christlichen Kirche, der Tatsache, daß wir Pfarrer in der Öffentlichkeit bis heute als die Repräsentanten der Kirche gelten, daß wir Zugang haben zu allen Schichten der Bevölkerung, in Häuser und Wohnungen der verschiedensten Art usw., und fährt dann fort: »Ich sage dies..., nicht um die Unausweichlichkeit der Pastorenkirche zu postulieren – die hat keine Chance für die Zukunft –, sondern um uns selbst sensibel zu machen, sowohl für die großen Möglichkeiten als auch für die tiefen Gefährdungen unseres Amtes... Wer meint, er könne diesen Gegebenheiten durch eigenen Entschluß entfliehen..., der täuscht sich und die anderen und richtet mehr Schaden an, als daß er Segen stiften kann.«[4]

Unsere Berufung zum Pfarrer und unsere Rolle als Pfarrer anzunehmen und mit den vielen Erwartungen, die an uns herangetragen werden, geistlich und zugleich in einem guten Sinn auch kritisch umzugehen, ist die uns täglich neu gestellte Aufgabe. Dabei brauchen wir diese »Rolle« als Pfarrer und als Pfarrerin nicht ständig neu zu suchen; sie ist uns vorgegeben. Im Neuen Testament ist sie beschrieben, auch wenn die äußere Gestalt des Pfarrdienstes sich inzwischen tiefgreifend verändert hat. Wir sollen am Hirtendienst Jesu Christi in seiner Kirche und in der Welt teilhaben und die Aufgaben wahrnehmen, die in dem biblischen Bild vom Hirten angelegt sind. Das Hören auf die Stimme des guten Hirten, des »Erzhirten« Jesus Christus (1. Petr 5,4), und das Achten auf die Fragen der Menschen bestimmen unseren Dienst; wo Vertikale und Horizontale sich kreuzen, ist unser Platz.

Wie sich dieser Dienst im einzelnen und in der konkreten Situation ausformen muß, wird immer neuer Überlegungen und geistgeleiteter Fantasie bedürfen. Die Gestaltung des Auftrags wird stark von der jeweiligen Situation des oder der Beauftragten beeinflußt sein. Sonderaufträge, Teilzeitdienste, geteilte Dienstaufträge für Theologenehepaare, dies alles wird Rückwirkungen haben auf die Gestaltung der Arbeit. Doch bei den vielerlei funktionalen Neubestimmungen muß immer wieder darüber nachgedacht werden, was das »Bleibende« unseres Dienstes ist. Das immer neue Ja zu der einmal ergangenen Berufung kann deren vergewissernde Funktion fruchtbar machen für die Gestaltung unseres Dienstes.

Prioritäten im Pfarrdienst

In zunehmender Häufigkeit wird von Pfarrerinnen und Pfarrern darüber Klage geführt, daß sie unter dem Vielerlei ihrer Verpflichtungen und Aufgabenstellungen leiden. Nicht wenige sind schon an der Uferlosigkeit ihres Amtes gescheitert. Nach allen Seiten hin soll ein Pfarrer bereit sein: hörbereit, gesprächsbereit, hilfsbereit, abrufbereit, einsatzbereit... Was Henry Kissinger, der einstige Außenminister der Vereinigten Staaten, in seinen Memoiren geschrieben hat, gilt auch für uns Pfarrer: »Weil wir ständig das Nötigste tun müssen, kommen wir nicht mehr dazu, das Notwendige zu tun.« Manche krisenhaften Zuspitzungen in unseren Pfarrhäusern haben darin ihren Grund: psychische Erkrankungen, Suchtverhalten, Ehescheidungen. Gerade sie nehmen in der jüngsten Zeit in bedrängendem Maße zu.

In den letzten Jahren sind für den Pfarrer viele neue

Aufgaben zu den bisher gewohnten hinzugekommen. Man hat auf die Waagschale der schon vorhandenen Arbeitslast weitere Gewichte gelegt, in der Verwaltung, in der Diakonie, im Bereich der Erwachsenenbildung, in Beratung und Sozialarbeit, ohne gleichzeitig in ausreichendem Maße Entlastungen an anderen Stellen zu schaffen. Wir kommen deshalb als Pfarrerinnen und Pfarrer in den Anforderungen unseres Berufes heute nicht mehr durch, wenn wir nicht Prioritäten setzen. Und das heißt zugleich, daß wir Posterioritäten in Kauf nehmen müssen, vielleicht schweren Herzens. Wir müssen gewichten lernen und unterscheiden zwischen dem, was zum unbedingt Notwendigen gehört, und anderem, was in die zweite Reihe gerückt werden kann.

Nach meiner Überzeugung müssen unsere Prioritäten heute und in der Zukunft nach wie vor bei den »klassischen« Pfarramtsaufgaben liegen, bei Predigt und Gottesdienst, Lehre und Seelsorge, und bei der Pflege persönlicher Kontakte. Wenn nicht alles täuscht, bestehen auf diesen Gebieten auch die größten Erwartungen an uns Pfarrer. Das bedeutet, daß wir gerade diesen Tätigkeiten besondere Aufmerksamkeit widmen und uns für ihre sorgfältige Vorbereitung genügend Zeit nehmen müssen. Es gibt zu denken, wenn der Züricher Großstadtpfarrer Peter Vogelsanger in seinen Lebenserinnerungen zweimal davon berichtet, wie C. G. Jung ihm in einem Gespräch »fast leidenschaftlich« erklärt habe: »Priester müßten die Pfarrer sein... Priester fehlen uns, Männer, die den Menschen den Weg zu Gott zeigen, sie wieder in die Verbindung mit Gott bringen, die so viele total verloren haben.«[5]

Die Kirchenleitungen werden in der Zukunft noch stärker als bisher darauf achten, daß der weiteren quantitativen Ausdehnung pfarramtlicher Aufgaben Einhalt geboten wird, damit Raum und Zeit freibleiben für eine qualifizierte Ausrichtung des genuin pfarramtlichen

Dienstes, für theologische Arbeit und geistliches Leben. Dazu gehört aber auf der Seite der Pfarrer die Bereitschaft zum Delegieren bestimmter Aufgaben, sofern geeignete Kräfte dafür vorhanden sind. Muß ein Pfarrer zugleich Vorstand einer großen Diakoniestation sein? Muß eine Pfarrerin die Leitung aller Kindergärten in der Hand haben? Könnten dafür nicht andere Mitarbeiter oder Mitarbeiterinnen gewonnen werden? Prioritäten kann nur setzen, wer Posterioritäten bejaht. Und dazu gehört das Delegieren von Aufgaben. Unser Leitbild kann nicht länger der Pfarrer sein, der alles selber in der Hand hat.

Das persönliche Leben im Pfarrhaus

Wie in wenigen anderen Berufen ist bei uns Pfarrern ein Zusammenhang von Beruf und Leben gegeben. Der Tübinger Praktische Theologe Dietrich Rößler nennt den Beruf des Pfarrers einen »Weltanschauungs- oder Gesinnungsberuf«. In der »Logik dieses Berufs« sei vorgegeben, »daß der Pfarrer für seine Person übernommen hat und zur Geltung bringt, was er in seiner Berufstätigkeit als Inhalt und Programm vertritt«[6]. Daß ein solcher Beruf aber auch in höherem Maße krisenanfällig ist als andere Berufe, liegt auf der Hand. In einem gesellschaftlichen Umfeld, das immer stärker Amt und Privatleben trennt, wirkt das durch die biblische und protestantische Tradition vorgegebene und jahrhundertelang von evangelischer Pfarrhauskultur geprägte Bild des Dienstes von Pfarrerin und Pfarrer wie eine »Versteinerung« aus längst vergangener Zeit. Dennoch werden wir auch in der Zukunft nicht darauf verzichten können, bei allen notwendigen Veränderungen im einzelnen, den Pfarrerberuf im ganzen als »Gesinnungsberuf« zu verstehen und zu leben. »Der entscheidende

Grund dafür liegt darin, daß die Glaubwürdigkeit dessen, was der Pfarrer in seinen beruflichen Äußerungen geltend macht, in dem Maße verloren wird, in dem er sich für seine Person davon distanziert.«[7] Die Berufung zum ganzheitlichen Leben in der Nachfolge Christi und im Dienst für die Menschen, die im Neuen Testament für alle Christen ausgesprochen ist, darf gerade für Theologen und Theologinnen nicht außer Kraft gesetzt werden.

Gerhard Ruhbach hat im Blick auf das persönliche Leben des Pfarrers und der Pfarrerin einmal von der für sie notwendigen »Christusimprägnierung des Alltags«[8] gesprochen. Wir müssen als Theologen zwar den Wind der Zeit kennen, wir müssen erspüren können, woher er weht und wohin er sich dreht, um dann mit wachen Sinnen die Fragen aufzunehmen, die er uns vor die Füße wirbelt. Aber wir dürfen daneben die »Innenseite« unseres Lebens nicht vernachlässigen, die mit dem Wirken nach außen untrennbar verwoben ist: unseren persönlichen Umgang mit der Bibel, unser einsames und gemeinsames Beten, das mutuum colloquium und die mutua consolatio fratrum et sororum. Dazu gehört auch die stille Einkehr, Zeiten der Retraite, des Schweigens, vielleicht auch zeitenweise ganz konkret das »Fasten« an einem bestimmten Punkt, wo wir in Gefahr stehen, in Abhängigkeit zu geraten, ob es sich nun um ein Genußmittel, um das Fernsehen oder ganz einfach um unser Reden handelt. Wer viel reden muß, kann ohne Schweigen nicht sein. Wo aber Schweigen und Hören zurücktreten, werden unsre Worte leer und hohl.

Darüber hinaus: Sich immer wieder ganz bewußt, gezielt, geplant und mit gutem Gewissen Zeit nehmen für Ehepartner und Kinder oder für Freunde und Freundinnen, für körperlichen Ausgleich und geistigen Austausch, für Wandern, Sport und Garten, für Kunst, Musik und Literatur – das gehört zu den Dienstpflichten eines Pfarrers und einer Pfarrerin, ob sie nun verheiratet sind oder alleinstehend leben. Solche Zeiteinheiten zur Entspannung und Erholung kosten zwar im Vorfeld ein gewisses Maß an organisatorischem Aufwand, zumal wenn beide Ehepartner berufstätig sind. Aber sie sind unverzichtbar, wenn wir unsere körperliche und seelische Gesundheit bewahren wollen. Sie sind auch unverzichtbar um unseres geistlichen Auftrags willen. Bei allen Aktivitäten wächst nichts mehr unter unseren Händen, wenn unsere Arbeit nicht aus der Stille kommt.

Schließlich muß in diesem Zusammenhang noch eine weitere Dimension in den Blick kommen, auf die der Dresdner Bischof Johannes Hempel in einem Vortrag vor Pfarrern einmal hingewiesen hat: »Eine zur Pausenunfähigkeit verdichtete Arbeitsintensität hat immer tiefere Ursachen, die ans Licht zu holen sich lohnt. Die Arbeitswütigen sind in Wahrheit Ruhelose, Unbehauste, auf der Flucht vermutlich vor der Auseinandersetzung mit sich selbst. Wer nie Zeit hat, hat Angst vor seiner Zeitlichkeit. Hier kommt hinter allem Schicksalhaften die Glaubensfrage in Sicht. Mancher Pfarrer arbeitet deshalb so über alle Maßen, weil er sonst sich mit seinen Anfechtungen auseinandersetzen müßte, und das wagt er nicht.«[9] So kann die Frage der Arbeitsüberlastung zutiefst auch eine geistliche Frage sein, der wir Pfarrer und Pfarrerinnen nicht ausweichen dürfen, wenn wir nicht bleibenden inneren Schaden nehmen wollen.

Vom Umgang miteinander

Zu unserer Existenz als Pfarrer und Pfarrerinnen gehört auch das Achthaben auf unsere Beziehungen untereinander, nicht zuletzt das Aushalten von Spannungen, an denen es in unserer Pfarrerschaft und in unserer Kirche nicht mangelt. Sie werden in der Zukunft nicht weniger werden. Auch in Pfarrerskreisen nimmt die heute weit verbreitete Individualisierung des Lebens zu. Die Kommunikationsfähigkeit und -bereitschaft tritt zurück. Immer mehr Pfarrer leiden unter Beziehungsschwierigkeiten; es gibt in zunehmendem Maße Konflikte mit Mitarbeitern. Nicht nur im theologischen und kirchenpolitischen Bereich, mehr noch im psychischen und im zwischenmenschlichen Feld wachsen die Beschwernisse. Das reicht bis in die Pfarrersehen hinein, die heute aus den verschiedensten Gründen – nicht allein durch die zunehmende doppelte Berufstätigkeit – besonderen Belastungen ausgesetzt sind. Es wird offenbar immer schwieriger, einander zu verstehen und zu ertragen. Belastungen werden kaum noch als Chancen der Bewährung und des Reifwerdens angesehen. Man steht sie nicht mehr durch, sie werden zunehmend Anlaß für eine Trennung oder für das Ausbrechen aus der ehelichen Treue. Daß wir hier, bis weit in unsere Pfarrerschaft und Mitarbeiterschaft hinein, teilhaben an dem Wertewandel, der unsere Gesellschaft erfaßt hat, ist eine Beschwernis, mit der nicht leicht umzugehen ist. Das zeigt zum Beispiel auch die unterschiedliche Beurteilung nichtehelicher Lebensgemeinschaften in Pfarrhäusern und Dienstwohnungen der Kirche.

Wir stehen hier vor der Frage, ob wir in unserer Pfarrerschaft im ganzen und in unseren Pfarrhäusern im einzelnen so miteinander reden und leben, daß in unseren Gesprächen, in Zusammenleben und Zusammenarbeit, auch in notwendigen Auseinandersetzungen, etwas durchscheint von der communio sanctorum, die wir im Apostolicum bekennen, von der Gemeinsamkeit des Auftrags, der uns anvertraut ist, aber auch von den Kräften des Evangeliums, die unser Leben tragen und unser Zuammenleben gestalten können. Wenn wir von der Voraussetzung ausgehen, daß Christus uns angenommen hat, dann müßte aus dieser Vorgabe die Bereitschaft und die Fähigkeit erwachsen, daß wir auch einander annehmen (Röm 15,7) und uns weder kritiklos der heute weithin geübten Anpassung an das allgemeine Verhalten anschließen, noch ungeprüft Vorurteile übernehmen und sie zu trennenden Mauern hochstilisieren. Dieser paulinische Gedanke zielt gewiß nicht auf eine Nivellierung aller Meinungen; er weist uns vielmehr auf den Grund hin, auf dem wir – mit unseren unterschiedlichen Standpunkten – stehen und der einen gemeinsamen Dienst erst ermöglicht. Der früh verstorbene Reutlinger Prälat Theophil Askani (1923–1982) hat in seinem Neujahrsbrief an die Pfarrer und Pfarrerinnen seines Sprengels uns Pfarrer in Anlehnung an 1. Kor 13,9–12 »Gottes gesammelte Stückwerke« genannt. Ich finde, daß wir damit treffend beschrieben sind, wir Pfarrer und Pfarrerinnen, Pfarrfrauen und Pfarrmänner, und ganz gewiß auch die Pfarrerskinder: »Gottes gesammelte Stückwerke.« Jedes von uns mit seinen bruchstückhaften Erkenntnissen und Erfahrungen, unterwegs auf das Vollkommene hin, wo wir einmal die Bruchstücke des Eigenen vergessen dürfen, wenn wir sehen, was Gott aus dem Stückwerk unseres Lebens und Dienstes gemacht hat.

Es sind auf den ersten Blick sehr unscheinbare Dinge, die hier angesprochen wurden. Aber es sind doch Fragen, die unseren Pfarrdienst und unsere Pfarrerexistenz im Zentrum berühren. Um dieses Zentrum geht es. Und was ist dies? In seiner Synodalpredigt, die der Augustiner-Ordensvikar Martin Luther im Jahr 1515 – zwei Jahre vor seinem reformatorischen Durchbruch(!) – entworfen hat, stehen die leidenschaftlichen Sätze, die diese Mitte beschreiben: »Die vornehmste und erste aller Sorgen ist – könnte ich das doch mit

Flammenworten in eure Herzen rufen! –, daß die Geistlichen vor allen Dingen Überfluß haben am Wort der Wahrheit! ... Zu allem anderen sind keine Geistlichen nötig... Mag einer sonst keusch, leutselig, gelehrt sein, mag er die Einkünfte mehren, Häuser bauen, seinen Einfluß vergrößern, ja mag er Wunder tun, Tote erwekken, böse Geister austreiben: nur der ist Geistlicher und Hirte, der ein Bote Gottes ist, der das Volk Gottes mit dem Wort der Wahrheit leitet und ihm zu dieser göttlichen Geburt verhilft.«[10] Dem ist nichts hinzuzufügen. »Vor allen Dingen Überfluß haben am Wort der Wahrheit« – das ist das Geheimnis unseres Dienstes als Pfarrer und als Pfarrerin. Das allein kann uns festhalten und bewahren auf dem Weg, der zwischen Hoffen und Verzagen verläuft.

Anmerkungen

1 Johannes Hempel, Über Kirche, über uns. Fragen und Antworten eines Bischofs, Berlin 1992, S. 55.

2 Heinrich Herrmanns, Grüß Gott, Herr Pfarrer / Frau Pfarrerin – Beruf oder Berufung?, in: Udo Hahn (Hg.), Der Glaube hat Zukunft, Moers 1991, S. 124.

3 Martin Kruse, Pfarrer sein / Pfarrerin sein zwischen Hoffen und Verzagen, in: Ernst Adomeit / Theo Sorg, Das Haus der lebendigen Steine. Gemeinde bauen in der Volkskirche, Neukirchen/Vluyn 1987, S. 57.

4 A.a.O., S. 59.

5 Peter Vogelsanger, Rede, und schweige nicht! Erinnerungen und Einsichten eines Pfarrers (Zweiter Teil), Zürich 1990, S. 78. 134.

6 Dietrich Rößler, Grundriß der Praktischen Theologie, Berlin / New York 1986, S. 103f.

7 A.a.O., S. 104.

8 Gerhard Ruhbach, Wege zur geistlichen Erneuerung des Pfarrerstandes, in: Ernst Adomeit / Theo Sorg, a.a.O., S. 89.

9 Johannes Hempel, a.a.O., S. 83.

10 Martin Luther, WA I, 12ff.

An der Quelle leben

Vom geistlichen Leben des Pfarrers und der Pfarrerin*

Wenn wir das biblische Buch Exodus aufschlagen, begegnen wir dort den Erzählungen vom Wüstenweg Israels. Von Geschichte zu Geschichte haben wir vor Augen, wie eine müde und abgeschlaffte Karawane ursprünglich Begeisterter und jetzt tief Enttäuschter sich durch die kahle Wüste schleppt: Menschen, denen der Frust im Gesicht geschrieben steht, die unter ihrer harten Gegenwart leiden und die nun ihre Vergangenheit zu vergolden beginnen, Menschen, die sich nur noch in apathischen Wendungen ergehen: Ach hätten wir doch, ach wären wir nur...! Aus diesem Frust entsteht Auflehnung gegen Gott und gegen die von ihm bestellten Führer des Volkes, Murren, Hadern, Streik. Hin und wieder treffen sie auf eine Oase und lagern dort unter schattigen Palmen, am frischen Wasser. Und wenn die Not am größten und das Murren am lautesten wird, blitzt – wie ein Zeichen aus einer anderen Welt – ein Wunder auf: die Errettung im Schilfmeer, Wasser aus dem Felsen, das tägliche Manna ... Gottes Volk unterwegs durch die Wüste!

Unterwegs durch die Wüste

Wenn ich mir so das alte Israel auf seinem Wüstenzug vorzustellen versuche, verschieben sich unwillkürlich

* Eröffnungsvortrag beim Zweiten Deutschen Theologenkongreß am 24. Februar 1992 in der Stadthalle Hannover

die Perspektiven. Ich sehe vor mir das große Heer der Mitarbeiterinnen und Mitarbeiter unserer Kirche, von Pfarrerinnen, Pfarrern und ihren Angehörigen. Ich sehe, wie sie unterwegs sind auf den staubigen Straßen ihres alltäglichen Dienstes, da und dort in Aufbruchstimmung und Begeisterung, zu oft abgespannt, resigniert. Die Fragen, die diese Menschen bewegen, sind auf ihren Gesichtern abzulesen: Was bringt es eigentlich, wenn wir uns bemühen und plagen? Was kommt dabei heraus? Unser Dienst läuft ohne erkennbare Wirkung ab, unser Wort verhallt, unser Engagement verpufft. In immer größerer Zahl verlassen Menschen die Kirche, die Gemeinden schrumpfen, die Jugendarbeit kriselt vor sich hin, Mitarbeiter steigen aus. Man spricht heute viel vom Verwelken des Glaubens und vom Verdunsten der Kirchlichkeit. Dies alles bleibt nicht ohne Rückwirkungen auf uns selbst, die wir von Gott und von der Kirche zum Dienst berufen wurden, denen in der Ordination der Auftrag zu Verkündigung, Lehre und Seelsorge übertragen worden ist. Wo gibt es denn noch positive Perspektiven für unseren Dienst? Hat das, was wir tun, überhaupt noch Zukunft?

Diese resignativen Fragestellungen deuten auf ein tiefsitzendes Burn-out-Syndrom hin. Sie sind äußere Signale für Belastungserfahrungen, die unter uns in unterschiedlicher Ausprägung und Dichte vorhanden sind.

Abnutzung

Dies ist nicht in erster Linie ein geistliches, sondern zunächst ein durchaus menschliches Problem. Wer viel mit Menschen zu tun hat, nutzt seine seelischen Kräfte ab, vor allem dann, wenn er oder sie sich mit ganzer Kraft, von ganzem Herzen, den Menschen zuwendet. Wer fortwährend Zuwendung ausströmt, steht in der Gefahr, sich selbst zu verströmen. So greift man mehr und mehr auf Reserven zurück und wird zum Routinier. Geistlich lebt man von der Hand in den Mund; in Predigt, Unterricht und Seelsorge reicht man nur noch »aufgewärmte Fertiggerichte« (Gerhard Ruhbach) weiter. Und das Ende ist dann eine theologische Mikrowellen-Existenz.

Verflachung

Schon Paul Tillich hat einst Anlaß gesehen, über den »Verlust an Tiefe« Klage zu führen. Diese Gefährdung unserer theologischen Existenz hat seitdem nicht abgenommen, im Gegenteil. Wer die Tiefe verliert, gerät in Hektik, muß beständig dem Neuesten nachjagen und verliert dabei das Notwendigste aus dem Blick. Nur aus der Tiefe beziehen wir die Kräfte, um in die Breite wirken zu können. Wo kein Wurzelgrund mehr ist, sterben die Wurzeln ab. Wir machen, wenn wir unseren eigenen Lebensgrund verlieren, keine geistlichen Erfahrungen mehr, denn »Erfahrung ist innerlich verarbeitetes Erleben«[1]. So kommen wir in die Gefahr, zu geistlichen Flachwurzlern zu werden, deren inneres Leben mehr und mehr verdorrt.

Verhärtung

Es gibt nicht wenige Theologen, die – gewollt oder durch Gewöhnung – sich eine innere »Hornhaut« zulegen und die im Laufe der Zeit immun werden gegen die Anrede Gottes an sie selbst. Man geht nur noch zweckorientiert und »rein handwerklich« mit biblischen Texten um, sucht nach dem Wort für die anderen, weicht aber dem Wort an sich selber aus. Helmut Thielicke hat deshalb zu Recht vor dem »homiletischen Abgrasen biblischer Texte« gewarnt.[2] Dies geschieht dann, wenn man über der Frage nach der homiletischen Verwertbarkeit vergißt, daß wir selbst – die Prediger – die ersten Hörer des Wortes sein sollen. »Nur in dem Maß, wie wir Hörer des Wortes sind, sind wir Verkündiger ...

Nur als Hörer des Wortes empfangen und behalten wir unser Amt.«[3] Wenn wir aber nicht persönlich und zweckfrei Hörer des Wortes sind, geraten wir in die Rolle eines Funktionärs, der Angelerntes weitergibt, ohne es für sich selbst gelten zu lassen, werden damit zu einem Gegenbild des Zeugen.

Verunreinigung

Auch wir Theologen sind Kinder unserer Zeit. Der Zeitgeist macht keinen Bogen um Pfarrhäuser und Pfarrfamilien herum. Wir sind hineingestellt in die unaufhaltsame Säkularisierung aller Lebensbereiche. Reklame, Werbung, ideologische Propaganda und politische Parolen, dies alles läßt uns in der Tiefe nicht unberührt. Auch wenn wir meinen, gegen solche Einflüsse abgeschirmt zu sein, so gilt dennoch: Semper aliquid haeret, es bleibt immer etwas hängen. Auf die Länge werden bei uns unterschwellig innere Maßstäbe verschoben und bewahrende Schranken abgebaut.

Wir können aus der Landschaft der Massenmedien nicht entfliehen. Die Frage ist nur, wie wir mit diesen Einflüssen umgehen. Wer sich ohne Widerstand und ohne den festen Willen zur Prüfung und zur Auswahl dem Rummel und den Reizen der Medien überläßt, nimmt innerlich Schaden. Zerstreuung ist das Einfallstor des Nichtigen in unser Leben. Sie kann vielleicht augenblicklich ablenken und über eigene Probleme hinweghelfen, aber sie bringt uns auf die Dauer nichts ein. Ja, sie trägt zur Verunreinigung unseres Lebens und unserer Phantasie bei, indem sie geistliche Immunkräfte schwächt und die innere Imprägnierung unseres Lebens zerstört.

Soweit eine Kurzbeschreibung des Belastungssyndroms, das unseren Dienst lähmen und uns Freude, Schwung und Zuversicht nehmen kann.

Gibt es Mittel und Möglichkeiten, die sich gegen solche Krankheits- und Lähmungserscheinungen aufbieten lassen? Brunnen müßten wir haben, wie das alte Israel, deren lebendiges Wasser uns erquickt! Quellen, an denen wir neuen Mut gewinnen können und Zuversicht für den weiteren Weg! Von Zisternen allein kann man auf die Länge nicht leben.

Wir wissen, daß es in der Gegenwart nicht wenige trügerische Quellen gibt, die Hilfe und Heil versprechen und die uns am Ende doch mit ungestilltem Durst und ungetröstetem Herzen weiterziehen lassen. Die Versuchung ist nicht neu, und die Gefahr, die schon der Prophet des Alten Bundes beklagt, ist auch immer wieder die unsere: »Mein Volk tut eine zwiefache Sünde: mich, die lebendige Quelle, verlassen sie und machen sich Zisternen, die doch rissig sind und kein Wasser geben« (Jer 2,13; 17,13).

So kann uns als Theologen nichts Besseres widerfahren, als daß wir miteinander zur Quelle gehen, daß wir uns gegenseitig helfen, sie wieder freizulegen, wo sie verschüttet ist. Der Geist Jesu Christi wird uns leiten, wenn wir uns neu auf die Suche nach den Quellen des lebendigen Wassers machen.

Quellen lebendigen Wassers

Der Psalmist singt, wenn er die Güte Gottes rühmt: »Bei dir ist die Quelle des Lebens, und in deinem Lichte sehen wir das Licht« (Ps 36,10). In Jesus Christus, dem menschgewordenen Gottessohn, ist diese Zusage erfüllt. In seinem Gespräch mit einer samaritanischen Frau am Brunnen von Sychar spricht er von der Quelle und der Gabe des »lebendigen Wassers«, die aus dem Glauben an ihn entspringt: »Wer von dem Wasser trinken wird, das ich ihm gebe, den wird in Ewigkeit nicht dürsten, sondern das Wasser, das ich ihm geben werde, das wird in ihm eine Quelle des Wassers werden, das in das ewige Leben quillt« (Joh 4,14). Am Laubhüttenfest in Jerusalem nimmt Jesus dieses Bild noch einmal auf: »Wen da dürstet, der komme zu mir und trinke! Wer an mich glaubt, wie die Schrift sagt, von dessen Leib werden Ströme lebendigen Wassers fließen« (Joh 7,37f.). In der Johannes-Offenbarung verheißt der erhöhte Herr: »Ich will dem Durstigen geben von der Quelle des lebendigen Wassers umsonst« (Offb 21,6). Und im letzten Kapitel der Bibel wird uns das endzeitliche Bild von einem »Strom lebendigen Wassers« gezeigt, »der ausgeht von dem Thron Gottes und des Lammes« (Offb 22,1).

Quelle lebendigen Wassers, Ort der Erquickung für Dürstende, der Stärkung für müde Gewordene, der Hoffnung für Hoffnungslose – in Jesus Christus ist dies Wirklichkeit. Er ist die endzeitliche Gabe, die Gott seinem Volk, die er dieser Welt gegeben hat und an der auch wir Anteil bekommen dürfen, wir, die wir in seinem Dienst stehen, zuallererst. »Wer an mich glaubt, wie die Schrift sagt...« Im Glauben an Jesus Christus, in der Lebensgemeinschaft mit ihm, wird eine Beziehung gestiftet, die uns auf allen Wegen, die wir gehen, an ihn bindet. Paulus hat das so beschrieben: »Ich lebe, doch nun nicht ich, sondern Christus lebt in mir. Denn was ich jetzt lebe im Fleisch, das lebe ich im Glauben an den Sohn Gottes, der mich geliebt hat und sich selbst für mich dahingegeben« (Gal 2,20). Im Glauben geschieht ein Transfer von Lebensqualität, wie wir sie aus uns selbst nicht kennen, von Zuversicht, die wir nicht aus eigener Kraft zu stiften vermögen, von Mut und Bereitschaft zum Dienst, wie sie nicht menschlichem Eifer entspringen. So ist die Frage nach neuen Perspektiven für unser Leben und unseren Dienst als Pfarrerinnen und als Pfarrer, als Pfarrfrauen und Pfarrmänner, immer zuerst eine Frage nach unserem Glauben. Und

Glaube beginnt damit, daß ich im Angesicht Jesu Christi meine eigene Bedürftigkeit erkenne: »Wen da dürstet...«

So sind wir alle, die wir uns ausgebrannt und leer fühlen, die wir uns vielleicht nur noch mühsam und ohne große Erwartungen über die Runden unseres Pfarrdienstes quälen, eingeladen zur Quelle, zum Glauben an den, der in seiner Person die »Quelle des Lebens« ist. Im Vertrauen auf Jesus Christus schöpfen wir neue Kraft. Er kann Ausgebrannte und Leere mit neuer Zuversicht erfüllen und in Routine Festgefahrenen neue Wege erschließen. Gegen Müdigkeit und Resignation helfen keine Appelle des Enthusiasmus, auch keine Erlasse von Kirchenleitungen. Nur in der Seelsorge Jesu kann uns geholfen werden. Denn Seelsorger leben von der Seelsorge, die sie selbst erfahren.

Aber was heißt das nun konkret? Wie kann sich das praktisch vollziehen, dieses »Leben an der Quelle«?

An der Quelle leben

Ehe wir uns diesen Fragen nähern, sind einige Vorbemerkungen nötig.

1. Das Bild von der Quelle hat in sich nichts Statisches. Eine Quelle sprudelt, sie ist in ständiger Bewegung. Darum kann auch das Leben an einer Quelle nichts Statisches, ein für allemal Feststehendes sein. Es ist so vielgestaltig und so bewegt wie das Leben selbst. Auch das geistliche Leben ist so bewegt und nicht für jeden Menschen gleich zu beschreiben. Deshalb möge jeder und jede in die Grundlinien geistlichen Lebens, die ich im folgenden kurz zu skizzieren versuche, eigene wichtig gewordene Erkenntnisse und Erfahrungen eintragen, Geübtes und Erprobtes, eben das Persönliche; und zugleich das dem eigenen Leben und Dienst Ange-

messene, dem persönlichen Status und der Familiensituation Gemäße. Leben ist nun einmal nicht in starre Gesetzmäßigkeiten zu fassen, geistliches Leben zweimal nicht. Und doch kommt es ohne Regeln nicht aus.

2. Es gibt kein Leben ohne Ordnungen. Recht verstandene Ordnungen wollen das Leben nicht reglementieren oder einschränken, sondern ihm Gestalt geben. Auch Spiritualität braucht eine Gestalt, die sie der Beliebigkeit entnimmt. »Formlosigkeit macht krank. Wer ohne äußere Ordnung lebt, gerät auch innerlich in Unordnung. Wer keine Rituale mehr kennt, sondern sich einfach nach Lust und Laune gehen läßt, zerfließt innerlich. Alles fällt auseinander. Es gibt keine Klammer mehr, die das Widerstrebende zusammenhält, keine Form, in der etwas wachsen kann ... Ein gesundes geistliches Leben braucht eine klare Form.«[4] Dem ist hinzuzufügen, daß man seelsorgerliche Erfahrung nicht nur im Umgang mit anderen Menschen sammelt. Man gewinnt sie vor allem anderen im Ringen um die eigene geistliche Haltung. »Wer sich um Erfahrung bemüht, merkt bald, daß diese ohne Übung nicht zu haben ist. Regelmäßigkeit und Kontinuität gehören daher elementar zum geistlichen Leben hinzu.«[5]

3. Manfred Seitz hat darauf hingewiesen, daß geistliches Leben nicht ohne »bewußte Akte des Anfangs« gelingen kann.[6] Weil »des Herren Gnad und große Treu« jeden Morgen »ganz frisch und neu« ist (EKG 336), entspricht dem auf der Seite des Menschen, daß wir diese uns vorgegebene Gnade des täglichen Neuanfangs bewußt wahrnehmen und annehmen: im Umgang mit der Schrift, im Gebet, im Achten auf geistliche Grunderfahrungen, die andere vor uns gemacht haben, nicht zuletzt auch in Erfahrungen spirituellen Lebens in der katholischen und der orthodoxen Kirche. Solche Anfänge müssen immer wieder bewußt gewagt werden, gegen die Trägheit des eigenen Herzens, gegen den Hang zu

Beliebigkeit und Bequemlichkeit, gegen Ablenkung und Zerstreuung, gegen Hektik und Überforderung. Geistliches Leben gestaltet sich aus immer neuen Anfängen. Jeder neue Tag kann uns – auch aus vielfältigem eigenem Versagen heraus – zu einem Neubeginn führen: »Alle Morgen weckt er mir das Ohr, daß ich höre, wie Jünger hören« (Jes 50,4).

Nach diesen drei Vorbemerkungen nun drei Grundlinien, die für ein »Leben an der Quelle« konstitutiv sind.

Leben aus dem Dank

Danken ist heute »out«, Klagen »in«, und auch das Fordern: »Ich muß alles haben, und zwar sofort!« Tief dringt diese Mentalität auch in unsere Kirche ein, und wir als Pfarrerinnen und Pfarrer werden nicht sagen können, daß wir davon unberührt wären. Auf diesem Boden aber kann geistliches Leben weder wachsen noch zu einer Gestalt finden.

Wie wahr ist demgegenüber das Wort Friedrich von Bodelschwinghs: »Die tiefste Kraft des Lebens ist der Dank.« Wir müssen uns durch diesen Satz fragen lassen, ob die heute – auch unter uns – so weit verbreitete Lustlosigkeit und Unzufriedenheit nicht aus einer ebenso verbreiteten Undankbarkeit kommt. Undankbarkeit aber ist die Frucht einer tiefen Beziehungsstörung. Wenn unsere Beziehung zu Gott nicht mehr geordnet ist, gerät auch die Beziehung zu uns selber und zu den Menschen um uns her in eine Schräglage.

Was heißt nun aber danken? Danken heißt, von der Gabe aufsehen zum Geber[7], vom Geschaffenen zum Schöpfer, vom Werk zum Meister. Wenn wir zu danken beginnen, blicken wir weg von uns selbst und geben Gott die Ehre, die ihm gebührt. Wo dieses Danken vor Gott aufhört, wendet sich der Mensch von seinem Ursprung ab; wo das Lob Gottes erstirbt, gerät der Schöpfer aus der Mitte, das Geschöpf und das Geschaffene rücken an die zentrale Stelle. Darum heißt »an der Quelle leben« zuerst: aus dem Dank leben.

Leben wir dankbar im Blick auf unsere *Berufung?* Jesus Christus hat uns in seinen Dienst gerufen. Immer wieder dürfen wir aus unseren Anfechtungen und Enttäuschungen zurückkehren zu diesem »heiligen Ruf« (2. Tim 1,9), der über unserem Leben steht, der uns teilhaben läßt an dem Werk der Versöhnung und Befreiung, das Jesus Christus durch seinen Heiligen Geist in dieser Welt tut. In der Ordination zum geistlichen Amt wurde uns der Auftrag zu Verkündigung und Seelsorge aufs Herz gelegt. Mit dieser Beauftragung steht zugleich die Verheißung Gottes über unserem Dienst, daß sein Wort nicht leer zurückkommen wird, sondern wirkt, wozu es gesandt ist (Jes 55,10f.). Leben wir aus dem Dank für unsere Berufung?

Und danken wir für die *Vergebung,* von der wir leben? »...der mir und allen Gläubigen täglich alle Sünden reichlich vergibt«, sagt Luther in seiner Erklärung zum Dritten Glaubensartikel. »...mir und allen Gläubigen« – wir Pfarrer, wir Pfarrerinnen, Pfarrfrauen und -männer eingeschlossen. Sind wir uns der entlastenden und befreienden Wirkung des Wortes der Vergebung bewußt? Durch Vergebung geschieht ja nicht nur die »Entsorgung« unserer persönlichen Lasten, sondern ebenso die »Entgiftung unserer eigenen Seele«[8] und unserer zwischenmenschlichen Beziehungen. Menschen, die für erfahrene Vergebung danken können, sind ein Segen und eine Wohltat für ihre Umgebung. Von ihnen können gesundmachende Kräfte des Evangeliums auf andere ausstrahlen.

Sind wir auch dankbar für das *Wirken des Heiligen Geistes* in unserer Kirche? Daß Menschen – manchmal ganz ohne unser Zutun – den Weg des Glaubens finden, daß jeden Sonntag Menschen zum Gottesdienst kommen, daß wir Mitarbeiterinnen und Mitarbeiter haben, daß es, trotz der nicht zu leugnenden Absetzbewegung von der Kirche, in zunehmendem Maße geistliche Aufbrüche gibt? Ich denke aber auch an ganz äußerliche Dinge: Sind wir dankbar für unsere Pfarrhäuser, die uns der heute so mühsamen und erniedrigenden Wohnungssuche entheben, für das regelmäßige Gehalt, wie es die meisten Pfarrer auf unserer Erde in dieser Höhe nicht kennen? Es werden heute viele Klagelieder über die Kirche gesungen, und wir Pfarrer beteiligen uns kräftig daran. Es gibt ja in der Tat vieles zu beklagen in unserer Volkskirche. Aber daß diese – zu einem Teil gewiß berechtigten – Klagen den Dank gegen Gott und auch gegenüber vielen Menschen zu überlagern und zu erstikken drohen, ist eine Krankheitserscheinung in unserer Kirche und besonders in unserem Berufsstand. Es könnte sein, daß diese Undankbarkeit dem Wirken des Heiligen Geistes mehr im Wege steht, als wir ahnen. Es könnte sein, daß manche unserer Vergeblichkeitserfahrungen – Frustrationen nennt man das heute – hier ihren tiefsten Grund haben. »Nur wer für das Geringe dankt, empfängt auch das Große. Wir hindern Gott, uns die großen geistlichen Gaben, die er für uns bereit hält, zu schenken, weil wir für die täglichen Gaben nicht danken ... Wie kann aber Gott dem Großes anvertrauen, der das Geringe nicht dankbar aus seiner Hand nehmen will?«[9]

Leben aus der Stille

In den dreißiger Jahren hat Otto Riethmüller, damals Leiter des Burckhardthauses in Berlin, für die verantwortlichen Leiterinnen der weiblichen Jugend geistliche Lebensregeln aufgestellt. Sie beginnen mit dem fundamentalen Satz, der im Grunde eine Selbstverständlichkeit ist: »Ich will mich stets an das Grundgesetz des Lebens erinnern: Wer viel ausgibt, muß viel einnehmen.«[10] Wir Pfarrerinnen und Pfarrer gehören zu denen, die viel ausgeben müssen. Täglich, oft stündlich, sind wir zum Zuhören und Antworten gefordert, zum öffentlichen Reden und Unterrichten, zum Trösten und Mahnen, zum Leiten und Verwalten. Weil wir so vieles »ausgeben« müssen, darf bei uns die persönliche Sammlung vor Gott nicht zu kurz kommen. Denn nur wer aus der Stille lebt, kann in die Weite wirken.

So wird das stille Hören auf Gottes Wort, der betende Umgang mit dem Herrn, die Bitte um das Wirken seines Geistes, zur Brunnenstube für unseren Dienst. »Das einsame Gebet des Pfarrers ist das Herzstück unseres Amtes.«[11] Die Seelsorge an der eigenen Seele darf deshalb nicht der Diktatur des Terminkalenders und der Hektik eines gefüllten Arbeitstages zum Opfer fallen. Denn »nur als Hörer des Wortes empfangen und behalten wir unser Amt«.[12]

So gilt gerade für uns als Theologinnen und Theologen: Wir brauchen die Stille vor Gott, das persönliche Hören auf sein Wort und das betende Antworten. Wir brauchen den Gottesdienst, auch wenn wir selbst predigtfrei sind. Wir brauchen das Abendmahl, auch wenn wir es nicht selber austeilen. Wir brauchen die Beichte, auch wenn wir nicht die Beichthörer sind. Dort, wo Gottes Gaben ausgeteilt werden, ist unser Platz. Ihn in Regelmäßigkeit zu suchen, gehört zu den Prioritäten eines Pfarrerlebens. Auch wenn wir sorgsam umzugehen haben mit unserer Zeit, wenn wir sie verantwortlich einteilen und klare Schwerpunkte setzen müssen, dürfen wir mit Maßnahmen der Rationalisierung nicht an diesem sensiblen Punkt beginnen. Ein Baum, dem die Wurzeln abgeschnitten werden, beginnt zu welken. Er kann nicht mehr blühen und Früchte tragen. Wer die Wurzeln seines geistlichen Lebens zu beschneiden beginnt oder sich von der Quelle entfernt, aus der die Wurzeln Wasser ziehen, wird früher oder später einem dürren Baum gleichen, der niemandem mehr nützt.

Wir wissen aus eigener Erfahrung, daß der regelmäßig gesuchten Stillen Zeit, sei es am Morgen, am Abend oder zu einem anderen Zeitpunkt des Tages, viele Widerstände entgegentreten. Oft macht die Trägheit des eigenen Herzens die besten Vorsätze zunichte. Wir sollten uns auch eingestehen, daß äußere Schwierigkeiten uns manchmal eine willkommene Entschuldigung für unsere persönliche Unlust bieten. Deshalb müssen wir unsere Stille Zeit mit zäher Treue gegen äußere und innere Widerstände zu verteidigen suchen. An dieser Stelle kann eine Zweierschaft von großer Bedeutung sein, angefangen bei der Pfarrersehe, die gerade hier, in dieser innersten Gemeinschaft, ihre tiefste Bewährung findet, bis hin zu vertrauten Personen aus unserem beruflichen oder gemeindlichen Umfeld.

Weil wir im Blick auf unser geistliches Leben immer wieder neue Anstöße brauchen, sollten wir die Angebote der Retraite nicht verschmähen. Jedes Jahr – neben der notwendigen wissenschaftlichen Fortbildung – ein paar Tage der inneren Neuorientierung in einem Einkehrhaus können zur Befestigung in einer guten geistlichen Ordnung dienen. Eine solche Retraite müßte eigentlich zu den Dienstpflichten im Pfarramt gehören. Wo man diese Hilfe sucht und ob man mehr davon hat, wenn man für sich allein oder als Ehepaar gemeinsam die Stille sucht, läßt sich nicht allgemein festlegen. Wichtig ist nur, daß wir sie suchen; und wichtig ist, daß wir feste Haftpunkte für unser geistliches Leben finden und so zu einer »christusbezogenen Innenprägung des Glaubens«[13] gelangen.

Leben in der Gemeinschaft

Jeder Mensch, gerade auch eine Pfarrerin und ein Pfarrer, hat – nach einem Wort des unvergessenen Walter Hümmer in Selbitz – Gaben, Grenzen und Gefahren.[14] Die Begabungen, die jedem von uns anvertraut sind, bedürfen der Ergänzung durch anders geartete Gaben und Kräfte. Dies macht nicht zuletzt das neutestamentliche Bild vom Leib und seinen Gliedern deutlich, durch das Paulus in 1. Kor 12,12–27 die Wirklichkeit der Gemeinde Jesu Christi darstellt. Darum haben wir als Mitarbeiterinnen und Mitarbeiter Gottes die Einbindung in die Gemeinschaft der Brüder und Schwestern nötig, wobei die kleinste und intimste, ganz gewiß auch die tragfähigste Zelle dieser Gemeinschaft die Ehe ist. Die geistliche Hilfestellung, die uns als einzelnen durch die Gemeinschaft zukommt, kann uns vor Vereinsamung und Vereinseitigung bewahren und uns immer neu auf die Mitte des Glaubens und des Dienstes hin orientieren.

Diese Gemeinschaft mit Brüdern und Schwestern aus dem Bereich von Beruf oder Gemeinde ist mehr als nur ein notwendiges Korrektiv. Sie ist darüber hinaus eine Quelle der Kraft, die uns stützen, stärken und stabilisieren kann. Weil kein Tag dem anderen gleicht, sind auch wir Theologen in unserem Dienst mancherlei inneren und äußeren Schwankungen unterworfen. Auch unsere körperliche und seelische Verfassung hat Auswirkungen auf unser Befinden und unsere Arbeit. Es gibt Tiefdruckgebiete verschiedenster Art und Herkunft, die sich lähmend auf uns legen und uns belasten können. Und oft genug geschieht es, daß wir in Schuld oder in Abhängigkeit geraten. Die Suchterscheinungen unserer Zeit machen auch vor Pfarrhäusern nicht halt. Nicht wenige Pfarrerskinder sind verhaltensauffällig oder suchtgefährdet, vielleicht gerade deshalb, weil der Vater sich nur der Gemeinde, nicht aber seinen Allernächsten, seiner Frau und den eigenen Kindern, mit der notwendigen Aufmerksamkeit zugewandt hat. In solchen Fällen kann durch den Dienst einer geschwisterlichen Gemeinschaft, durch Selbsterfahrung oder durch eine Balint-Gruppe manches an Aufrichtung und Begleitung geschehen. Vielen Pfarrersehen und Pfarrfamilien ist auf diese Weise – neben einer guten psychologischen oder medizinischen Beratung und Behandlung – entscheidend weitergeholfen worden.

»An der Quelle leben.« Es sind keine spektakulären Dinge, über die hier zu sprechen war. Im Fernsehen kommen sie nicht vor. Es konnten jetzt auch keine Rezepte vermittelt werden, wie geistliches Leben sich im Einzelfall und ganz konkret gestalten kann. Nur ein Rahmen war abzustecken, Gefahrenpunkte waren zu benennen und einige Impulse weiterzugeben.

Eines aber sollte vor allem anderen geschehen: die erneute Einladung zur Quelle, zum Leben mit Jesus Christus, der unseren Dienst mit Freude und Hoffnung erfüllen kann. Es ist eine große Verheißung, die über einem »Leben an der Quelle« steht. »Wer an mich glaubt, wie die Schrift sagt, von dessen Leib werden Ströme lebendigen Wassers fließen« (Joh 7,38).

Anmerkungen

1 Manfred Seitz, Erneuerung der Gemeinde, Göttingen 1985, S. 160.

2 Helmut Thielicke, Vom geistlichen Reden. Begegnungen mit Spurgeon, Stuttgart 1967, S. 13.

3 Julius Schniewind, Geistliche Erneuerung, Göttingen 1981, S. 129f.

4 Anselm Grün / Meinrad Dufner, Gesundheit als geistliche Aufgabe, Münsterschwarzach 1989, S. 46.66.

5 Gerhard Ruhbach, Theologie und Spiritualität, Göttingen 1987, S. 200.

6 Manfred Seitz, a.a.O., S. 80.

7 Ich »verdanke« diese schöne Formulierung Ralf Luther, Neutestamentliches Wörterbuch, 4. Aufl. der Taschenbuchausgabe, GTB Siebenstern, Gütersloh 1980, S. 29.

8 Eduard Steinwand, Verkündigung, Seelsorge und gelebter Glaube, Göttingen 1964, S. 119.
9 Dietrich Bonhoeffer, Gemeinsames Leben. Werke, Fünfter Band, München 1987, S. 25.
10 Otto Riethmüller, Herr, wir stehen Hand in Hand, 1989, S.U 1.
11 Julius Schniewind, a.a.O., S. 143.
12 Ebda., S. 130.
13 Gerhard Ruhbach, a.a.O., S. 130.
14 Walter Hümmer, Neue Kirche in Sicht? Marburg 1970, S. 28.

Vom Dienst der Knechte Gottes*

»Siehe, das ist mein Knecht – ich halte ihn – und mein Auserwählter, an dem meine Seele Wohlgefallen hat. Ich habe ihm meinen Geist gegeben; er wird das Recht unter die Heiden bringen. Er wird nicht schreien noch rufen, und seine Stimme wird man nicht hören auf den Gassen. Das geknickte Rohr wird er nicht zerbrechen, und den glimmenden Docht wird er nicht auslöschen. In Treue trägt er das Recht hinaus. Er selbst wird nicht verlöschen und nicht zerbrechen, bis er auf Erden das Recht aufrichte; und die Inseln warten auf seine Weisung.« (Jes 42,1–4)

An den Samstagen sind unsere Tageszeitungen dicht gefüllt mit Stellenanzeigen. Es ist interessant, sie je und dann einmal zu überfliegen. Was kann man in diesen Anzeigen nicht alles lesen! Dynamische Persönlichkeiten werden da gesucht. Teamfähig sollen sie sein, und Durchsetzungsvermögen müssen sie haben. Analytisches Denken wird bei den Bewerbern vorausgesetzt, Kreativität und – wie man heute sagt – ein Feeling für neue Entwicklungen, Sicherheit im Auftreten und Begabung für die Menschenführung. So stellt man sich heute Mitarbeiter in führenden Positionen vor. Man muß schon einiges mitbringen, wenn man es zu etwas bringen will. Denn mit nichts ist nichts zu erreichen. Darum die hohen Anforderungsprofile in den Stellenangeboten, darum Arbeitsplatzbeschreibungen, die nur Spitzenkräfte erfüllen können.

Unser Text aus dem zweiten Jesaja-Buch ist auch so

* Predigt am 3. März 1991, gehalten in St. Chrischona bei Basel

etwas wie eine Arbeitsplatzbeschreibung. Man könnte in ihm geradezu den Steckbrief eines Mitarbeiters sehen. Doch wird hier nicht ein Arbeitsplatz in einem Industrieunternehmen angeboten. Hier werden auch nicht Top-Manager für Wirtschaft oder Banking gesucht. Es ist ein »Facharbeiter« besonderer Art, der in diesen Versen beschrieben wird. Hier geht es um Mitarbeiter im Reiche Gottes, hier geht es letztlich – um uns.

»Siehe, das ist mein Knecht – ich halte ihn – und mein Auserwählter, an dem meine Seele Wohlgefallen hat. Ich habe ihm meinen Geist gegeben...« Von einem Knecht ist hier die Rede. Dieses Wort könnte uns jetzt auf eine falsche Fährte führen. Darum müssen wir uns zunächst einmal von einigen Vorstellungen freimachen, durch die dieser Begriff herkömmlicherweise besetzt ist. Das Stichwort »Knecht« meint hier nicht einen Diener oder Sklaven, der für die niedrigsten Arbeiten gerade gut genug ist. Unter »Knecht« ist vielmehr der Mitarbeiter einer hochgestellten Person verstanden, damals vielleicht der engste Vertraute eines Königs. Ein solcher »Knecht« konnte ein Beauftragter mit großen Vollmachten sein, ein Minister, ein Beamter von Geltung und Einfluß. Das ist es, was das Wort »Knecht« umschreibt. Und so wird nun auch der Mitarbeiter Gottes hier vorgestellt: Er ist einer, den Gott berufen und gesandt hat, um seine eigene Sache zu vertreten, um in seinem Namen und in seiner Vollmacht etwas in Bewegung zu bringen. So stehen wir als Pfarrer und Prediger jetzt im Blickpunkt des Propheten, wir mit unserem Dienst auf der Kanzel oder in der Schulklasse, beim Krankenbesuch oder in der Gemeinschaftsstunde: Knechte Gottes.

Der Auftrag eines solchen »Knechtes Gottes« wird in unserem alten Lied nun genauer beschrieben: »Er wird das Recht unter die Heiden bringen.« Und noch einmal: »In Treue trägt er das Recht hinaus. Er selbst wird nicht verlöschen und nicht zerbrechen, bis er auf Erden das Recht aufrichte...« Gottes Recht!

Die Ausleger unseres Textes weisen darauf hin, daß mit Gottes Recht etwas ähnliches gemeint ist wie dort, wo das Neue Testament von Gottes Reich redet. Gottes Reich ist dort, wo Gottes Recht gilt. Er herrscht, wo man sich seinem Wort und Gebot unterstellt und sein Recht anerkennt. Diese Herrschaft Gottes anzusagen und unter seine gnädige Herrschaft einzuladen – das ist die Aufgabe eines Knechtes Gottes, wie sie in unserem Jesajatext beschrieben wird. Menschen in Verbindung mit Gott zu bringen, ihnen seine Worte und Weisungen zu vermitteln und ihnen zu einem Leben in seiner Nähe zu helfen, das ist seine Sendung. Aber nicht nur der einzelne ist hier im Blick; die ganze Welt, die »Inseln«, wie es hier heißt, sollen das Recht Gottes hören, auf seine Gebote merken und auf seine Weisungen achten. Unsere ganze, in diesen Wochen des Golfkrieges durch so tiefe Erschütterungen gehende Welt, die von Aufstand und Terror überzogen und von Angst gefesselt ist, auch wenn seit einigen Tagen am Golf die Waffen ruhen. Gottes Reich will die ganze Welt umspannen. Gottes Recht soll überall auf der Erde gelten – bei uns im westlichen Europa wie in den Weiten Rußlands, in den Vereinigten Staaten und in der Golfregion.

Nun erst, nachdem der Knecht, nachdem sein Bild und sein Auftrag beschrieben sind, wird die Frage nach der Durchführung dieses Auftrags gestellt. Und hier erleben wir eine echte Überraschung. Wir stoßen nämlich auf eine Beschreibung, die jedem Stellenangebot, das wir heute in unseren Zeitungen lesen, Hohn spricht. Nichts von Durchsetzungsvermögen, nichts von Verhandlungsgeschick, nichts von Entscheidungsfreude wird hier verlangt. Ganz anders, völlig anders, wird der Dienst eines Mitarbeiters Gottes gesehen.

»Er wird nicht schreien noch rufen, und seine Stimme wird man nicht hören auf den Gassen.« Der Knecht Gottes, der hier vorgestellt wird, macht keinen Lärm. Er trägt nicht die Attribute der Gewaltigen dieser Welt, er geht auch nicht mit lautstarker Propaganda einher. Er tut all das nicht, was unter uns heute üblich ist, um politische Ideologien oder wirtschaftliche Ideen zu verbreiten.

Er geht vielmehr – wie ein rechter Seelsorger – den einzelnen Menschen nach, nimmt ihre Fragen ernst, geht auf sie ein, stellt sich auf eine Stufe mit ihnen. Er, der Knecht, sucht nicht das Rampenlicht der Öffentlichkeit und die Schlagzeilen der Presse, nicht die zustimmende Anerkennung und den Beifall der Einflußreichen.

Dies alles ist nicht die Art, wie Mitarbeiter Gottes ihren Dienst tun. Wer da meint, er müsse als Würze auf allen Suppen unserer Gesellschaft mitschwimmen, ist dafür offenbar wenig geeignet. Und eine Kirche, die der Ansicht ist, sie müsse wie selbstverständlich alle Privilegien herrschender Gruppen genießen und sich mit den Mächtigen der Zeit arrangieren, muß sich fragen lassen, ob sie noch in der Spur der Knechte Gottes ist. Äußeres Ansehen ist noch lange kein Zeichen für innere Vollmacht.

Es ist ein Dienst der Seelsorge, den der Knecht Gottes tut und der den Mitarbeitern Gottes und seiner ganzen Gemeinde befohlen ist. Ein Dienst in der Stille, der oft nicht beachtet, manchmal auch mißdeutet wird. Aber gerade als solcher ist er ein Dienst, der in Gottes Augen zählt, weil er mehr als alles Augenfällige zu der Knechts- und Dienstgestalt gehört, in der Gott in seinem Sohn, in seinem Wort und Sakrament unter uns anwesend ist. Nicht die Machtfülle der Kirche, sondern ihre Knechtsgestalt ist es, die sie glaubwürdig macht, und nicht das Herrschen der Boten Jesu, sondern ihr Dienen überzeugt.

Es ist ein Dienst, der durch Barmherzigkeit geschieht
»Das geknickte Rohr wird er nicht zerbrechen, und den glimmenden Docht wird er nicht auslöschen.« Wiederum eine Beschreibung, die allem widerspricht, was in dieser Welt als erstrebenswert gilt: Vorwärtskommen um jeden Preis! Sich behaupten, auch wenn es auf Kosten anderer geht! Nur ein Zitat für viele: »Die Schwachen und Mißratenen sollen zugrunde gehen, das sei der erste Satz meiner Menschenliebe« – so der Philosoph Friedrich Nietzsche, der zusammen mit anderen einer der geistigen Väter für die Vernichtung sogenannten »lebensunwerten Lebens« durch das Regime des Nationalsozialismus im Dritten Reich wurde.

Ganz anders der Knecht Gottes. Ganz anders ein Mitarbeiter Gottes. Er kann nicht nach der Devise handeln: Was fällt, soll man noch stoßen! Im Gegenteil! Er versucht zu stützen, was wankt; er fängt auf, was zu fallen droht. Er facht zu neuer Glut an, wo ein Docht am Verglimmen ist, und ermutigt, wo man verzagen will. Er strebt nicht nach oben, sondern orientiert sich nach unten, zu den Schwachen und Hilflosen hin, zu denen, die sich nicht mehr selber helfen können, die Not haben mit ihrem Glauben und keinen Schwung mehr zum Leben, die an ihrer Umgebung verzweifeln oder sich an den Rätseln der Welt wundreiben.

»Das geknickte Rohr wird er nicht zerbrechen, und den glimmenden Docht wird er nicht auslöschen.« Hier sehe ich eine der tiefsten Begründungen für die Diakonie der Gemeinde Jesu Christi, die es ja vielfach mit geknicktem Rohr und mit verlöschenden Dochten zu tun hat. Eine Kirche ohne Werke der Barmherzigkeit wäre nicht mehr in der Spur des Knechtes Gottes. Sie muß sich zu allen Zeiten danach fragen lassen, wie sie mit den Schwächsten der Schwachen umgeht und ob sie immer neu ja sagt zu dem Dienst der Barmherzigkeit, der ihr aufgetragen ist.

Es ist ein Dienst, der für die ganze Welt geschieht
»Er selbst wird nicht verlöschen und nicht zerbrechen, bis er auf Erden das Recht aufrichte; und die Inseln warten auf seine Weisung.« Der Dienst des Knechtes Gottes, der Dienst von uns Pfarrern, Predigern und Mitarbeitern, der Dienst der Gemeinde Jesu läßt sich aber nicht auf das persönliche Heil und auf die Sorge für die Schwachen eingrenzen, so entscheidend dies auch ist. Unser Auftrag richtet sich an die ganze Welt, an das uferlose Meer der Menschen, das gerade jetzt in diesen Wochen von so vielen verderblichen Wirbeln bewegt und von Krieg und Kriegsgeschrei erfüllt ist. Gott liebt diese Welt, auch wenn sie sich von ihm abwendet. Er liebt die Welt, die sich in übersteigertem Emanzipationsstreben selbst bestimmen will und die doch nur immer tiefer in heillose Verstrickungen gerät, aus denen sie sich nicht mehr selbst befreien kann.

Darum Verkündigung des Evangeliums zur Zeit und zur Unzeit! Darum Mission vor der eigenen Tür und auf allen Kontinenten! Darum das einladende Werben um die Menschen, um Junge und Alte, um Suchende und Sichere. Darum der ernste Hinweis, daß es für Gottes Einladung auch ein »zu spät« gibt. Und darum schließlich auch die Sorge um einen neuen Lebensstil, der die Schöpfung schont und der Leben und Überleben auf dieser Erde möglich macht! Weil Gottes Liebe allen Menschen gilt und die ganze Welt einschließt, muß auch der Knecht Gottes für alle dasein. Gottes Recht soll auf der ganzen Erde gelten.

Wir begegnen in dem alten Lied, das unser Text ist, einer Beschreibung unseres Dienstes. Er soll in der

Stille geschehen, er soll durch Barmherzigkeit geschehen und für die ganze Welt geschehen, als Seelsorge, als Diakonie, als Mission. Aber damit ist das Entscheidende, das in der Tiefe dieses Abschnitts angelegt ist, noch nicht ausgesprochen.

Wir wissen, daß dieses alte Lied das erste in der Reihe der sogenannten »Gottesknecht-Lieder« des zweiten Jesaja-Buches ist. Deshalb Gottesknecht-Lieder, weil sie von einem Knecht Gottes reden, der in einer besonderen Nähe und Verantwortung vor Gott steht. Seit alters hat man in der Auslegung gerätselt, wer mit diesem Gottesknecht beschrieben sein könnte. Ist es ein einzelner? Der Prophet selbst? Ein Unbekannter? Oder ist damit das Volk Israel als Ganzes gemeint? Für jede dieser Mutmaßungen lassen sich gute Gründe ins Feld führen. Die frühe Christenheit hat auf Jesus, den Christus Gottes, geblickt, wenn sie vom Gottesknecht sprach. Im 12. Kapitel seines Evangeliums hat Matthäus unseren Prophetenabschnitt ausführlich zitiert und Wort für Wort auf Jesus als den Knecht Gottes gedeutet: »Siehe, das ist mein Knecht, den ich erwählt habe, und mein Geliebter, an dem meine Seele Wohlgefallen hat... Das geknickte Rohr wird er nicht zerbrechen, und den glimmenden Docht wird er nicht auslöschen, bis er das Recht hinausführt zum Sieg« (12,18–21). In der Tat: Jesu Wirken geschah in der Stille, es geschah durch Barmherzigkeit, es geschah für die ganze Welt. So lassen sich diese alten prophetischen Worte an Jesu Leben, Leiden und Sterben festmachen. Und wir haben jetzt zu Recht nichts anderes getan, als das Wirken Jesu beschrieben. Er ist nach urchristlicher Tradition der Knecht, auf dem Gottes Wohlgefallen ruht. Aber über ihn hinaus gilt das alles auch für seine Gemeinde und für alle, die sich von ihm rufen, rüsten und senden lassen zum Dienst an den Menschen, zum Dienst der Seelsorge, der Diakonie und der Mission.

So wird durch dieses alte Gottesknecht-Lied Jesus Christus für uns zum Urbild und zugleich zum Kraftquell unseres Dienstes. Von ihm empfangen wir Auftrag und Sendung. Von ihm her verstehen wir nun auch, warum im Reiche Gottes nicht dynamische Persönlichkeiten und Menschen mit Durchsetzungsvermögen das Entscheidende bewirken, sondern solche, die in der Gesinnung Jesu leben und in seiner Spur wirken. Weil er, Jesus, ein Diener aller wurde, können und dürfen wir Diener aller sein, Knechte Jesu Christi, die seinen Namen ehren und sein Reich mehren, bis er einst kommt. Amen.

Glaube und Leben

Wort und Glaube*

»Und Jesus kam abermals nach Kana in Galiläa, wo er das Wasser zu Wein gemacht hatte. Und es war ein Mann im Dienst des Königs; dessen Sohn lag krank in Kapernaum. Dieser hörte, daß Jesus aus Judäa nach Galiläa kam, und ging hin zu ihm und bat ihn, herabzukommen und seinem Sohn zu helfen; denn der war todkrank. Und Jesus sprach zu ihm: Wenn ihr nicht Zeichen und Wunder seht, so glaubt ihr nicht. Der Mann sprach zu ihm: Herr, komm herab, ehe mein Kind stirbt! Jesus spricht zu ihm: Geh hin, dein Sohn lebt! Der Mensch glaubte dem Wort, das Jesus zu ihm sagte, und ging hin. Und während er hinabging, begegneten ihm seine Knechte und sagten: Dein Kind lebt. Da erforschte er von ihnen die Stunde, in der es besser mit ihm geworden war. Und sie antworteten ihm: Gestern um die siebente Stunde verließ ihn das Fieber. Da merkte der Vater, daß es die Stunde war, in der Jesus zu ihm gesagt hatte: Dein Sohn lebt. Und er glaubte mit seinem ganzen Hause. Das ist nun das zweite Zeichen, das Jesus tat, als er aus Judäa nach Galiläa kam.« (Joh 4,46–54)

In dieser Geschichte geht es um den Glauben. Damit habe ich ein Wort ausgesprochen, das in unserem Sprachgebrauch schon seit langem seine Eindeutigkeit verloren hat. Der Bedeutungsgehalt dieses Wortes wird immer unschärfer, und die allermeisten unserer Zeitgenossen gebrauchen es heute in einem Sinn, der ihm von Anfang an nicht innewohnte. Sie bezeichnen damit ein Meinen oder Vermuten, ein Hoffen oder Befürchten.

---

* Predigt am 3. Sonntag nach Epiphanias, 24. Januar 1993, in der Stiftskirche Tübingen

Negatives und Positives liegen hier quer durcheinander. Und in jedem Fall schwingt ein Moment des Ungewissen mit. Was bedeutet es eigentlich, wenn wir – zumal in der Kirche – von Glauben reden?

Das Neue Testament drückt durch dieses Wort keine Gefühle und Empfindungen aus. Glauben steht hier für eine Beziehung, für das personale Verhältnis zwischen Gott und uns Menschen. Mit dem Stichwort »Glauben« ist ursprunghaft, das zeigt uns schon das Alte Testament, unser Wort »Vertrauen« verbunden. Glaube ist also eine Beziehung, die von Vertrauen bestimmt und getragen wird. Gott hat sich uns Menschen zugewandt, zuletzt und endgültig in Jesus Christus, seinem Sohn. Durch diese Zuwendung ist Glaube möglich, Vertrauen auf ihn und zu seinem Wort.

Freilich, dieser Glaube, diese Beziehung des Vertrauens ist niemandem von uns in die Wiege gelegt. Sie muß geweckt werden. Wenn dann der Glaube an Jesus Christus in einem Menschenleben begonnen hat, will er wachsen, sich entfalten und vertiefen. Wie solcher Glaube an Christus entstehen kann, durch welche Phasen er geht, wie er sich auswirkt, das erzählt unsere biblische Beispielgeschichte aus dem Johannesevangelium. Ich sage bewußt: Sie ist eine Beispielgeschichte für das, was wir Glauben nennen. Sie sagt nicht alles, was hier zu sagen wäre. Andere biblische Geschichten fügen viele weitere Aspekte des Glaubens hinzu. Aber sie kann uns einige Grundstrukturen dessen zeigen, was Glauben im Sinne der Bibel meint.

Glaube, aus der Not geboren

Schon hier mache ich eine erste Einschränkung: Nicht jede Geschichte des Glaubens beginnt wie diese. Gott kennt »viel tausend Weisen«, Menschen zum Glauben zu führen. Hier war es eine Situation der Not, die in unserer Erzählung eindrücklich beschrieben wird: »Es war ein Mann im Dienst des Königs, dessen Sohn lag krank.« Ein Mann tritt uns hier vor die Augen – es könnte genauso gut eine Frau sein –, der ein Problem hatte, mit dem er selber nicht mehr fertig wurde. Er lebte in Kapernaum, wie andere Menschen auch, und es könnte sein, daß er bisher nicht sonderlich über Gott und den Glauben nachgedacht hatte. Aber da war eine wunde Stelle im Leben dieses Beamten und seiner Familie. Der Sohn war krank, schwerkrank, sterbenskrank. Wir können wohl davon ausgehen, daß dieser Mann und seine Frau alles Menschenmögliche getan hatten, um irgendwo Hilfe zu finden. Wer je einmal als Vater oder als Mutter ein schwerkrankes Kind auf den Armen hatte, dessen Gesicht immer heißer, dessen Atem immer kürzer wurde, weiß, wie es ist, wenn das Gefühl völliger Ohnmacht über einen kommt, weiß, wie die Verzweiflung in einem hochsteigt und man bereit wäre, alles herzugeben, nur um das Kind behalten zu dürfen. Kinder sterben zu sehen ist vielleicht das Schwerste, was einem Menschen im Leben begegnen kann. Die Mitarbeiterinnen in unseren Seelsorgegruppen für trauernde Eltern berichten davon, wie der Tod eines Kindes zu lebenslangen seelischen Verwundungen der nächsten Angehörigen führen kann.

Aber wir dürfen jetzt nicht nur an die Stationen für krebskranke Kinder in unseren Kliniken denken. In tiefem Mitgefühl gehen unsere Gedanken zu den Müttern in Somalia, auf deren Armen ihre Kinder an Hunger sterben, und zu den Müttern in Bosnien, deren Kinder durch Granaten zerfetzt und deren Töchter durch brutale Vergewaltigungen entehrt und für ihr ganzes Leben psychisch gezeichnet sind. Wir denken zugleich an all die unzähligen Situationen der Not, des Leidens und des Elends in dieser Welt, wo Menschen ihre eigene Hilflosigkeit erfahren, wie der Vater in unserer Geschichte sie erfahren hat. In einer solchen Lage ist man entschlossen, Schritte zu tun, die einem sonst nicht in den Sinn kommen.

So hängt der verzweifelte Vater seine Hoffnung an Jesus, von dem er gehört hat, und macht sich auf den Weg von Kapernaum nach Kana, sieben lange Stunden. Vielleicht kann er uns helfen, so denkt er. Vielleicht – er, von dem man sagt, er sei ein Wundertäter. Was tun wir heute nicht alles, liebe Gemeinde, wenn wir in Not geraten, wenn unsere Kinder krank werden – oder unsere Ehe, wenn es im Beruf nicht mehr klappt, wenn uns die Sorge um die Zukunft packt und wir nur noch Dunkel vor uns sehen. Auch heute nimmt man weite Wege in Kauf, zu Fachärzten, in Spezialkliniken, zu Psychotherapeuten. Wege zu Wallfahrtsorten, nach Lourdes oder nach Santiago di Compostela, und manche steigen ganz aus unserer Gesellschaft aus und reisen nach Indien oder anderswo hin, immer mit der Hoffnung im Herzen: Vielleicht kann mir geholfen werden. Adressen gibt es genug für Verzweifelte und für solche, die am Rande ihrer Möglichkeiten angelangt sind.

Der Beamte in unserer Geschichte probiert es bei Jesus. Wir wissen nicht, ob er ihn vorher gekannt hat. Das spielt hier auch keine Rolle. Es ist nicht wesentlich, aus welchen Gründen wir uns an ihn wenden, aus Krankheitsnot, aus innerer Verzweiflung, aus der Erfahrung der Sinnlosigkeit und der Zukunftsleere, aus Lebensüberdruß, aus Angst vor dem Sterben. Hauptsache, wir suchen ihn. Hauptsache, wir strecken unsere Hände nach ihm aus und sagen ihm, was uns fehlt. Selbst wenn wir in ihm nur einen Wundertäter vermuten, wie jener Beamte, wenn wir vielleicht ganz falsche Vorstellungen von ihm haben, es kann allemal der Anfang, der erste Schritt des Glaubens sein, wenn uns irgend etwas zu Jesus führt.

Glaube, an das Wort gebunden

Hier geschieht nun eine Wende in der Geschichte, der wir nur schwer folgen können. Der aufkeimende Glaube des Mannes wird auf eine harte Probe gestellt: »Wenn ihr nicht Zeichen und Wunder seht, so glaubt ihr nicht.« Jesus will damit unsere Bitten korrigieren, die nur auf vordergründige Hilfe zielen, denn er ist kein Erfüllungsgehilfe menschlicher Wunschvorstellungen.

Damit ist eine entscheidende Erkenntnis über den Glauben ausgesprochen. Biblischer Glaube hängt nicht am Wunder. Und er entsteht in aller Regel auch nicht aus geschehenen Wundern. Aber es geschieht immer wieder, daß Glaubende erfahren, wie Jesus Christus, ihr Herr, Wunder tun kann.

Hier setzt nun eine Wende in unserer Geschichte ein, die den Glauben vom Wunder ablöst und an das Wort bindet. Beharrlich wiederholt der Bittende, wozu seine Not ihn treibt: »Herr, komm herab, ehe mein Kind stirbt.« »Kyrie« sagt er jetzt. Und mit diesem Wort beginnt der Glaube: Kyrie, Herr. Ich versuche, mir vorzustellen, welche Hemmschwellen dieser Mann überwinden mußte: Sieben Stunden Weg waren ihm nicht zu weit. Die Korrektur für seine Bitten läßt er sich gefallen. Und dennoch bleibt er stehen und sagt: Kyrie. Wie schnell werden wir müde im Beten, wenn nicht gleich eine Wende zum Guten sichtbar wird. Wie leicht werfen wir dann unsere Vorwürfe an den Himmel: Wie kann Gott das zulassen, was in meinem Leben geschehen ist, oder was sich in unserer Welt an Grausamkeiten vollzieht? Womit habe ich verdient, daß ich mein Alter in Krankheit und Einsamkeit verbringen muß? So korrigieren wir Gott in dem, was er tut, anstatt uns von ihm korrigieren zu lassen und zu sprechen: Kyrie eleison, Herr, erbarme dich.

Und nun geschieht hier das eigentliche Wunder: »Jesus spricht zu ihm: Gehe hin, dein Sohn lebt. Der

Mensch glaubte dem Wort, das Jesus zu ihm sagte, und ging hin.« Damit ist die Spitze dieser Geschichte erreicht: Der Glaube ist an das Wort gebunden. Keine Rezepte für bestimmte Medizinen erhält der Bittende, keine Anweisungen zur Behandlung seines Sohnes, nur die Zusage Jesu: Dein Sohn lebt. Wir spüren noch heute durch den biblischen Text hindurch etwas von dem Staunen des Erzählers, wenn er festhält: »Der Mensch glaubte dem Wort.« Das Wort Jesu hat das Leben dieses Menschen verwandelt und aus seinem Lebensweg einen Glaubensweg gemacht. Nicht durch ein Wunder ist das geschehen, sondern durch ein Wort. Nicht am Wunder der Heilung entsteht der Glaube, sondern am Wort Jesu Christi. »Der Mensch glaubte dem Wort« – das ist das eigentliche Wunder in dieser Geschichte. Nichts hatte der Mann aus Kapernaum in der Hand, aber er hatte etwas im Ohr: die Zusage Jesu »dein Sohn lebt«. Darauf hat er sich verlassen. Mit dieser Zusage im Ohr und im Herzen geht er zurück nach Kapernaum, sieben Stunden weit. Und in die Angst seines Herzens hinein, was ihn zu Hause erwarten wird, hält er das Licht seines beginnenden Glaubens.

Es ist auch bei uns oft ein weiter Weg, bis wir etwas davon sehen und spüren, wie Gottes Zusagen sich erfüllen. Nicht nur sieben Stunden, nicht nur sieben Tage, manchmal sind es sieben Jahre und noch viel mehr an Weg durch die Dunkelheit, an Weg in der Angst. Aber auf diesem Weg ist das Licht da, das kleine Licht des Wortes, der glimmende Docht des Glaubens: »Dein Sohn lebt.« Und wenn Gottes Weg mit uns ganz anders aussieht und ausgeht, als wir uns das gedacht und es erbeten haben, wenn das Kind nicht mit dem Leben davonkommt, wenn unsere Krankheit sich nicht wendet, wenn das Dunkel sich nicht lichtet, wenn wir an Gräbern stehen müssen, an Gräbern von Kindern und nächsten Angehörigen, an Gräbern gesundheitlicher oder beruflicher Hoffnungen, das Licht ist da, der Schein aus Gottes Wort geht mit: Ich bin mit dir.

Glaube, in Zeugnis und Dienst bewährt

»Und er glaubte mit seinem ganzen Hause«, so endet unsere Geschichte. Nicht nur das Leben eines einzelnen Menschen war durch die Begegnung mit dem Wort Jesu verändert. Das ganze Haus, die Großfamilie der damaligen Zeit, wurde in diesen Prozeß der Erneuerung hineingezogen. Es wirkte in den ganzen Lebenskreis des Mannes hinein, daß er ein Glaubender geworden war. Das Licht des Wortes, das er durch Angst und Anfechtung hindurchgetragen hatte, leuchtet nun in seinem Haus, in seiner Umgebung.

Glaube, der lebendig ist, läßt sich nicht einschließen. Wir können und wir dürfen Erfahrungen, die wir auf dem Weg des Glaubens machen, nicht für uns behalten. Sie sind nicht nur, wie man gerne sagt, »Herzenssache«. Sie wollen bewährt werden in Zeugnis und Dienst. Der Glaube muß mitgeteilt werden. Wie viele Menschen leben unter uns, auch in dieser Stadt, die darauf warten, daß sie von uns Christen etwas hören, das ihnen hilft, Grund unter die Füße zu bekommen, ein Stück Orientierung zu erfahren oder einen Lichtschein in ihrer Dunkelheit zu erkennen – durch die Zeit, die wir ihnen schenken, durch das Verständnis, das wir für sie aufbringen, durch die Zuwendung, die sie spüren, durch ein Wort, das ihnen weiterhilft, durch eine konkrete Handreichung, die sie ermutigt. Und wieviel Probleme gibt es um uns her, die wir durch unseren Dienst und unsere Hilfsbereitschaft zum Besseren verändern können. Die Menschen in unserer Umgebung müßten das merken, daß das Licht, das von dem Wort Jesu Christi ausgeht, auch für sie da ist; für sie, die Ausländer und Randständigen; für sie, die Vereinsamten und Enttäuschten.

Ein Zeichen wird das im letzten Satz unseres Abschnitts genannt, was damals zwischen Kana und Kapernaum geschehen ist. Ein Zeichen für das Neue, das mit Jesus Christus in dieser Welt begonnen hat, ein Zeichen für das Reich Gottes, das mit ihm angebrochen ist, ein Zeichen für den Glauben, zu dem wir alle eingeladen sind. Bis heute kann es geschehen, daß durch einen einzigen oder eine einzige, die den Weg des Glaubens mitten durch Angst und Anfechtung gehen, eine Bewegung ausgelöst wird. Durch einen einzigen, durch eine einzige! Ob wir diese Chance erkennen, auch hier in dieser Stadt? Amen.

»Was ist der Mensch?«

Das Menschenbild der Bibel

Die ersten Menschen, die ihren Fuß auf den Mond setzten, sollen während ihres Rückflugs zur Erde den 8. Psalm gelesen haben, jenes uralte Lied, das in der Lutherbibel die Überschrift trägt: »Offenbarung der Herrlichkeit Gottes am Menschen«. In der Mitte dieses Lobgesangs wird im Angesicht der unendlich sich dehnenden Gestirne am Firmament die Frage gestellt: »Was ist der Mensch, daß du seiner gedenkst, und des Menschen Kind, daß du dich seiner annimmst?« (Ps 8,5).

»Was ist der Mensch?« – Diese Frage ist so alt wie die Menschheit selbst. Sie ist das Thema von Philosophen und Theologen, sie zieht sich durch die Literatur aller Zeiten. »Das eigentliche Studium der Menschheit ist der Mensch«, hat Goethe in seinen »Wahlverwandtschaften« notiert. Ausgelernt haben wir an diesem Thema offenbar bis heute nicht. Im Gegenteil! Die Frage nach dem Menschen ist uns in der Gegenwart durch die stürmische Entwicklung der Humanwissenschaften und der Gentechnologie in neuer Dringlichkeit gestellt.

»Was ist der Mensch?« Schlagen wir am Morgen die Zeitung auf, so erfahren wir dort, was der Mensch ist: Er konstruiert Computer und spaltet Atomkerne, verpflanzt Herzen, Nieren und andere Organe von einem Menschen in den andern. Er legt durch Analysen die geheimsten Schichten des Unterbewußten im Menschen frei und versucht, seine Gene zu manipulieren. – Das ist der Mensch. Aber ist es der ganze Mensch?

Die andere Seite, seine »Rückseite« gewissermaßen,

ist leider ebenso wahr: Er mißhandelt Kinder, vergewaltigt Frauen, verübt Banküberfälle. Er erfindet Konzentrationslager, foltert Menschen, um von ihnen Geständnisse zu erpressen, vergast Juden, Geisteskranke und Behinderte, löscht Städte durch Bomben aus, läßt ungezählte Menschen verhungern und denaturiert gleichzeitig ganze Schiffsladungen von Lebensmitteln. Er verpestet die Luft, vergiftet Gewässer und läßt unsere Wälder sterben. – Auch das ist der Mensch. Welcher von beiden ist er nun wirklich?

Jede Zeit hat ihr Menschenbild. Idealismus und Existentialismus, Nationalsozialismus und Marxismus – ihnen allen lag und liegt ein bestimmtes Menschenbild zugrunde, grundverschiedene Bilder des Menschen allerdings. »Viel Gewaltiges lebt, doch nichts ist gewaltiger als der Mensch«, so steht es in der »Antigone« des Sophokles zu lesen. Bei Pindar erfahren wir das genaue Gegenteil: »Ein Traum des Schattens, das ist der Mensch.«

Hat nicht Blaise Pascal recht: »Der Mensch – was für ein Gegenstand des Widerspruchs! Richter aller Dinge – und hilfloser Erdenwurm, Hüter der Wahrheit – und Kloake aller Wirrnis, Ruhm und Abschaum des Weltalls! Wer will dieses Knäuel entwirren?«

Auch die Bibel zeichnet ein Bild des Menschen. Es ist anders gestaltet als die Gemälde der Philosophen oder die Gebäude der Ideologen. Wenn wir es recht erkennen wollen, müssen wir zwei Voraussetzungen beachten, eine methodische und eine inhaltliche.

1. Die Bibel stellt uns kein einheitliches, systematisch geordnetes Bild des Menschen vor. »Wer die Bibel nach ihrem Menschenbild befragt, macht – wie so oft – die Beobachtung, daß die Heilige Schrift einer mächtigen Orgel gleicht, die eine Fülle von Registern, Tönen und Klangfarben enthält... Der Reichtum der Aussagen, die hierbei in Betracht zu ziehen sind, hat auf den er-

sten Blick etwas Verwirrendes... Die Aussagen, die das Wesen und die Bestimmung des Menschen betreffen, sind nicht nebeneinander aufgereiht wie die Register einer Orgel. Sie sind über die ganze Bibel hin verstreut« (Helmut Lamparter). Wir stehen deshalb zunächst vor der Aufgabe, aus der Heiligen Schrift Alten und Neuen Testaments die einzelnen Aussagen zusammenzusuchen und wie ein Puzzle ineinanderzufügen. Nur aus dieser gesamtbiblischen Zusammenschau erschließt sich uns das Menschenbild der Bibel.

2. Die Bibel redet nicht isoliert vom Menschen. Sie sieht ihn nie für sich allein, sondern immer in seiner Beziehung zu Gott. Wir müssen also von Gott reden, wenn wir recht vom Menschen reden und sein Bild in Wahrheit erkennen wollen. Denn wie das Gemälde zu seinem Meister, wie das Kind zu seinen Eltern, so gehört das Geschöpf Mensch zu seinem Schöpfer. Ein Fluß, dessen Quelle versiegt, hört auf, ein Fluß zu sein. Ein Mensch, der sich von seinem Ursprung in Gott losreißt, hat damit ein elementares Stück seines Menschseins preisgegeben.

Nur von diesen beiden Voraussetzungen her können wir den Versuch unternehmen, das Bild des Menschen nachzuzeichnen, das uns die Bibel vorgibt.

Erschaffung

Die Frage nach dem Woher des Menschen findet auf den ersten Blättern der Bibel, in den beiden Schöpfungsberichten, ihre Antwort: »Und Gott schuf den Menschen...« (1. Mose 1,27). »Da machte Gott, der Herr, den Menschen...« (1. Mose 2,7). Weit ab von allen naturwissenschaftlichen Theorien unserer Gegenwart, fern von jeder modernen anthropologischen Erkenntnis wird hier die grundlegende theologische Wahrheit formuliert: Der Mensch verdankt sein Dasein nicht sich selbst, sondern der Schöpfermacht Gottes.

Erdhaft und in plastischer Anschaulichkeit schildert – nach Meinung der meisten Ausleger des Alten Testaments – der ältere der beiden Schöpfungsberichte, wie Gott, einem Töpfer gleich, den Menschen geformt und ihm den Odem des Lebens eingehaucht hat (1. Mose 2,4b–25). Ganz der Erde verhaftet und doch ganz von Gottes Odem belebt – das ist der Mensch.

Ungleich stärker durch das Raster theologischer Reflexion hindurchgegangen ist der jüngere der beiden Berichte, wohl aus Priesterkreisen in Israel stammend (1. Mose 1,1–2,4a). Hier wird das Sechstagewerk der Schöpfung beschrieben, an deren Spitze die Erschaffung des Menschen steht. Das hebräische Zeitwort »bara«, schaffen, verweist auf ein schöpferisches Tun ohne jede Analogie, auf ein Schaffen, das nicht von Menschen, sondern allein von Gott gesagt werden kann. Menschen brauchen Baumaterial, sie haben vorgegebene Werkstoffe nötig, wenn sie »kreativ« gestalten wollen. Gottes Schöpfung dagegen ist creatio ex nihilo, Schöpfung aus dem Nichts. »Zum Bilde Gottes«, als Gottes »Ebenbild« ist der Mensch geschaffen (1. Mose 1,27). Er ist das Du, das Gott anredet und das deshalb, zur Antwort herausgefordert, selbst wortmächtig ist; das einzige Wesen in Gottes weiter Schöpfung, das über sich selber hinaus zu fragen, das nach Gott zu suchen und ihm zu begegnen in der Lage ist.

Darum ist die allein mögliche Form, in der ein Mensch über sein Geschaffensein durch Gott reden kann, der Lobpreis, wie er uns in den Psalmen begegnet:

In Psalm 8 wird in einem großartigen Hymnus die Würde des Menschen in Beziehung gesetzt zur Herrlichkeit Gottes und zu den Werken der übrigen Schöpfung:
»Herr, unser Herrscher,
wie herrlich ist dein Name in allen Landen,

der du zeigst deine Hoheit am Himmel! ...
Wenn ich sehe die Himmel, deiner Finger Werk,
den Mond und die Sterne, die du bereitet hast:
Was ist der Mensch, daß du seiner gedenkst,
und des Menschen Kind, daß du dich seiner annimmst?
Du hast ihn wenig niedriger gemacht als Gott,
mit Ehre und Herrlichkeit hast du ihn gekrönt.
Du hast ihn zum Herrn gemacht über deiner Hände Werk,
alles hast du unter seine Füße getan...«

Anbetend und bekenntnishaft spricht hier die versammelte Gemeinde über Grundfragen des Menschseins. Und dieses Reden beginnt und endet mit dem Lobpreis Gottes. Unser Staunen über den Menschen findet nur dann seinen rechten Ort, wenn es eingebettet ist in das Loben Gottes.

Bestimmung

Fragen wir, worin die Würde, die herausgehobene Bestimmung des Menschen nach den biblischen Schöpfungsberichten besteht, so läßt sich das in dreifacher Richtung entfalten:

Gott hat den Menschen zu seinem Gegenüber geschaffen
Damit ist die Einzigartigkeit des Menschen vor allen anderen Geschöpfen bezeichnet. Er besitzt ein Bewußtsein seiner selbst, daß er sagen kann: »Ich bin ich!« Er ist ein Wesen der Vernunft, das nach dem Sinn und der Ganzheit aller Dinge zu fragen versteht. Ihm ist ein Gewissen eingestiftet, ein Wissen um Gut und Böse, die Möglichkeit, zu unterscheiden, was erlaubt und was verboten ist. Entscheidend aber ist, daß der Mensch mit dem allem und mit sich selbst vor Gott steht. Gott hat den Menschen nicht nur wie alle Kreaturen geschaffen,

er hat ihn persönlich angesprochen. Sein erstes Wort an den Menschen lautet: »Du...! Du darfst...!« (1. Mose 2,16). Zu seinem lebendigen Gegenüber, zu seinem Gesprächspartner hat Gott den Menschen gemacht. Nicht in einem fotografischen Sinne ist der Mensch Gottes Ebenbild; er ist es als das persönliche Gegenüber, das für Gott ansprechbar ist und dem er sein Vertrauen schenkt, von dem er aber auch über sein Tun und Unterlassen Verantwortung fordert.

Gott hat den Menschen als Mitmensch geschaffen

Der Mensch lebt seit seiner Erschaffung nicht für sich allein. Schon in 1. Mose 1,26f. ist das »Ebenbild Gottes« verknüpft mit dem schöpfungsmäßig gesetzten Miteinander von Mann und Frau. Beide sind vom Ursprung her aufeinander angelegt und zueinander gewiesen. Es gehört zu den wesentlichen Unterscheidungsmerkmalen des Menschen von der übrigen Kreatur, daß es seine Bestimmung ist, das Glück, den Reichtum und die Verantwortung echter Gemeinschaft zu erfahren. Wie Gott mit den Menschen umgeht, so soll ein Mensch mit dem andern umgehen, in Anrede und Antwort, in gegenseitiger Achtung, in verantwortlicher Gemeinschaft und in beglückendem Austausch.

Gott hat den Menschen zum Verwalter der Erde geschaffen

Die Erde wird dem Menschen von Gott »zur Wohnstatt und Werkstatt übergeben« (Helmut Lamparter). »Füllet die Erde und machet sie euch untertan und herrschet über sie« (1. Mose 1,28). »Und Gott der Herr nahm den Menschen und setzte ihn in den Garten Eden, daß er ihn bebaute und bewahrte« (2,15). Der Mensch handelt im Sinne Gottes und in seinem Auftrag, wenn er die Welt gestaltet, die Kräfte der Erde nützt, die Schätze des Bodens gebraucht. »Bauen und bewahren« – das heißt aber nicht ausbeuten und verheeren, das bedeutet nicht manipulieren oder unterdrükken. Die Erde ist dem Menschen anvertraut, damit er als Lehensmann Gottes verwaltet, gestaltet, hegt und pflegt, hütet und bewahrt. Ackerbau und Technik, Industrie und Wirtschaft, Kunst und Wissenschaft, Medizin und Psychologie haben in dieser Herrschaftszuweisung Gottes an den Menschen ihre Begründung. Sie finden hier aber auch ihre Begrenzung. Was über das Bauen und Bewahren, über das Hegen und Pflegen hinausgreift, ist Grenzüberschreitung und verletzt die Bestimmung, die Gott dem Menschen gegeben hat. Die Gene des Menschen müssen tabu, die Erde muß bewohnbar bleiben, denn beide gehören in den Bereich der Schöpfervollmacht Gottes.

Verfehlung

»Verfehlung«, Sünde, griechisch: »hamartia«, ist ein anschauliches Bildwort aus der alten Welt: Ein Kriegsmann richtet Pfeil und Bogen auf ein bestimmtes Ziel. Durch das Zittern seiner Hand, durch Luftströmungen oder Windstöße verfehlt sein Pfeil aber dieses Ziel. Die Strecke nun, die zwischen dem gedachten und dem tatsächlich erreichten Ziel liegt, nannte man »hamartia«, Zielverfehlung. Später wurde dieses Wort mit dem deutschen Begriff »Sünde« zusammengebracht. Sünde ist demnach die Zielverfehlung des menschlichen Lebens, die schließlich in der Gottestrennung endet, in der verhängnisvollen Kluft, die sich durch Ungehorsam und Rebellion des Menschen zwischen ihm und Gott auftut.

Um diesen Vorgang geht es in der Geschichte vom »Sündenfall« (1. Mose 3). Hier wird uns an der Gestalt des Adam, dieses Urtyps des Menschen schlechthin, Unterricht gegeben über das Thema Sünde, auch wenn dieses Wort im ganzen Kapitel nicht vorkommt. Dabei wird nicht gerätselt und spekuliert, woher das Böse kommt, das den Menschen verführt und ihn von Gott, seinem Schöpfer und Ursprung, abwendig macht. Es ist einfach da – als verderbliche Alternative zu dem guten Willen Gottes.

So wird in 1. Mose 3 der Anfang der Geschichte von der Rebellion des Menschen gegen Gott geschrieben; der Anfang einer Geschichte, in der wir uns selber vorfinden und an deren Folgen wir bis zu diesem Tag leiden. Sündenfall – das ist kein Unfall, das ist kein Zufall, das ist auch kein Zwischenfall. Es ist der Abfall des Menschen von Gott, die Auflehnung des Geschöpfs gegen seinen Schöpfer, das menschliche Nein gegen das göttliche Ja, das seit der Schöpfung über dem Menschengeschlecht steht. Dieses Nein entzündet sich an einer besonders empfindlichen Stelle, dort, wo es um die Selbstbehauptung des Menschen gegenüber Gott geht. Das »Sein-wollen-wie-Gott« (1. Mose 3,5) läßt ihn die verbotene Grenzüberschreitung wagen. Der Mensch will sich selber in die Mitte, und das heißt: an die Stelle Gottes rücken. Selbstbestimmung, Selbstbehauptung, in einem gewissen Sinn auch das, was heute unter dem Stichwort Selbstverwirklichung verstanden wird – diese Linie läßt sich unschwer bis in die Gegenwart ausziehen.

Die Folgen dieser Zielverfehlung des menschlichen Lebens sind unübersehbar. Der Mensch wird zu einem Wesen, das seinem Lebenselement entrissen wurde. Was der Fisch ohne Wasser und der Vogel ohne Luft, das ist der Mensch ohne Gott. »Mein Volk tut eine zwiefache Sünde: mich, die lebendige Quelle, verlassen sie und machen sich Zisternen, die doch rissig sind und kein Wasser geben« (Jer 2,13). Der Mensch zieht sich in dem, was er ist und tut, auf sich selbst zurück (Luther: »incurvatus in se ipsum«) und sieht im Mitmenschen vor allem den Konkurrenten und den Feind: eine

Linie, die schon bei Kain und Abel beginnt (1. Mose 4). Der Mensch begibt sich auf einen Weg, der ihn – im schlimmsten Fall – zu einem »Un«-Menschen werden läßt. Alle Selbstrettungs- und Selbsterlösungsversuche verstricken ihn nur immer tiefer in sein Elend. Gott hat ihn »dahingegeben« (Röm 1,24.26.28). Sein Schicksal ist der Tod. Dieser aber steht im Sold der Sünde (Röm 6,23). Daß es Schuld und Angst gibt, Not und Krankheit, Hunger und Elend, Krieg und Feindschaft, das sind im letzten Grunde Metastasen jener tief sitzenden Krankheit, an der wir alle leiden, seit wir »jenseits von Eden« leben. »Verloren« – das ist das Schicksalswort, das seit 1. Mose 3 über der Menschheit steht.

Versöhnung

»Jenseits von Eden.« So endet die Erzählung vom Sündenfall, vom Beginn der Zielverfehlung unseres menschlichen Lebens. Aber diese Geschichte hat eine Fortsetzung. Wir finden sie im 5. Kapitel des Römerbriefes: »Wie nun durch die Sünde des Einen die Verdammnis über alle Menschen gekommen ist, so ist auch durch die Gerechtigkeit des Einen für alle Menschen die Rechtfertigung gekommen, die zum Leben führt« (5,18). Adam, der Mensch schlechthin, hat die Menschheit auf die Bahn des Todes gebracht. Aber nun ist ein zweiter Adam gekommen. Jesus Christus, Gottessohn und Menschenbruder in einem, hat die Todeslinie durchbrochen und die Weiche herumgeworfen: »Gott war in Christus und versöhnte die Welt mit sich selber und rechnete ihnen ihre Sünden nicht zu und hat unter uns aufgerichtet das Wort von der Versöhnung ... Denn er hat den, der von keiner Sünde wußte, für uns zur Sünde gemacht, damit wir in ihm die Gerechtigkeit würden, die vor Gott gilt« (2. Kor 5,19.21). Wie Adam der

Anfang der gefallenen Welt ist, so ist Christus der Anfänger einer neuen Schöpfung. Durch seinen sühnenden Tod am Kreuz ist die zerbrochene Gemeinschaft mit Gott wieder hergestellt, die Kluft zwischen Gott und Menschen überbrückt: »Wir sind mit Gott versöhnt worden durch den Tod seines Sohnes, als wir noch Feinde waren« (Röm 5,10). Seitdem gibt es den »neuen Menschen«, denn in Jesus Christus trat »das Ebenbild des unsichtbaren Gottes« (2. Kor 4,4; Kol 1,15) in unsere Mitte. Mit ihm beginnt die Geschichte der Menschheit noch einmal von vorn. Was die Untat des ersten Adam nach sich gezogen hat, das reißt die Heilstat des zweiten Adam nach oben. Wie Adam den Todesstrom der Menschheit anführt, geht Jesus dem Lebensstrom voran. Jeder, der Menschenantlitz trägt, jeder, der unter dem Bann der Sünde steht, ist nun zum Vertrauen auf diesen neuen, zweiten Adam eingeladen, in dem Gottes grenzüberschreitende Liebe zu uns Menschen sichtbare Gestalt angenommen hat: »Also hat Gott die Welt geliebt, daß er seinen eingeborenen Sohn gab, damit alle, die an ihn glauben, nicht verloren werden, sondern das ewige Leben haben« (Joh 3,16). Dieses einladende Wort hat freilich auch eine Kehrseite: »Wer an den Sohn glaubt, der hat das ewige Leben. Wer aber dem Sohn nicht gehorsam ist, der wird das Leben nicht sehen, sondern der Zorn Gottes bleibt über ihm« (Joh 3,36).

»Dahingegeben« waren wir Menschen an die Sünde und ihre Herrschaft, sagt Paulus im 1. Kapitel des Römerbriefes. Nun hat Gott seinen eigenen Sohn »für uns alle dahingegeben«, um unsrer Sünden willen (Röm 4,25; 8,32). Der Sohn allein bringt die Versöhnung; wir Menschen sind dazu nicht fähig.

Erneuerung

Was an Jesu Kreuz grundlegend, ein für allemal und allumfassend geschehen ist, die Versöhnung der abgefallenen Menschheit mit Gott, das kann nun unser eigen werden durch die »neue Geburt«, die Geburt »von oben« (Joh 3,3), durch die Heimkehr ins Vaterhaus (Luk 15,11–25), durch die Versetzung aus der Herrschaft der Finsternis in das Reich des Sohnes Gottes (Kol 1,13). Wenn solche Umkehr geschieht, beginnt im Leben des Menschen ein Prozeß der Erneuerung, in dem das Alte Zug um Zug »renoviert« wird (2. Kor 5,17). »Heiligung« nennt das Neue Testament dieses schrittweise Neuwerden unseres Lebens, das keine Eigenleistung des neu geborenen Menschen ist, aber auch nicht ohne uns oder an uns vorbei geschieht. Jesus Christus ist uns von Gott nicht nur gemacht zur Gerechtigkeit und zur Erlösung, sondern auch zur Heiligung (1. Kor 1,30). Ihm folgen auf dem Weg der Erneuerung, sich durch seinen Geist »animieren« lassen zu allem guten Werk – so vollzieht sich dieser Prozeß, mit dem wir nie ans Ende, wohl aber in der Kraft des Heiligen Geistes vorankommen. An dieser Stelle haben die zahlreichen Ermahnungen, die uns in der Briefliteratur des Neuen Testaments in vielfältiger Gestalt begegnen, ihren Ort, alle Imperative und geistlichen Anstöße, die wir dort finden, auch die mancherlei Haustafeln und Stände-Ermahnungen. Es sind eminent praktische Dinge, die zu diesem Prozeß der Heiligung gehören. Er spielt sich nicht auf der Ebene hoher Erneuerungs-Ideen ab. Die Neuwerdung unseres Lebens will vielmehr jedes einzelne Organ unseres Menschseins erreichen. Man merkt das einem Menschen an bis in die Zehenspitzen, bis in die Fingerspitzen, ja bis in die Zungenspitze hinein. Dieser Prozeß wird unser Verhältnis zu Jesus Christus ebenso bestimmen wie unser Verhältnis zu den Mitmenschen, unsere Verantwortung für die Schöpfung Gottes nicht weniger als unsere Verantwortung in Politik, Wirtschaft und Öffentlichkeit.

Dabei werden wir auf dem Weg der Heiligung, solange wir hier auf Erden leben, nie zur Vollendung kommen. Auch wenn wir, den apostolischen Mahnungen folgend, immer wieder »den neuen Menschen anziehen« (Eph 4,24) oder, noch genauer, »Jesus Christus anziehen« (Röm 13,14; Gal 3,27), so bleibt doch ständig ein Stück des Alten an uns und in uns, ein Teil des »alten Adam«, der durch Versuchung und Verführung, durch Trägheit des Herzens oder Schwäche des Willens Hemmnisse auf den Weg unserer Erneuerung legt. Das in der Auslegung vielfach umstrittene 7. Kapitel des Römerbriefs ist meines Erachtens als ein Bild des Kampfes zu verstehen, in den wir als Gerechtfertigte hineingestellt sind; es ist so etwas wie eine Momentaufnahme auf dem Weg, den wir vom 3. Kapitel zum 8. Kapitel des Römerbriefs gehen und der durch die Spannung zwischen dem »schon jetzt« und dem »noch nicht« gekennzeichnet ist. Das neue Leben des Christen wird in dieser Welt nur teilweise offenbar; in wesentlichen Teilen ist es »verborgen mit Christus in Gott« (Kol 3,3).

Vollendung

Einmal aber wird diese Spannung gelöst, die Verborgenheit aufgehoben. Dann, wenn Christus kommt, um diese Welt zu richten und zu vollenden. Alles, was wir Menschen jetzt nur als »ein dunkles Bild« in einem Spiegel sehen, alles, was auf unserem Weg der Erneuerung fragmentarisch bleibt (1. Kor 13,9–12), wird vollendet werden, wenn am Ende aller Zeit der neue Himmel und die neue Erde kommt, wenn »die Hütte Gottes bei den Menschen« sein (Offb 21,3) und er, Gott selbst, in ihrer Mitte wohnen wird. Dann »wird Gott abwischen alle Tränen von ihren Augen, und der Tod wird nicht mehr sein, noch Leid, noch Geschrei, noch Schmerz wird mehr sein; denn das Erste ist vergangen« (Offb 21,4). Und die größte aller Verheißungen: »Der Tod wird nicht mehr sein«, der Tod, dieser »letzte Feind« des Menschen (1. Kor 15,26), der so tief mit unserer Sünde, mit unserer Trennung von Gott zusammenhängt. Dafür schenkt Gott Leben, ewiges Leben in ungebrochener Gemeinschaft mit ihm: »Ich will dem Durstigen geben von der Quelle des lebendigen Wassers umsonst« (Offb 21,6). Dann wird das Geschöpf wieder bei seinem Schöpfer sein und ihm seine Loblieder singen. Was mit der Auferweckung Jesu Christi von den Toten anfangsweise und verborgen begonnen hat, wird bei seiner Wiederkunft in Herrlichkeit und Öffentlichkeit vollendet werden.

Weil wir dieses Ziel vor Augen haben und deshalb um den vorläufigen Charakter der Zwischenzeit wissen, die sich von der Auferweckung bis zur Wiederkunft Christi dehnt, können wir als Christen in Wahrheit zukunftsorientiert leben. Weil wir durch Gottes Gnade immer wieder auf Vorzeichen des Kommenden stoßen, dürfen wir uns freuen, bis Gott seine Verheißungen einlösen und alles vollenden wird, auch unser noch immer bruchstückhaftes neues Leben. Bis dahin ist es unsere Aufgabe, seinem Kommen in dieser Welt vorzuarbeiten durch den Dienst mit dem Wort und den Dienst der helfenden Hände, durch Verkündigung, Seelsorge und Diakonie. Wer sich freut auf die neue Welt, in der wir Gott loben werden ohne Ende, der wird schon hier ein Lobsänger Gottes sein. Wer sich freut auf die Welt, in der Gott alle Tränen abwischen wird, der wird sich hier schon bemühen, Tränen zu trocknen. Wer sich auf jene Welt freut, in der Gott allem Leid und Streit ein Ende bereitet, wird schon in dieser Welt sich für Versöhnung zwischen den Menschen einsetzen und Frieden stiften, wo und wie immer er kann. Wer sich auf jene Welt freut, in der Gott alles fragmentarisch Gebliebene und im Leben Zukurzgekommene zu einem Ganzen führt, der wird schon hier mit dem behinderten, kranken oder gebrechlichen Leben so umgehen, daß seine Würde nicht angetastet wird. So erwachsen aus der Hoffnung auf die kommende Vollendung Kräfte für die Gegenwart, Kräfte, durch deren Einsatz wir unseren Herrn ehren und unsern Mitmenschen helfen können.

»Was ist der Mensch?« – so haben wir zu Beginn mit dem Beter des 8. Psalms gefragt. Es hat sich von Stufe zu Stufe unseres Nachdenkens über das biblische Menschenbild bestätigt, was schon die Erfahrung des Psalmisten war: Wir können vom Menschen nicht reden, ohne von Gott zu reden. Das Staunen über den Menschen gehört hinein in das Loben Gottes, in den Dienst an den Mitmenschen und an der Schöpfung Gottes. Darum kann am Ende nur das Bekenntnis und die Bitte stehen, die Martin Schalling, ein Liederdichter des 16. Jahrhunderts, so formuliert hat (EKG 247,2):

»Es ist ja, Herr, dein Gschenk und Gab
mein Leib und Seel und was ich hab
in diesem armen Leben.
Damit ich's brauch zum Lobe dein,
zu Nutz und Dienst des Nächsten mein,
wollst mir dein Gnade geben.«

Vertrauen in die Heilige Schrift

Die Bibel zwischen Säkularismus, Enthusiasmus und Fundamentalismus*

Wir leben in einer tiefen Krise des Vertrauens. Alles, was in früheren Zeiten nicht hinterfragte Autorität war, wird heute mißtrauisch in Frage gestellt. Selbstverständlichkeiten haben aufgehört, selbstverständlich zu sein. Man kann geradezu von einer »Unkultur des Mißtrauens« reden, die heutzutage gepflegt wird. Alles, was auch nur von ferne den Anschein von Autorität besitzt, wird in der Gegenwart mit ätzendem Mißtrauen überzogen: der Staat, die Regierungsorgane, die politischen Parteien, Polizei und Bundeswehr, Schule und Universität, die Kirche, Ehe und Familie, das unversehrte Lebensrecht des Menschen. Mit Mißtrauen lassen sich heute Geschäfte machen.

Auch die Autorität der Bibel ist in diesen Sog des Mißtrauens hineingeraten. Aber nicht erst seit heute oder gestern. Schon von ihrer Entstehung an hat man versucht, Teile ihres Inhalts in Zweifel zu ziehen. Im Neuen Testament selbst und in den frühen Bekenntnisformeln der Kirche begegnen uns zahlreiche abwehrende und abgrenzende Sätze. Sie wenden sich gegen Irrlehrer und falsche Interpreten, die nicht selten in frommem Gewand und unter dem Vorwand, die Bibel dem Menschen verständlicher zu machen, aufgetreten sind.

Seit der Aufklärung im 18. Jahrhundert haben sich

---

* Überarbeitete und leicht gekürzte Fassung eines Vortrags, der im September 1992 vor der Landestagung der Evangelischen Sammlung in Denkendorf gehalten wurde

diese Ströme des Mißtrauens mehr und mehr verstärkt. Sie treten heute unverhüllt ans Licht, lustvoll gefördert von bestimmten Medien, die sich darin gefallen, in Zweifel zu ziehen und mit Häme und Hohn zu überschütten, was anderen heilig ist. Die Welle eines überbordenden Säkularismus macht auch vor der Bibel nicht halt.

Aber wir dürfen jetzt nicht nur nach außen blicken. Nicht allein der Geist der Zeit, für den alles machbar oder doch zumindest manipulierbar geworden ist, nagt an der Autorität vor allem solcher biblischen Aussagen, die unser naturwissenschaftlich und technisch orientiertes Weltbild berühren oder die den Menschen als Sünder ansprechen und die seiner Selbstverwirklichung vermeintlich im Wege stehen. Zu allen Zeiten – schon in der frühen Christenheit, seit Marcions Tagen – hat es auch theologische Strömungen gegeben, die angetreten sind, um die Bibel von zeitgenössischen Einkleidungen zu befreien und sie so für den Menschen verstehbarer zu machen. Das ist bis heute nicht anders. Ich erinnere aus der jüngeren Zeit nur an das Entmythologisierungsprogramm Rudolf Bultmanns und seiner Nachfolger, das mit seinem Versuch einer Neuinterpretation aller weltbildhaften Aussagen der Bibel am Ende auf eine Eliminierung wesentlicher Heilstaten Gottes hinauslief. Oder ich denke an Tendenzen in Teilen der ökumenischen Theologie, die synkretistische Züge im Blick auf die Annäherung an nichtchristliche Religionen erkennen lassen oder die wesentliche Inhalte des biblischen Heilsgeschehens allein als Symbole und Bilder verstehen wollen. Wenn ich zum letzteren den Namen des katholischen Theologen Eugen Drewermann nenne, dessen Thesen auch in der evangelischen Kirche Widerhall finden, so ist das nur ein Beispiel für manche andere. Sie alle rühren damit an die Autorität der Heiligen Schrift als der allein gültigen Urkunde unseres Glaubens und der allein tragfähigen Basis der Kirche Jesu Christi.

Hinzu kommt – das ist eine andere Seite – ein zunehmend zu beobachtender freischwebender Umgang mit der Bibel durch enthusiastische Gruppen, die den Zusammenhang zwischen Wort und Geist zerreißen. Sie gehen nicht mehr von der theologischen Vorgabe aus, daß Gottes Geist sich an das Wort der Schrift gebunden hat und nicht über die im biblischen Wort bezeugte Offenbarung Gottes in Jesus Christus hinausführen kann (Hebr 1,1–4). Sie nehmen durch ihre Betonung einer »unmittelbaren Geisterfahrung« dem Wort der Bibel seine grundlegende Normativität und instrumentalisieren es für ihre eigenen Zwecke. Schon Martin Luther hat geschrieben, es gelte »fest dabei zu bleiben, daß Gott seinen Geist oder Gnade niemandem gibt, als durch oder mit dem äußeren Wort (cum verbo externo), das vorangeht. Damit verwahren wir uns gegen die Enthusiasten (Schwärmer), d. h. gegen die Geister, die sich rühmen, ohne oder vor dem Wort den Geist zu haben, und die darnach die Schrift oder das mündliche Wort nach ihrem eigenen Belieben beurteilen, deuten und dehnen.«

Und schließlich ist hier zu reden von der heute weltweit in Erscheinung tretenden Bewegung eines religiösen Fundamentalismus, der auch eine christliche und hier speziell auf die Bibel bezogene Spielart hat. Aus begreiflicher Sehnsucht nach Vergewisserung im Glauben und nach festen Normen und Werten wird die Bibel, das Fundament unseres Glaubens, zu einem »papierenen Papst« hochstilisiert. Ihre menschliche Seite wird in Abrede gestellt, ihre Geschichtlichkeit ausgeblendet. Die Autorität der Bibel wird in der absoluten Irrtumslosigkeit aller ihrer Einzelaussagen, auch der durchaus zeitbedingten oder naturwissenschaftlich begrenzten, gesehen. So wird die Heilige Schrift zu einer »Burg«, die es in ihrem Wortlaut bis aufs letzte Tüpfelchen zu verteidigen gilt, weil jedes Satzzeichen aus göttlicher Inspiration abgeleitet wird und deshalb nicht mehr auf sein geschichtliches Gewordensein hin befragt werden darf. Aus dieser Grundhaltung der Angst heraus kann es dann dahin kommen, daß der Glaube an Jesus Christus, der in seiner Person selbst das lebendige, menschgewordene Wort Gottes und das wahre »Fundament« allen christlichen Glaubens ist (Joh 1,14), verdunkelt wird durch den Glauben an ein Schriftprinzip, das sich von der Geschichte ablöst und in starrer Zeitlosigkeit endet.

Angesichts dieser Entwicklungen haben wir Grund und Anlaß, uns immer aufs neue der Heiligen Schrift als der uns für alle Zeit gegebenen lebendigen Autorität zuzuwenden und das Vertrauen zu ihr zu begründen. Indem wir das tun, folgen wir dem Wort Jesu, der am Ende der Bergpredigt in einem kurzen Gleichnis davon gesprochen hat, daß sein Wort einem Felsengrund gleicht, auf den man sein Haus, sein Leben, seinen Glauben gründen kann (Mt 7,24–27). Von diesem Felsengrund haben wir jetzt zu reden.

»Du aber bleibe bei dem, was du gelernt hast und was dir anvertraut ist; du weißt ja, von wem du gelernt hast und daß du von Kind auf die heilige Schrift kennst, die dich unterweisen kann zur Seligkeit durch den Glauben an Christus Jesus. Denn alle Schrift, von Gott eingegeben, ist nütze zur Lehre, zur Zurechtweisung, zur Besserung, zur Erziehung in der Gerechtigkeit, daß der Mensch Gottes vollkommen sei, zu allem guten Werk geschickt.« (2. Tim 3,14–17)

Der 2. Timotheusbrief, dessen Verfasserschaft und Abfassungszeit in der Forschung durchaus umstritten sind, ist so etwas wie ein Vermächtnis der ersten Generation der christlichen Gemeinde an die nachfolgende. Diese steht im Kampf gegen Irrlehrer und Verführer, die mit verkehrten Lehren und der Auflösung aller Normen die jungen Christen im Glauben an Jesus und im Vertrauen auf die Schrift verunsicherten. Von »Wortgefechten« (2,14), »leerem Geschwätz« (2,16) und »törichten und unvernünftigen Auseinandersetzungen« (2,23) ist hier die Rede. In dieser bedrohlichen Situation weist Paulus den Timotheus nach guter jüdischer Lehrtradition auf das eine verläßliche Wort hin, das unser ganzes Vertrauen verdient: Vertraue auf das Wort der Schrift, suche die Wahrheit nicht an trüben Quellen! Bleibe bei dem, was du gelernt hast, denn auf das Vertrauen zu dem biblischen Wort kommt es an, im Leben und im Sterben, im Kämpfen und im Leiden! Darum bleibe, darum vertraue! Und er weist zugleich über alle persönlich gefärbte Subjektivität hinaus auf die »Gesamterfahrung der Kirche« hin (Rainer Riesner), die es in Lehre und Leben der Gemeinde ernstzunehmen gilt.

Was die Bibel ist

»Du kennst von Kind auf die heilige Schrift ...« Heilige Schrift! Wir stoßen, wenn wir es mit der Bibel zu tun haben, auf einen hohen Anspruch. Auf den Anspruch, in ihr einem Wort zu begegnen, das Vertrauen verdient. »Heilige Schrift« nennt sie der Apostel. In einer Zeit der Inflation des Wortes, in der die Wörter in einer Vielzahl ohnegleichen auf uns hereinstürzen und wieder verhallen, ehe wir sie in uns aufgenommen haben, bekommen wir es hier mit einem Wort zu tun, das nicht trügt, sondern trägt: »Des Herrn Wort ist wahrhaftig, und was er zusagt, das hält er gewiß« (Ps 33,4). Jesus sagt von diesem Wort, daß es selbst dann noch Bestand und Gültigkeit haben wird, wenn Himmel und Erde vergangen sind: »Meine Worte werden nicht vergehen« (Mk 13,31).

Damit ist über die Bibel eine grundlegende Aussage gemacht: Sie ist »des Herrn Wort«. In diesem Buch finden wir also nicht tote Buchstaben und leere Worthülsen. Sie enthält nicht nur interessante Geschichten und lebendig erzählte Geschichte. In der Bibel haben wir – und zwar in beiden Testamenten – »des Herrn Wort« vor uns, Gottes eigenes Wort. Das Wort, das uns das Versöhnungshandeln Gottes in Jesus Christus zu unserem Heil anzeigt und das dieses einmalige und unwiederholbare Geschehen in den großen Zusammenhang des Heilshandelns Gottes von der Weltschöpfung bis zur Weltvollendung stellt. Das Wort, das zur Umkehr aus Gottesferne und Schuldverhaftung ruft und das ein Menschenleben auf einen neuen Grund stellt, Gottes Wort. Darum wird die Bibel, schon in der Zeit des Neuen Testaments, die »Heilige Schrift« genannt. »Sie hat es in sich, denn sie hat ihn in sich, den Heiligen Geist« (E. Jüngel).

Das Evangelium von Jesus Christus, das uns diese Heilige Schrift überbringt, hat seinen Ursprung nicht in bohrenden Gedanken religiöser Menschen. Sie ist kein Ergebnis mystischer Versenkung. Sie beginnt auch nicht mit den Himmelsflügen überspannter Schwärmer. Dieses Wort hat einen festen Grund – außerhalb unserer menschlichen Möglichkeiten. Der Grund liegt dort, wo Gott in Christus sich in Raum und Zeit offenbart hat: »Das Wort ward Fleisch und wohnte unter uns...« (Joh 1,14). »Als die Zeit erfüllt war, sandte Gott seinen Sohn...« (Gal 4,4). Menschen wurden Zeugen dieses Handelns Gottes in der Welt. Sie haben »gesehen und gehört«, was damals geschehen ist, und sie gaben als persönlich Betroffene weiter, was ihnen widerfahren war. Dies geschah zuerst mündlich, später wurden dann die Schriften zusammengestellt, die wir heute in unserer Bibel vor uns haben. Diese Schriften waren »zum Gebrauch in der christlichen Gemeinde bestimmt und im Lichte der von den Aposteln begründeten Glaubenstradition auszulegen«, wie der Tübinger Neutestamentler Peter Stuhlmacher deutlich gemacht hat.

Die Christuszeugen der ersten Generation waren nicht gezwungen zu fantasieren: »Wir sahen seine Herrlichkeit, eine Herrlichkeit als des eingeborenen Sohnes vom Vater...«, so lesen wir im Prolog des Johannesevangeliums (Joh 1,14). Und der 1. Johannesbrief beginnt mit den Worten: »Was von Anfang an war, was wir gehört haben, was wir gesehen haben mit unseren Augen, was wir betrachtet haben und unsere Hände betastet haben..., das verkündigen wir euch« (1. Joh 1,1–3). Petrus und Johannes bekennen als Gefangene vor dem Hohen Rat in Jerusalem: »Wir können's ja nicht lassen, von dem zu reden, was wir gesehen und gehört haben« (Apg 4,20).

Darauf gründet sich unser Glaube, darauf steht unser Vertrauen zur Heiligen Schrift, daß von Gott her durch Jesus Christus mitten im Ablauf unserer irdischen Geschichte etwas geschehen ist, das unser Heil bedeutet, und daß es Menschen gibt, die uns dies als Glaubende bezeugen: »Wir haben gesehen, wir haben gehört.«

In der »Confessio Virtembergica«, von Johannes Brenz im Auftrag des Herzogs Christoph von Württemberg für das Konzil von Trient 1552 verfaßt, dem einzigen reformatorischen Bekenntnis, das einen eigenen Artikel über die Heilige Schrift enthält, heißt es in Artikel 30: »Heilige Schrift nennen wir diejenigen kanonischen Bücher des Alten und des Neuen Testaments, über deren Geltung in der Kirche niemals ein Zweifel bestanden hat. Diese Schrift – so glauben und bekennen wir – ist die Stelle, wo der Heilige Geist redet; sie ist durch himmlische Zeugnisse derart bestätigt, daß von ihr gilt: Wenn ein Engel vom Himmel etwas anderes predigte, der sei verflucht (Gal 1,8). Wir verwerfen deshalb alle Lehre, Gottesdienst und Frömmigkeit, die mit dieser Schrift in Widerspruch stehen.«

Woher die Bibel kommt

»Alle Schrift, von Gott eingegeben...«, damit rühren wir an eine Frage, die seit Urzeiten die Menschen beschäftigt: Wie ist dieses Buch entstanden? Woher kommt es, das Buch, das wir die Heilige Schrift nennen? Die Frage nach der Herkunft der Heiligen Schrift, nach ihrer Inspiration, ist für uns kein Rätsel und keine Denksportaufgabe. Beides kann man lösen, wenn man sich Mühe gibt und die nötige Geduld aufwendet. Der Ursprung des göttlichen Wortes ist dagegen von einem Geheimnis umgeben, das wir Menschen mit unserem begrenzten Verstand nicht zu enthüllen vermögen. Vor einem Geheimnis bleiben wir stehen. Denn es reicht tiefer als unsere Verstehensmöglichkeiten.

Keine Schrift der Weltliteratur ist so gründlich durchleuchtet und mit derartiger Akribie erforscht worden wie die Bibel. Bei diesen Untersuchungen der historischen Bibelwissenschaft sind Erkenntnisse zutage gekommen, die wir als Bibelleser nur zu unserem eigenen Schaden übersehen. Zum Beispiel die Tatsache, daß die Bibel einen »Lebenslauf« hat. Sie ist nicht vom Himmel gefallen, so wie die Mormonen das von ihrem heiligen Buch Mormon behaupten. Es hat Jahrhunderte gedauert, bis die Bibel die Form gefunden hatte, die wir heute in der Hand haben. In unserer Bibel ist Gottes eigenes Wort in einer unauflösbaren Einheit in das Denken, Reden und Schreiben von Menschen eingegangen. Es waren Menschen, die die heutige Bibel in ihren einzelnen Teilen gesammelt, aufgeschrieben, geordnet und weitergegeben haben. Menschen eines genau festlegbaren Zeitraums, Menschen mit dem Denkvermögen und der Vorstellungskraft ihrer jeweiligen Zeit. Und doch hat sich Gott in den Schriften der Bibel »ins Wort begeben«, so daß sie ganz sein eigenes Wort an uns Menschen ist. So wie Gottes ewiger Sohn in unser menschliches Fleisch kam, ist Gottes ewiges Wort menschliche Schrift geworden – und beide sind doch gleichzeitig Gottes Sohn und Gottes Wort geblieben. Wie wir in der Christologie, der Lehre von Christi Person, von einer Zwei-Naturen-Lehre sprechen: »Vere deus, vere homo; wahrer Gott und wahrer Mensch«, so müssen wir auch im Blick auf die Bibel festhalten, daß uns hier das Gotteswort nur im Menschenwort und nicht anders begegnet: »Getrieben von dem heiligen Geist haben Menschen im Namen Gottes geredet« (2. Petr 1,21). Keine wie auch immer geartete Inspirationslehre kann dieses Geheimnis auflösen. Oft ist es die Sprache der Künstler, die einem solchen Geheimnis am nächsten kommt.

Von Rembrandt gibt es ein Gemälde, das den Evangelisten Matthäus zeigt, wie er an seinem Evangelium arbeitet. Er hat die Feder in der Hand. Nun hält er inne. Er meditiert, er formuliert, er disponiert. Er benützt die Sprache seiner Zeit, er denkt in den Vorstellungen seiner Umwelt, so wie wir Menschen das immer tun. Auf diese Weise ist unter seinem Federkiel eine Schrift entstanden, die in menschlichen Worten, in Geschichten und Gleichnissen abgefaßt ist. Aber nun hat Rembrandt im Hintergrund seines Gemäldes, ganz nahe am Ohr des Evangelisten, einen Engel gemalt, der dem Menschen Matthäus die Botschaft Gottes zuraunt. So hat der Künstler das Unsagbare auszusagen versucht, daß das Wort der Bibel sich letztlich nicht dem Verstand von Menschen verdankt, sondern daß Gott selber und sein Geist die eigentlichen Autoren der Schrift sind. Aber so, wie Gott sich in Jesus Christus auf die Straßen dieser Welt begeben und sich den Menschen ausgesetzt hat, so wie er sich von ihnen verspotten, verurteilen und kreuzigen ließ und am Ende doch Sieger blieb, so ergeht es auch seinem Wort. Gott hat es in die Krippe unserer menschlichen Sprache gelegt, hat es uns Menschen ausgesetzt, unserer Verehrung und Verachtung, unserer Liebe und unserem Haß. Dieses Wort wurde, wie Jesus selbst, verspottet, verlästert, verfolgt und verboten, und dennoch lebt es bis heute. Es erfährt trotz aller Angriffe und Anfeindungen eine Auferstehung nach der andern, weil es mehr ist als menschliches Wort, es ist in einem tiefen Sinne Gottes Wort. Weil sie auf dieses Wort nicht verzichten wollten, haben in der Geschichte der Kirche zu allen Zeiten Menschen ihre Heimat verlassen oder sind ins Martyrium gegangen.

Die Offenbarung Gottes in seinem Wort ist nun freilich nicht so zu verstehen, als ob man jeden einzelnen Buchstaben, der sich zwischen den Deckeln der Bibel findet, zu jeder Zeit und in jedem Augenblick als »Gottes Wort« erfahren könnte. Die Offenbarung Gottes ist vielmehr ein dynamisches Geschehen. Durch das Wirken des Heiligen Geistes wird das Wort der Schrift zum Wort Gottes, das Geschriebene zum lebendigen Wort, wann und wo und wie es Gott gefällt. Es wird, wenn es zu reden beginnt, zu einem Wort, das hilft und heilt, das richtet und aufrichtet, das uns neues Leben mit Jesus Christus erschließt. Dieses Wort der Bibel ist, wie Paulus sagt, ein »Schatz in irdenen Gefäßen« (2. Kor 4,7). Unsere menschlichen Worte sind das zerbrechliche Gefäß, in dem Gott uns den Schatz seines Wortes zugänglich macht.

Bei diesem Wort, bei dieser »Heiligen Schrift« zu bleiben, dazu ermahnt Paulus seinen Freund Timotheus: »Du aber bleibe bei dem, was du gelernt hast und was dir anvertraut ist; du weißt ja, von wem du gelernt hast und daß du von Kind auf die heilige Schrift kennst.«

Wohl uns, wenn wir – wie Timotheus – in unserem Leben solche Namen kennen, die uns das Vertrauen zum Wort Gottes ins Herz gepflanzt haben: Eltern und Großeltern, eine Kindergärtnerin, einen Lehrer, unsern Konfirmator, einen Mitarbeiter im Jugendkreis... Die Bibel kommt zwar von Gott, aber sie wird uns durch Menschen vermittelt, durch die Apostel und die ersten Zeugen, die diese Schriften gesammelt und gesichtet, aufgeschrieben und abgeschrieben haben, und durch andere, die uns biblische Geschichten erzählt, biblische Begriffe erklärt, biblische Zusammenhänge erschlossen haben. Dabei sollen wir bleiben, darauf dürfen wir unser Vertrauen setzen. Die Heilige Schrift verdient Vertrauen, weil der Herr, der durch dieses Wort redet, Vertrauen verdient.

»Die Bibel ist mehr als eine historische Quellensammlung; sie ist der Kanon, den sich die Kirche aus Gehorsam gegenüber dem Evangelium gegeben hat und aus dem heraus sie bis heute die Stimme Gottes und seines Christus vernimmt. Die gesamtkirchliche und individuelle Glaubenserfahrung, daß sich Gott in eigener Autorität durch das biblische Zeugnis vernehmen läßt, gibt der Bibel ihre aller wissenschaftlichen Exegese vorausliegende und sie überhöhende kirchliche Autorität« (P. Stuhlmacher).

Wo das Herz der Bibel schlägt

Der Streit um das rechte Verstehen der Heiligen Schrift und um die ihr angemessene Auslegung begleitet den Weg der Bibel von ihren ersten Anfängen an. Schon in den Tagen der frühen Christenheit traten Menschen auf, die das Zentrum der Schrift an anderen Stellen sahen, als es ihrem Wesen und ihrer Absicht entspricht. Das hat sich bis heute nicht geändert. Um nur einige

Fragestellungen der Gegenwart zu nennen: Ist die Bibel ein Aufruf zu sozialen oder politischen Aktionen? Oder eine Anleitung für mitmenschliches Verhalten? Oder ein Fahrplan kommender Weltereignisse? Wo ist die Mitte der Bibel, die absolut feststeht und die nicht verrückt werden darf?

»Unterweisung zur Seligkeit, zur Rettung, zum Heil, durch den Glauben an Christus Jesus« – so wird hier die Absicht der Schrift beschrieben. Ihre Mitte ist das Zeugnis von dem Herrn, der gekommen ist und der wiederkommt, um die beiden bedrängendsten Fragen der Menschen zu lösen: die Frage nach der Schuld und die Frage nach der Macht. Er, Jesus Christus, hat durch sein stellvertretendes Opfer am Kreuz unsere Schuld gesühnt. Und er wird am Jüngsten Tage, wenn er wiederkommen wird, die Welt zu richten, die Maßstäbe der Macht zurechtrücken. Das zu erkennen und zu glauben, daran in allen Widrigkeiten festzuhalten, das ist der Weg zur Seligkeit, zum Heil. Darin will uns die Bibel unterweisen, das will sie uns lehren und einprägen. Auf diesen Weg will sie uns einladen, weil nur auf ihm die Rettung für Zeit und Ewigkeit zu finden ist.

Dem Herzschlag der Bibel begegnen wir dort, wo sie von Jesus Christus redet und von dem, was er für uns getan hat. Die Heilstaten Gottes in Christus in unser Leben hineinzusprechen und uns im Glauben auf das zu gründen, was im Leben, Leiden, Sterben und Auferstehen Jesu Christi ein für allemal geschehen ist, das ist die Absicht und das Ziel aller Teile der Heiligen Schrift (Joh 20,31). Sie will das nicht nur, sie kann es auch. Denn Gott hat in sein Wort göttliche Kraft gelegt. Was wir Menschen nicht können, weil es unseren Möglichkeiten verschlossen ist, das kann Gottes Geist erreichen, der in der Heiligen Schrift wirkt und der beim Umgang mit ihr sein Werk an uns tut. Darum ist Umgang mit der Schrift immer zugleich Umgang mit dem Herrn der Schrift. Und dieser Herr verdient Vertrauen.

Was die Bibel will

Was bringt es uns nun, wenn wir der Bibel unser Vertrauen schenken und uns von keiner Saat des Mißtrauens darin wankend machen lassen? Was haben wir davon, wenn wir uns auf sie einlassen und uns auf ihr Wort verlassen? Paulus schreibt an Timotheus, daß die Bibel »nützlich« sei, »profitable« heißt es in der englischen Bibel. Wir können also etwas »profitieren«, wenn wir bei dem bleiben, was wir gelernt haben, wenn wir dem Wort der Schrift vertrauen. Einen vierfachen Dienst will uns dieses Wort tun.

- Die Schrift will uns zuverlässig *informieren*, denn sie ist »nütze zur Lehre«. Die Bibel informiert uns über die Grundgedanken Gottes, über die Grundwahrheiten dieser Welt, über die Grundlagen der Kirche, über den Grund unseres Lebens. Gott hat etwas vor mit uns und mit dieser Welt. Er liebt uns, er will uns verlorene Söhne und Töchter wieder bei sich haben. Deshalb sucht er uns und geht uns nach, »bald mit Lieben, bald mit Leiden«. Das ist die wichtigste Information für unser Leben. Darauf kann man ein Leben gründen.
- Die Schrift will uns nachhaltig *korrigieren*, denn sie ist »nütze zur Zurechtweisung«. Sie widerlegt alle Unwahrheit und Halbwahrheit über Gott und den Menschen, sie wehrt sich gegen die Verschiebung ihrer Mitte und gegen die Verfälschung ihres Inhalts. Sie korrigiert unser Recht-haben-Wollen gegenüber Gott, unsere Selbstherrlichkeit, unsere leistungsbeflissene Frömmigkeit. Sie zeigt uns unsere Schuld und Verlorenheit und führt uns auf den Weg der inneren Heilung.

- Die Schrift will uns geistlich *renovieren*, denn sie ist »nütze zur Besserung«, genauer: zur Aufrichtung. Wir Menschen leiden von Natur an einer egozentrischen Verkrümmung unseres Wesens. »Incurvatus in se ipsum« – so hat Martin Luther einmal das natürliche Wesen des Menschen beschrieben. Die Schrift will aus dieser Gefangenschaft lösen und uns zum aufrechten Gang verhelfen durch die Kräfte der Auferstehung Jesu Christi, die unser Leben renovieren können, indem sie uns auf die Spur seines neuen Lebens bringen.
- Die Schrift will uns kräftig *motivieren*, denn sie ist »nütze zur Erziehung in der Gerechtigkeit«. Der Umgang mit der Schrift will uns Selbstvertrauen geben und fähig machen, uns von unseren eigenen Schwächen und Defiziten nicht länger lähmen zu lassen, sondern Schritte zu tun im Dienst für Gott an den Menschen dieser Zeit und den Nöten unserer Welt. Wer der Bibel vertraut, kann sich an Aufgaben trauen, die ihm ohne diesen Halt zu schwer wären, an missionarische Aufgaben, an seelsorgerliche Aufgaben, an diakonische Aufgaben, an Aufgaben im Bereich des öffentlichen Lebens.

»Darin besteht die Größe der Bibel, daß sie nicht einlinig redet. Sie kann belehren, aufrütteln, trösten, erziehen. Vor allem aber behält sie selbst gegenüber aller kirchlichen Erfahrung einen Wirklichkeitsvorsprung. Denn an dieses ganz geschichtliche Wort hat sich der Gott mit seinem Geist gebunden, der allen Zeiten überlegen ist«, so schreibt der Tübinger Neutestamentler Rainer Riesner.

Es öffnen sich uns weite Horizonte, wenn wir dem Wort der Schrift vertrauen. Es bereichert und vertieft unser Leben, wenn wir mit der Bibel leben. Und es bleibt zugleich nicht ohne Wirkungen nach außen. Dabei hängt unser Vertrauen auf das biblische Wort nicht an einer bestimmten Lehre über seine Inspiration, sondern daran, daß in diesem Wort und durch dieses Wort der lebendige Christus wirkt, der Vertrauen verdient. Mit seinem Wort leben, das gibt Weite und Tiefe.

Wie wir mit der Bibel leben

Damit stehen wir vor der Frage, wie sich das Hören auf das Wort der Bibel und das Leben mit ihr praktisch vollziehen können. Schon in der Bibel selbst ist die Rede vom »Suchen in der Schrift« (Joh 5,39), vom »Forschen« in ihr (Apg 17,11), vom »Bleiben« am Wort (Joh 8,39), vom »beharrlichen Festhalten« an der Lehre der Apostel (Apg 2,42). Auch heute gibt es zum Kennenlernen der Bibel und zum Verstehen ihres Inhalts vielfältige Möglichkeiten:

- Durch die *gottesdienstliche Verkündigung* will uns Gottes Wort in der versammelten Gemeinde ansprechen. Darum sollten wir uns immer aufs neue fragen: Gehe ich mit der inneren Bereitschaft zum Gottesdienst, in jeder Predigt etwas Neues über Jesus Christus und über mich selbst zu erfahren? Bin ich bereit, mir ein Wort, einen Gedanken, einen Zusammenhang der Predigt zu merken und einzuprägen, ihn mit nach Hause zu nehmen, darüber nachzudenken und daraus Konsequenzen für mein Leben im Alltag zu ziehen?
- In *Hausbibelkreisen, Jugendgruppen oder Gemeinschaftsstunden,* wo Menschen um das Wort der Bibel zusammenkommen, sei es in einer Wohnung, sei es in einem Gemeinderaum, bietet sich die Möglichkeit, über biblische Texte und ihre Bedeutung für unser Leben ungezwungen miteinander zu reden. Hier kann man Fragen stellen, Zweifel aussprechen, neue Erkenntnisse prüfen. Man kann miteinander die Bi-

bel in das alltägliche Leben zu übersetzen suchen und sich gegenseitig Mut machen, das einmal Erkannte festzuhalten, zu vertiefen und im Alltag zu bewähren. Dasselbe gilt für die Beschäftigung mit der Bibel im Religions- und Konfirmandenunterricht.

- *Bibelwochen und Bibelseminare* wollen in biblische Zusammenhänge einführen. Hier können wir nicht nur den einzelnen Webfäden biblischer Texte und den großen Linien der Schrift nachspüren, sondern zugleich ein Gesamtbild von dem gewinnen, was Gott mit den Menschen und der Welt vorhat.
  Dem *gemeinsamen Hören und Lesen* hat Jesus eine große Verheißung gegeben: »Wo zwei oder drei versammelt sind in meinem Namen, da bin ich mitten unter ihnen« (Mt 18,20). Diese Gemeinschaft im Hören ist für unser Leben als Christen unverzichtbar.
- Ebenso bedeutsam aber ist die *persönliche Bibellese,* der hörende, betende und fragende Umgang mit der Bibel. Vielfältige Erfahrung läßt es geraten sein, wo immer es einzurichten geht, mit der Bibellese den Tag zu beginnen. »Die erste Viertelstunde ist das Ruder des Tages«, so lautet ein weises Wort des Kirchenvaters Augustin. Ob wir dieses persönliche Bibelstudium üben als eine systematische Lesung der Bibel von Anfang bis Ende, oder ob wir uns einem der zahlreichen Bibellesepläne anschließen, die es gibt, ist eine Frage, die jeder einzelne nach entsprechender Erprobung für sich selbst entscheiden muß.
- Und wenn man bisher *keinen Kontakt zur Bibel* hatte? Es ist nie zu spät, mit dem Lesen der Bibel zu beginnen. Wer ganz von außen kommt, dem ist eine moderne Übersetzung, etwa die »Gute Nachricht«, zu empfehlen. Man schlage das Markusevangelium auf und beginne zu lesen, was dort über das Leben und das Wirken Jesu erzählt wird. Vielleicht zieht man eine Lesehilfe zu Rate, etwa »Die ersten hun-

dert Tage mit der Bibel«, und dann bespreche man mit solchen, die längere Erfahrungen mit der Bibel haben, die Fragen, die einem beim Lesen kommen.

Es ist gut, wenn man sich im Umgang mit der Bibel an feste Regeln hält. Sie helfen uns, solange wir sie nicht gesetzlich mißverstehen. Kein wirkliches Leben ist ohne Beachtung bestimmter Regeln möglich, auch nicht das Leben mit der Bibel. Wenn wir beginnen, unseren Umgang mit der Heiligen Schrift von unseren Stimmungen oder von Lust und Laune abhängig zu machen, so ist das nur der Anfang vom Ende unseres Bibellesens.

Das Einhalten solcher Regeln fällt uns freilich nicht von selber zu. Wir müssen damit bewußt beginnen. Und ebenso gilt das andere, daß das Einhalten dieser Regeln nicht ohne Kampf gegen mancherlei Widerstände möglich ist. Wir sind nicht an jedem Tag und zu jeder Stunde gleichermaßen auf »Empfang« eingestellt. Es gibt hier Gefährdungen durch Routine und Gewöhnung, durch innere Lustlosigkeit oder äußere Abhaltungen. Darum kann das Einhalten einer guten Regel manchmal geradezu ein Kampfgeschehen werden, das Widerstände überwinden muß, die in uns selbst oder in den Verhältnissen unserer Umgebung liegen.

Wir werden, wie im geistlichen Leben überhaupt, so auch im Bibellesen nie zur Vollkommenheit gelangen. Es wird bei uns je und dann Zeiten der inneren Dürre, des Nicht-mehr-Könnens, vielleicht auch einmal des Nicht-mehr-Wollens geben. In diesen Zeiten können müde gewordene, im Glauben verunsicherte Bibelleser und Bibelleserinnen neuen Mut und schöpferische Impulse empfangen in der bibellesenden Gemeinde, wo die einzelnen mitgenommen werden von solchen, die mit ihnen unterwegs sind durch die Bibel und durch die Welt.

Auf diesem gemeinsamen Weg wird es dann geschehen, daß man immer wieder neue Entdeckungen macht und sich an der Bibel freut wie an einem Schatz, der unser Leben reich werden läßt: »Ich freue mich über dein Wort wie einer, der große Beute macht« (Ps 119,162).

»Das ist der Wille Gottes, eure Heiligung«

Das biblische Zeugnis von der Heiligung

»Heiligung« ist kein Wort unseres Alltags, sondern es ist ein Begriff aus der Bibel, dessen besondere Bedeutung dort freilich nicht zu übersehen ist. Man kann die Wortfamilie »heilig, heiligen, Heiligung, Heiligkeit« ohne weiteres zu den Zentralbegriffen des biblischen Glaubens rechnen. In bestimmten Epochen der Kirchengeschichte, im Mönchtum etwa, in der Zeit des Pietismus, vor allem aber in der Gemeinschaftsbewegung am Ende des 19. Jahrhunderts, spielte der Begriff »Heiligung« eine beherrschende Rolle. Heute steht man in der evangelischen Kirche diesem Wort eher mit einer gewissen Distanz gegenüber.

Die römisch-katholische Kirche dagegen geht wie selbstverständlich mit ihren Heiligen um. In einem besonderen Kalender sind die Heiligen der Kirche festgehalten, Menschen von vorbildhaftem Charakter und untadeligem Leben, die nach der Lehre der Kirche zwar selbst keine Anbetung, die Gott allein gebührt, empfangen, die aber doch als Mittler zwischen Gott und den Menschen und als Spender konkreter Hilfe Verehrung erfahren. Bilder und Reliquien dieser Heiligen werden hoch geachtet und sind das Ziel zahlreicher Wallfahrten. »Die Heiligen herrschen zusammen mit Christus. Sie bringen ihre Gebete für die Menschen Gott dar. Es ist gut und nutzbringend, sie um Hilfe anzurufen und zu ihren Gebeten, ihrer Macht und Hilfe Zuflucht zu nehmen...« (Konzil von Trient, 1555–1563).

Noch einmal: Der Begriff »Heiligung« kommt in unserer deutschen Umgangssprache nicht vor. Die Sache, die damit gemeint ist, ist aber in der Christenheit heute aktueller denn je. Es geht bei der Heiligung um nichts weniger als um die Frage, wie das Leben derer, die sich Christen nennen, in der heutigen Welt konkrete Gestalt gewinnen kann. Leben mit Gott in einer Welt ohne Gott – ist das überhaupt möglich? Und wie läßt sich die missionarische Existenz einer christlichen Gemeinde verwirklichen in einer Zeit, die von religiösen und pseudoreligiösen Angeboten bis an den Rand gefüllt ist?

Diese Fragen nötigen uns, dem Stichwort »Heiligung« vermehrte Aufmerksamkeit zu schenken. Wir wenden uns dazu den biblischen Quellen zu.

Gottes Heiligkeit als Voraussetzung der Heiligung des Menschen

Die Wurzel des hebräischen Begriffs »kadosch« (heilig) weist auf etwas Abgetrenntes, Abgesondertes hin. Im Grunde ist »heilig« ein Gegensatzbegriff. Er steht dem lateinischen Begriff pro-fanus gegenüber, der »das vor dem Tempel Befindliche« bezeichnet. Profan, weltlich, ist alles, was vor den Toren des Tempels ist, während als heilig bezeichnet wird, was, davon abgesetzt und abgetrennt, innerhalb des Tempelbezirks liegt.

Gott ist der allein Heilige

»Heilig ist in der Sprache der Bibel das Prädikat, das im Grunde allein Gott gebührt« (Adolf Köberle). So sagt es auch die Bibel: »Ich bin Gott und nicht ein Mensch und bin der Heilige unter dir« (Hos 11,9).

»Gott wohnt in einem Lichte,
dem keiner nahen kann«,

so beginnt, nach 1. Tim 6,16, ein Lied von Jochen Klepper. Im gleichen Atemzug weist der Dichter dann auf den Grund dieser Trennung hin:

»Von seinem Angesichte
trennt uns der Sünde Bann.«

Klepper fährt dann fort, die doxologischen Aussagen des 1. Timotheusbriefes zu entfalten:

»Unsterblich und gewaltig
ist unser Gott allein,
will König tausendfaltig,
Herr aller Herren sein.«

In der Stunde seiner Berufung vernimmt der Prophet Jesaja den Lobgesang der himmlischen Mächte, die einander zurufen: »Heilig, heilig, heilig ist der Herr Zebaoth, alle Lande sind seiner Ehre voll!« (Jes 6,3). Gleichzeitig erfährt er sein Getrenntsein von diesem dreimal heiligen Gott durch den Abgrund der Sünde. »Da sprach ich: Weh mir, ich vergehe! Denn ich bin unreiner Lippen und wohne unter einem Volk von unreinen Lippen« (Jes 6,5). Nichts Irdisches, nichts Geschaffenes, kein Mensch und keine Macht ist diesem heiligen Gott gleich. »Mit wem wollt ihr mich... vergleichen, dem ich gleich sei?« spricht der Heilige (Jes 40,25). Abgrundtief sind wir Menschen von Gott geschieden: »Herr, wer ist dir gleich unter den Göttern? Wer ist dir gleich, der so mächtig, heilig, schrecklich, löblich und wundertätig ist?« (2. Mose 15,11).

Gottes Sohn und Gottes Geist sind Träger seiner Heiligkeit

Schon bei der Ankündigung seiner Geburt wird Jesus durch die Botschaft des Engels in die Heiligkeit Gottes hineingenommen: »Der heilige Geist wird über dich kommen, und die Kraft des Höchsten wird dich überschatten; darum wird auch das Heilige, das geboren wird, Gottes Sohn genannt werden« (Lk 1,35). Als »das Heilige« wurde er angekündigt; als »der Heilige«

wird er dann bezeugt. Ein von dämonischen Geistern besessener Mensch ist der erste, der erkennt, wer Jesus wirklich ist: »Was willst du von uns, Jesus von Nazareth?... Ich weiß, wer du bist: der Heilige Gottes!« (Mk 1,24; Lk 4,34). So erkennt zuerst ein Besessener, also ein ganz und gar Unheiliger, in Jesus den Heiligen Gottes, der die Macht des Bösen überwindet. Dasselbe bezeugen auch die Jünger Jesu: »Herr, wohin sollen wir gehen? Du hast Worte des ewigen Lebens; und wir haben geglaubt und erkannt: Du bist der Heilige Gottes« (Joh 6,68–69). Durch den Heiligen werden sie selbst zu Geheiligten. Er ist der Heilige, denn er ist der, »den der Vater geheiligt und in die Welt gesandt hat« (Joh 10,36). Er ist der »Heilige und Gerechte« (Apg 3,14), der »heilige Knecht Jesus« (Apg 4,27.30), »der Heilige, der Wahrhaftige« (Offb 3,7).

Heiligkeit ist darüber hinaus in besonderem Maße das Prädikat für den Geist Gottes. Es ist der Heilige Geist, in dem das Neue Testament die Gegenwart und das Wirken Jesu Christi ausspricht und verdeutlicht (Joh 14,26; 1. Kor 6,19; 12,3; 2. Kor 13,13).

Die Heiligkeit Gottes, zugleich auch die Heiligkeit des Sohnes und des Geistes, ist Voraussetzung und inhaltliche Vorgabe für alles, was die Bibel über das »Heiligsein« des Menschen und über die Heiligung sagt.

Was Gott heiligt, ist heilig

In einem weiteren Sinne gebraucht die biblische Sprache das Wort »heilig« für alles, was Gott für sich in Anspruch nimmt, was ihm gehört und was er in seinen Dienst holt. Das erste, was Gott »aussonderte«, »heiligte«, war der siebente Tag der Woche. Er nimmt ihn in seinem Schöpfungswerk aus allen übrigen Tagen heraus und stellt ihn unter seine besondere Verfügung: »Und Gott segnete den siebenten Tag und heiligte ihn, weil er an ihm ruhte von allen seinen Werken« (1. Mose 2,3). Das Alte Testament kennt heilige Stätten, die Stiftshütte etwa, später den Tempel, Gottes heiliges Haus mit seinen Altären; es kennt heilige Ämter, Geräte für den Gottesdienst und Ordnungen für das Alltagsleben. Alles, was Gott zur Verfügung steht, was zu seinem Dienst ausgesondert und dadurch dem normalen Gebrauch entnommen wurde, wird als heilig bezeichnet.

Aber nicht nur tote Gegenstände können »heilig« genannt werden; für Menschen gilt diese Bezeichnung ebenso. Gott beruft sich ein Volk zum Eigentum: »Werdet ihr nun meiner Stimme gehorchen und meinen Bund halten, so sollt ihr mein Eigentum sein vor allen Völkern; denn die ganze Erde ist mein. Und ihr sollt mir ein Königreich von Priestern und ein heiliges Volk sein« (2. Mose 19,5–6). »Ihr aber seid das auserwählte Geschlecht, die königliche Priesterschaft, das heilige Volk, das Volk des Eigentums, daß ihr verkündigen sollt die Wohltaten dessen, der euch berufen hat von der Finsternis zu seinem wunderbaren Licht« (1. Petr 2,9). Nicht wegen seiner besonderen Leistungen wird Israel heilig genannt, sondern weil Gott in seiner Barmherzigkeit sich ihm zugewandt, es aus Ägypten geführt und durch das Wunder am Schilfmeer errettet hat. Dem entspricht, daß im Neuen Testament Menschen, auf die Jesus Christus, der Heilige Gottes, seine Hand gelegt hat, als »geheiligt« gelten. Darum redet Paulus im Eingangsgruß fast aller seiner Briefe die Empfänger als »Heilige« an: »...an die Gemeinde Gottes in Korinth, an die Geheiligten in Christus Jesus, die berufenen Heiligen samt allen, die den Namen unsres Herrn Jesus Christus anrufen an jedem Ort« (1. Kor 1,2).

Heiligung als die Verwirklichung des Anspruchs Gottes auf den Menschen

Die Menschen, die dem heiligen Gott begegnet sind, die seine Einladung gehört haben und durch Buße und Glauben sein eigen wurden, gehören nun ihm, dem Heiligen, an. Sie werden, so bezeugen es die Eingangsgrüße in den Briefen des Apostels Paulus, »Heilige« genannt. Sie sind das weder aus eigener Kraft noch in einem habituellen Sinne. Keine menschliche Tugend könnte sie in diesen Stand versetzen. Sie sind es, weil die Hand Jesu Christi auf ihrem Leben liegt, weil sie unter einer neuen Herrschaft stehen und nach einer neuen Hausordnung leben. »Heilige sind Menschen, in denen der Heilige gegenwärtig ist« (Ralf Luther). Die Frage ist nun, wie das Werk des heiligen Gottes in und an den Menschen geschieht, wie weit es Gottes Werk, wie weit es des Menschen Aufgabe ist.

Heiligung ist Gottes Werk in den Menschen, die an ihn glauben

Heiligung ist zuerst und zunächst Gottes Werk an einem Menschen. Auch wenn die Imperative der Briefe des Neuen Testaments sich immer wieder in den Vordergrund geschoben haben, so geht doch, nach dem Zeugnis der gesamten Schrift, der Indikativ dem Imperativ voran, ermöglicht ihn erst und regiert ihn. Das Sein kommt vor dem Sollen, die Gabe steht vor der Aufgabe. Selten hat diese biblische Erkenntnis einen so klaren Ausdruck gefunden wie in einem Lied des schwäbischen Laienpredigers Michael Hahn (1758–1819; EKG Württemberg 516,1–2):

»Herr, laß mich deine Heiligung
durch deinen Geist erlangen!
Du hast die Sinnesänderung

selbst in mir angefangen;
dein Geist wirkt Heiligung allein,
dein Blut allein macht Herzen rein,
seit du zum Vater gangen.

Ich kann mich selber vor der Welt
nicht unbefleckt bewahren;
ich kann nicht tun, was dir gefällt,
das hab' ich schon erfahren.
Ich will mich übergeben dir;
mach, was du willst, o Herr, aus mir
in meinen Lebensjahren.«

Wir müssen also, wenn wir über Heiligung reden wollen, vom Indikativ und nicht vom Imperativ ausgehen. Diesen Indikativ finden wir, gerade im Blick auf das Verhältnis von Rechtfertigung und Heiligung, an zwei neutestamentlichen Stellen, die von fundamentaler Bedeutung für das Geschehen der Heiligung sind: »Ihr seid in Christus Jesus, der uns von Gott gemacht ist zur Weisheit und zur Gerechtigkeit und zur Heiligung und zur Erlösung« (1. Kor 1,30). »Ihr seid reingewaschen, ihr seid geheiligt, ihr seid gerecht geworden durch den Namen des Herrn Jesus Christus und durch den Geist unseres Gottes« (1. Kor 6,11). Diese beiden Worte sagen aus, daß im Blick auf die Heiligung Gott der Erste ist und das Erste und Entscheidende tut. Die Heiligung ist demnach nicht zureichend beschrieben, wenn man in ihr nur die Antwort des Menschen auf Gottes rechtfertigendes Handeln erkennen will. Menschliche Heiligung ohne die göttliche Vorgabe des Geheiligtseins in Christus Jesus wäre eine elende Quälerei, ein lebenslanges Verharren unter dem Gesetz, unter einem zwingenden »Ich muß«. Biblisch verstandene Heiligung lebt dagegen von der Vorgabe des »Ihr seid in Christus Jesus«. In ihm sind wir reingewaschen, geheiligt und gerecht geworden.

Wenn wir nun fragen, wo der Grund dieser Vorgabe Gottes liegt, stoßen wir auf neutestamentliche Kernsätze über das soteriologische Handeln Gottes, in denen von Jesus Christus gesagt wird: »Nach diesem Willen sind wir geheiligt ein für allemal durch das Opfer des Leibes Jesu Christi« (Hebr 10,10; ähnlich 14). »Darum hat auch Jesus, damit er das Volk heilige durch sein eigenes Blut, gelitten draußen vor dem Tor« (Hebr 13,12). Weil Jesus für uns sein Blut und Leben zum Opfer gegeben hat, gibt es nicht nur Rechtfertigung durch den Glauben, sondern auch Wachstum im Glauben. Nichts anderes meint der Begriff Heiligung. Durch die »neue Geburt« im Akt der Rechtfertigung sind in dem glaubenden Menschen Kräfte geistlichen Wachstums angelegt, die wir wahrzunehmen und zu entfalten haben. Darum nun auch die Imperative, die im Neuen Testament immer an zweiter Stelle stehen, nachdem zunächst im Indikativ die grundlegende Heilstat Gottes in Christus bezeugt wurde. An der ersten Stelle steht das »Ihr seid!«, an der zweiten folgt das »Ihr sollt!«. Oft sind auch Indikativ und Imperativ in einem Satz miteinander verbunden durch ein »denn«, ein »nun« oder ein »so«: »Denn was Christus gestorben ist, das ist er der Sünde gestorben ein für allemal; was er aber lebt, das lebt er Gott. So auch ihr, haltet dafür, daß ihr der Sünde gestorben seid, und lebt Gott in Christus Jesus. So laßt nun die Sünde nicht herrschen in eurem sterblichen Leibe...« (Röm 6,10–12).

So haben hier nun die Imperative des Alten und des Neuen Testaments ihren theologischen Ort und ihren seelsorgerlichen Sinn, indem sie darauf hinweisen, daß der Glaubende an der Schwelle zweier Machtbereiche lebt, daß in ihm der alte und der neue Mensch im Kampf liegen und daß er deshalb in der ständigen Spannung zwischen dem »Schon jetzt« und dem »Noch nicht« steht, zwischen dem vergehenden Alten und

Begrüßung durch Papst Johannes Paul II. bei der Sondertagung der Römisch-Katholischen Bischofssynode für Europa vom 28. 11. bis 14. 12. 1991 in Rom

Besuch der mit Württemberg verbundenen Kirchen in Tansania im Sommer 1992; links: Bischof Alpha Mohamed (anglikanische Diözese von Rift Valley)

Weihnachtsfeier mit den Feierabendschwestern des Stuttgarter Diakonissenhauses im Dezember 1992

Verleihung der Ehrendoktorwürde an Bischof Sorg durch die Evangelisch-theologische Fakultät der Universität Tübingen am 6. 6. 1990 (v. l. n. r.): Universitätspräsident Dr. Theis, Landesbischof Sorg, Dekan Professor Dr. Mehlhausen, Frau Sorg, Frau Mehlhausen

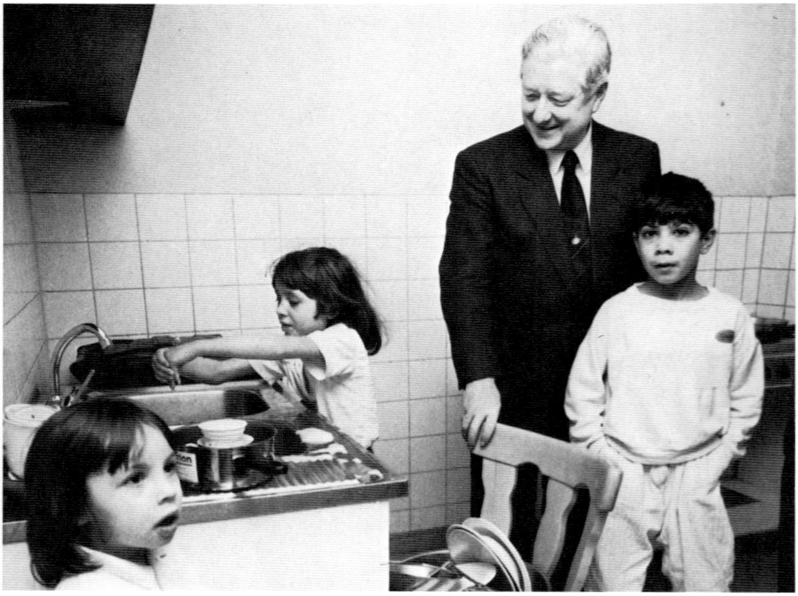

Besuch im Asylantenheim in Neckarsulm, Dezember 1991

Mit Enkelin Theresa

dem heraufziehenden Neuen. Darum der paulinische Imperativ: »Das ist der Wille Gottes, eure Heiligung« (1. Thess 4,3), nachdem zuerst über die Wirkung des Evangeliums und seine Aufnahme in der Gemeinde zu Thessalonich gesprochen worden war.

Heiligung ist somit immer ein doppelseitiges Geschehen. Ihre beiden Seiten, die Gabe Gottes und die Aufgabe des Menschen, können freilich nicht exakt aufgeteilt werden. Eines begründet das andere, eines folgt aus dem anderen.

Heiligung als Antwort des glaubenden Menschen auf die rechtfertigende Tat Gottes

»Gott hat uns nicht berufen zur Unreinigkeit, sondern zur Heiligung. Wer das nun verachtet, der verachtet nicht Menschen, sondern Gott, der seinen heiligen Geist in euch gibt« (1. Thess 4,7). Von der Berufung zur Heiligung, von dem Ruf Gottes, diese Aufgabe anzunehmen, ist hier die Rede. Paulus weiß, was er sagt, und er weiß, warum er es gerade so und nicht anders formuliert: Berufung zur Heiligung.

Wir haben gesehen, wie im Alten und im Neuen Testament Gott sich ein Volk, eine Gemeinde, als »Volk des Eigentums«, als »heiliges Volk« beruft. Dem heiligen Gott entspricht ein heiliges Volk; ein Volk, das ihm dient mit allen seinen Gaben und Kräften. Darum bedeutet Heiligung: mit der ganzen Existenz Gott zur Verfügung sein, Leib, Seele und Geist, Denken und Fühlen, Reden und Tun, die ganze Lebensplanung und Lebensgestaltung Gott unterstellen. Es bedeutet, nach Gottes Geboten und nach seinem Willen zu fragen, im Alltag wie am Sonntag, im privaten Lebensraum ebenso wie in der Öffentlichkeit, als einzelner Christ wie als ganze Gemeinde. Bei der Heiligung soll die neue Kreatur Gestalt gewinnen, das »In-Christus-Sein« (2. Kor 5,17) sich konkret ausformen. Die Heiligkeit

Gottes will unser ganzes Leben und unsere ganze Gemeinschaft prägen und bestimmen, nicht nur bestimmte Bereiche oder einzelne Verrichtungen. Aus diesem Grund nehmen in den neutestamentlichen Briefen die Imperative einen so breiten Raum ein, und es wird ein Bereich unseres Lebens nach dem anderen bis in die Alltäglichkeiten hinein beschrieben und geordnet: das Haus, die Ehe, die Familie, der Beruf, das Verhältnis zwischen Herrn und Sklaven, die Stellung zur Obrigkeit und vieles andere mehr.

Dies geschieht teilweise in sogenannten »Haustafeln«. Sie sind nicht christlichen Ursprungs, sondern haben in der Philosophie der neutestamentlichen Umwelt ihre Wurzeln, wurden aber von den Aposteln übernommen und nicht nur mit einem neuen Inhalt gefüllt, sondern vor allem auf eine neue Grundlage gestellt (Eph 5,22f.; Kol 3,18ff.; 1. Tim 2,8ff.; 6,1f.; Tit 2,1ff.; 1. Petr 2,18–3,7). Hier begegnen uns christliche Lebensordnungen für die einzelnen Stände in der Gemeinde, in denen der Prozeß der Heiligung für das Zusammenleben von Menschen konkret beschrieben ist. Diese Haustafeln und ihre Imperative sind als christliche Lebensordnungen in ihren Grundzügen für alle Zeiten festzuhalten, in ihrer Konkretion aber in die jeweils sich ändernde Situation hinein zu übersetzen und fortzuschreiben. Sie wollen nicht als unveränderliches Korsett gesetzlich mißverstanden, sondern als evangelische, das heißt dem Evangelium entsprechende Leitlinien angewandt sein. Zu prüfen, was auf der Grundlage der göttlichen Gebote das für die jeweilige Lage Angemessene sei, hat schon Paulus der christlichen Gemeinde aufgegeben: »Stellt euch nicht dieser Welt gleich, sondern ändert euch durch Erneuerung eures Sinnes, damit ihr prüfen könnt, was Gottes Wille ist, nämlich das Gute und Wohlgefällige und Vollkommene« (Röm 12,2). So ist die Gemeinde wie der einzelne Christ jeweils neu vor die Aufgabe gestellt, zu prüfen, wie der dem Evangelium gemäße Prozeß der Heiligung in der sich fortwährend verändernden Situation der Welt und der Gesellschaft jeweils neue Gestalt gewinnt, in Liebe und Ehe, Familie und Erziehung, in Arbeit und Beruf, Politik und Öffentlichkeit, in den im Wandel der Zeit unterschiedlich gewichteten »Mitteldingen« ebenso wie in den großen Problemen, die heute die Welt bewegen, in den Fragen von Mangel und Überfluß, von Krieg und Frieden, von Ökonomie und Ökologie.

Noch einmal zurück zum Neuen Testament! Die zahlreichen Imperative, die wir vor allem in den Briefen des Neuen Testaments finden, erwachsen organisch aus dem Geschehen der Rechtfertigung. »Was Christus gestorben ist, das ist er der Sünde gestorben ein für allemal; was er aber lebt, das lebt er Gott. So auch ihr, haltet dafür, daß ihr der Sünde gestorben seid, und lebt Gott in Christus Jesus« (Röm 6,11). Diesem Wort gegenüber, das auf den ersten Blick einer schwärmerisch-perfektionistischen Deutung – »der Sünde gestorben«! – Tür und Tor öffnen könnte, gilt es festzuhalten, daß zwischen der Auferstehung Jesu, die vor der Welt verborgen geschah, und seinem Wiederkommen am Ende der Zeit ein »Interim« liegt, eine Zwischenzeit, in der wir als Jünger und Jüngerinnen Jesu Christi zu leben und unseren Glauben zu bewähren haben im Streit zwischen Gut und Böse, der dieses Interim zwischen Himmelfahrt und Wiederkunft Christi kennzeichnet. Vom urchristlichen Enthusiasmus, etwa in Korinth, über das Schwärmertum, den linken Flügel der Reformation, über mancherlei Formen von Heiligungsbewegungen in der Geschichte des Pietismus bis hin zu Strömungen in pfingstlerischen Gruppen der Gegenwart zieht sich eine Linie des Perfektionismus, nach der der Gerechtfertigte und neu Geborene von seinem »alten Adam« frei geworden sei und der täglichen Buße und Vergebung nicht mehr bedürfe. Diese Linie übersieht das Gewicht der neutestamentlichen Imperative und verkennt, daß in das neue Leben die immerwährende Spannung zwischen Haben und Hoffen eingezeichnet ist, und daß es einen langen Weg zurückzulegen hat vom Glauben zum Schauen.

Heiligung – im Sinne des Wachsens in die Gesinnung Christi hinein – ist eine lebenslange Aufgabe für den Gerechtfertigten und ist nichts anderes als fortwährend gelebte Rechtfertigung. Als durch Jesus Christus vor Gott Gerechtfertigte stehen wir immer wieder vor der Frage, auf wessen Wort wir hören, wem wir gehorchen, welchen Befehlen wir folgen.

Es fällt auf, daß in den neutestamentlichen Briefen im Zusammenhang mit der Heiligung häufig Beispiele aus dem Leben des Sports und aus dem militärischen Bereich gewählt sind. Von »Waffen der Gerechtigkeit« ist in Römer 6 die Rede. In 2. Tim 2,3–4 heißt es: »Leide mit als ein guter Streiter Christi Jesu. Wer in den Krieg zieht, verwickelt sich nicht in Geschäfte des täglichen Lebens, damit er dem gefalle, der ihn angeworben hat. Und wenn jemand auch kämpft, wird er doch nicht gekrönt, er kämpfe denn recht.« Paulus vergleicht in 1. Kor 9,24–27 die Existenz des Christen mit dem Verhalten eines Wettläufers bei der griechischen Olympiade, der nur in der vorgezeichneten Kampfbahn läuft und der sich das Äußerste an Enthaltsamkeit und Zucht auferlegt, um Sieger zu werden und einen Preis zu erlangen. In Eph 6,10–17 wird das christliche Leben als ein Kampf beschrieben, zu dessen siegreichem Bestehen es der wehrhaften Ausrüstung eines Ritters (Gürtel, Panzer, Stiefel, Schild, Helm, Schwert) und besonderer Tapferkeit bedarf. Alle diese Bilder weisen darauf hin, daß die Heiligung, soweit sie als Aufgabe des Menschen zu beschreiben ist, alles andere als ein

Spaziergang oder ein harmloses Vergnügen sein kann. Heiligung ist Kampf und verlangt den Einsatz aller Kräfte. Heiligung gibt es nur, wo Entschiedenheit ist. Darum die Mahnung: »Laßt uns ablegen alles, was uns beschwert, und die Sünde, die uns ständig umstrickt, und laßt uns laufen mit Geduld in dem Kampf, der uns bestimmt ist, und aufsehen zu Jesus, dem Anfänger und Vollender des Glaubens« (Hebr 12,1–2).

So stellt sich uns der Begriff »Heiligung« im Alten und im Neuen Testament in einer Vielzahl von Facetten dar. Abgeleitet von Gottes Heiligkeit und übermittelt durch Jesus Christus, den Heiligen Gottes, und durch seinen Geist, ist Heiligung ein lebenslanger Prozeß, in dem Gottes Werk an den Glaubenden und die Antwort der Glaubenden in Wort und Tat untrennbar zusammenfallen. Diese unauflösliche Spannung zwischen Gottes Werk und des Menschen Tun im Blick auf Rechtfertigung und Heiligung wird von Paulus klassisch beschrieben: »Schaffet, daß ihr selig werdet, mit Furcht und Zittern. Denn Gott ist's, der in euch wirkt beides, das Wollen und das Vollbringen, nach seinem Wohlgefallen« (Phil 2,12–13). »Schaffet..., denn Gott wirkt« – das erscheint zunächst wie ein Widerspruch. Es muß aber kein Widerspruch bleiben. Gott wirkt, das ist die Vorgabe für all unser Tun. Er fängt das gute Werk in uns an (Phil 1,6; Hebr 12,1). Wenn Gott aber wirkt, können wir mit-wirken, indem wir uns seinem Einfluß öffnen. Das ist dann zugleich eine entschiedene Absage an die unevangelischen »Wenn..., dann«-Sätze, die heute im Umlauf sind und die das Verständnis von Rechtfertigung und Heiligung verdunkeln, weil sie ein kausales Verhältnis herstellen zwischen dem Wollen des Menschen und Gottes zwangsläufig darauf folgendem Müssen: Wenn ihr euch auf dem Weg der Heiligung alles nur Denkbare abverlangt, werdet ihr an das ewige Ziel gelangen! Wenn ihr in eurem Leben auf ganz bestimmte Dinge verzichtet, werdet ihr geöffnet für vermehrten Segen! Wenn ihr intensive Gebetsnächte abhaltet, dann wird Gott eine Erweckung schenken! Solche Sätze entsprechen nicht dem biblischen Evangelium. Sie kommen aus dem frommen Eifer des Menschen und sind Zeichen geistlicher Ungeduld. Sie wollen Gott zwingen und ihn durch menschliche Vorgaben in seinem Handeln festlegen. Dabei ist es, biblisch geurteilt, genau umgekehrt. Nur weil wir von Gottes großen Vorgaben herkommen, von seinem Wirken am Karfreitag, am Ostermorgen, an Pfingsten, von seinem Wirken zu meinem Heil, längst ehe mir das bewußt war, können wir überhaupt etwas Gutes wollen und etwas Rechtes tun. Weil Gott wirkt, können wir mit-wirken. Wenn Gott arbeitet, dürfen wir mit-arbeiten. Das ist die Spannung von Philipper 2,12–13, die Spannung zwischen göttlichem Wirken und menschlichem Handeln, die wir weder auflösen noch umkehren dürfen, wenn wir nicht die Heiligung in ein Gesetz verkehren wollen.

Was ist Heiligung? Diese Frage läßt sich am besten beantworten durch ein Wort des Apostels Paulus, das den ethischen Teil des Römerbriefes einleitet: »Ich ermahne euch nun, liebe Brüder, durch die Barmherzigkeit Gottes, daß ihr eure Leiber hingebt als ein Opfer, das lebendig, heilig und Gott wohlgefällig ist. Das sei euer vernünftiger Gottesdienst. Und stellt euch nicht dieser Welt gleich, sondern ändert euch durch Erneuerung eures Sinnes, damit ihr prüfen könnt, was Gottes Wille ist, nämlich das Gute und Wohlgefällige und Vollkommene« (Röm 12,1–2).

Heiligung ist niemals Selbstzweck. Sie hat immer eine missionarische Ausweitung. Das »heilige Volk«, das »Volk des Eigentums« lebt nicht für sich selbst. Es lebt unter einer Aufgabenstellung, die weit über den eigenen Kreis hinausweist. Und wie wird diese Bestimmung beschrieben? »...daß ihr verkündigen sollt die Wohltaten dessen, der euch berufen hat von der Finsternis zu seinem wunderbaren Licht« (1. Petr 2,9).

»Ich bin die Auferstehung und das Leben«*

»Es lag aber einer krank, Lazarus aus Betanien, dem Dorf Marias und ihrer Schwester Marta. Maria aber war es, die den Herrn mit Salböl gesalbt und seine Füße mit ihrem Haar getrocknet hatte. Deren Bruder Lazarus war krank. Da sandten die Schwestern zu Jesus und ließen ihm sagen: Herr, siehe, der, den du liebhast, liegt krank. Als Jesus das hörte, sprach er: Diese Krankheit ist nicht zum Tode, sondern zur Verherrlichung Gottes, damit der Sohn Gottes dadurch verherrlicht werde. Als Jesus kam, fand er Lazarus schon vier Tage im Grabe liegen. Betanien aber war nahe bei Jerusalem, etwa eine halbe Stunde entfernt. Und viele Juden waren zu Marta und Maria gekommen, sie zu trösten wegen ihres Bruders. Als Marta nun hörte, daß Jesus kommt, geht sie ihm entgegen; Maria aber blieb daheim sitzen. Da sprach Marta zu Jesus: Herr, wärst du hier gewesen, mein Bruder wäre nicht gestorben. Aber auch jetzt weiß ich: Was du bittest von Gott, das wird dir Gott geben. Jesus spricht zu ihr: Dein Bruder wird auferstehen. Marta spricht zu ihm: Ich weiß wohl, daß er auferstehen wird – bei der Auferstehung am Jüngsten Tage. Jesus spricht zu ihr: Ich bin die Auferstehung und das Leben. Wer an mich glaubt, der wird leben, auch wenn er stirbt; und wer da lebt und glaubt an mich, der wird nimmermehr sterben. Glaubst du das? Sie spricht zu ihm: Ja, Herr, ich glaube, daß du der Christus bist, der Sohn Gottes, der in die Welt gekommen ist.« (Joh 11,1–4.17–27)

Diakonie lebt von der Seelsorge und der Fürsorge Jesu Christi. Der Not der Welt mit den Möglichkeiten Got-

---

* Predigt am 15. September 1991 im Großen Saal der Brüdergemeinde Wilhelmsdorf zum Jahresfest der Zieglerschen Anstalten

tes zu begegnen, das war der Impuls, der einst die Väter und Mütter der Inneren Mission zur Gründung ihrer Häuser und Einrichtungen inspirierte. Sie wollten die Nöte der Menschen in den Horizont der christlichen Auferstehungshoffnung rücken. Sie wollten helfen im Namen Jesu, der von sich gesagt hat: »Ich bin die Auferstehung und das Leben.« So sammelten sie elternlose Jugendliche und hilflose Alte, körperlich und geistig Behinderte, Heimatlose und Haltlose und halfen ihnen, wie Jesus den Menschen geholfen hat. Das lösende Wort und die helfende Hand gehörten bei ihnen zusammen. So wie Seelsorge und Fürsorge bei Jesus immer zusammengehörten, so soll es sein in der Diakonie, und so muß es bleiben: Wir lassen beieinander, was zusammengehört, die Verkündigung und die äußere Hilfe, das Vergeben und das Heilen.

Wie Jesus an Menschen Seelsorge und Fürsorge übt, das wird an der Geschichte deutlich, die unser heutiger Predigttext ist. In ihrer Mitte steht eine machtvolle Tat Jesu, die Auferweckung des Lazarus. Wenn wir aber das ganze Kapitel lesen, Vers für Vers, dann merken, wir, daß hier nicht nur von einer Totenerweckung berichtet wird. Es geht letztlich um etwas ganz anderes: um den Glauben derer, die dieses Geschehen miterlebt haben. »Glaubst du das?« fragt Jesus in der Mitte der Erzählung. Er bekommt die Antwort: »Ja, Herr, ich glaube, daß du der Christus bist, der Sohn Gottes.« – »Viele nun, die sahen, was Jesus tat, glaubten an ihn« – so endet die Geschichte. Wie ein roter Faden zieht sich das Wort vom Glauben durch unseren Bibeltext. Jesu Helfen und Heilen sucht unseren Glauben. Sein Eingreifen in unsere Not ist immer zugleich ein Einladen in seine Nachfolge. So auch hier.

»Es lag aber einer krank«, so beginnt unser Text. Dann die Steigerung des Geschehens: »Lazarus ist gestorben«, und schließlich die Spitze: »Als Jesus kam, fand er Lazarus schon vier Tage im Grabe liegen.« Nach jüdischer Auffassung war nach dem dritten Tag der Tod unwiderruflich und endgültig eingetreten. Krank sein – sterben – begraben werden, so wird hier das Schicksal des Menschen gezeichnet. Vor dem Tod gibt es kein Entrinnen. Es ist unser Menschenlos, dem Todesschicksal preisgegeben zu sein. Manche und mancher, die einmal nach Wilhelmsdorf, in dieses oberschwäbische Dorf der Diakonie, gekommen sind, mag sich in einer ähnlichen Situation befunden haben: krank an Leib und Seele, gestorben für seine Umgebung, vielleicht sogar für die eigenen Verwandten, gefangen im Grab der Hoffnungslosigkeit.

Und nun erleben wir in dieser biblischen Geschichte, wie Jesus sich denen zuwendet, die in Hoffnungslosigkeit leben, wie er sich mit seinem eigenen Leben in ihre Not hineinbegibt. Wir erfahren gleichzeitig, wie am Ende dieser Notsituation nicht nur einfach das Ende der äußeren Not, nicht nur das Herausgerissensein aus der Hoffnungslosigkeit und das neu geschenkte Leben steht, sondern auch das Bekenntnis des Glaubens: »Ja, Herr, ich glaube, daß du der Christus bist, der Sohn Gottes, der in die Welt gekommen ist.«

Ich habe in dieser Geschichte drei Schritte entdeckt, die Jesus als Seelsorger und Fürsorger mit den Menschen geht. Auf diesen Schritten wollen wir ihm jetzt folgen.

Aus dem Klagen zum Hoffen

Es ist bezeichnend, daß an einer wichtigen Stelle unseres Erzählzusammenhangs das Wörtlein »wenn« erscheint: »Wenn du dagewesen wärst...« Damit stehen wir mitten in unserer eigenen Situation. Wie oft hören wir, wenn wir an ein Krankenbett treten oder in einem Todesfall mit den Hinterbliebenen sprechen: »Wenn, ja wenn...« – »Wenn ich damals...« – »Wenn mein Mann mehr Rücksicht auf seine Gesundheit genommen hätte...« – »Wenn der Fahrer des anderen Wagens...« – »Wenn ich an jenem Abend meinen Freunden nicht nachgegeben hätte...« – »Wenn...« – mit diesem Wort wendet sich in unserer Geschichte Marta, die Schwester des Lazarus, an Jesus, als er nach Betanien kommt. Ob in diesem »wenn« ein Ton des Vorwurfs mitschwingt, ein Stück enttäuschte Hoffnung oder gar ein Ausdruck der Verzweiflung – wir wissen es nicht. Nur so viel ist deutlich, daß eine Klage, die mit dem Wörtlein »wenn« beginnt, oft genug zur Anklage, manchmal auch zur Selbstanklage wird: »Hätten wir nur rechtzeitig...« – »Wären wir doch bei den ersten Anzeichen...« Vielleicht kann man sich durch solche Klagen selbst ein Stück weit beruhigen, möglicherweise sogar entschuldigen. Aber geändert wird dadurch nichts mehr. Es ist geschehen, und es steht fest: die Krankheit, das Suchtverhalten, die Trennung, der Tod. Nein, es hilft nichts, wenn wir klagen oder anklagen: »Herr, wärst du hier gewesen...« oder: »Ach, hätten wir doch...«

Und nun führt Jesus aus dem Klagen zum Hoffen. Einfach durch sein Kommen und seine Zusage: »Dein Bruder wird auferstehen.« Mit anderen Worten gesagt: Wo Jesus hinkommt, ist eine Situation niemals endgültig, auch wenn sie nach außen noch so hoffnungslos erscheint. Denn Gottes Möglichkeiten reichen weit über unsere menschlichen Begrenztheiten hinaus. Wer es mit Jesus zu tun bekommt, ist nicht verloren, auch wenn er noch so hart gefangen liegt in einem Grab der Abhängigkeit und der Sucht, in Krankheit und Depression.

Aus dem Klagen zum Hoffen! Legen wir jetzt doch unsere vielen Wenn- und Aber-Reden auf die Seite, alle die Überlegungen und Selbstvorwürfe, was wir da und dort vielleicht hätten anders machen können oder müssen, und lassen wir uns darauf ein, daß Jesus Christus, der auferstandene und lebendige Herr seiner Gemeinde, in unserer Mitte sein will und daß dort, wo er gegenwärtig ist, Veränderung möglich wird: Vergebung, Heilung und manchmal auch körperliche oder psychische Gesundung.

Aus dem Wissen zum Glauben

Da ist ein ganz menschlicher Zug in dieser Geschichte, wie wir ihn immer wieder erleben: Jesus hat zu der klagenden Frau ein Wort voller Hoffnung gesprochen, und diese weiß nichts Besseres zu tun, als dieses Wort sogleich in den Schatz ihres frommen Wissens einzuordnen. Kaum ist das Wort erklungen, hat sie schon ein Schubfach bereit, in dem sie den Zuspruch Jesu unterbringt: »Ich weiß wohl, daß er auferstehen wird – bei der Auferstehung am Jüngsten Tage.« Damit ist sie mit dieser Sache fertig. So hat sie es gelernt, so sagt es die Tradition, dabei bleibt sie: Die Auferstehung der Toten geschieht am Jüngsten Tage. Neues Leben gibt es erst in der neuen Welt Gottes. Wir aber leben in der heutigen Welt, wir leben hier und jetzt!

Was wir einmal gelernt haben, ist für unser Leben und auch für unseren Glauben von großer Wichtigkeit. Paulus sagt nicht umsonst: »Bleibe bei dem, was du gelernt hast.« Aber mit diesem angelernten Wissen allein ist es nicht getan. Durch das Bescheidwissen über Glaubensinhalte werden wir nicht selig. Noch einmal: Das Wissen gehört zum Glauben, wie auch das Denken zum Glauben gehört. Aber Wissen allein genügt nicht. Wir müssen es verinnerlichen, wie man heute sagt. Darum ruft Jesus die Schwester des verstorbenen Lazarus aus dem bloßen Wissen zum Glauben, zum Sich-Einlassen auf die ungeahnten Möglichkeiten Gottes, zum Aufmerken auf die Überraschungen, die Gott in unser Leben, auch in das behinderte, verkürzte oder gefangenliegende Leben hineinstreuen kann. Glauben nennt die Bibel das geöffnete Herz für Gottes Tun. Das, was er oft über Bitten und Verstehen, manchmal sogar gegen unsere menschliche Vernunft tut. Gottes Tun läßt sich nun einmal nicht in den Ordnungsschemata unseres menschlichen Verstandes unterbringen. Er ist frei in seinem Handeln. Sich darauf einstellen und zugleich einlassen auf Jesus Christus, in dem Gott sein Wirken für uns ansichtig gemacht hat, das meint Glauben.

Zu diesem Glauben hat Jesus die zweifelnde Schwester des Lazarus geführt, indem er sie auf sich selber verweist: »Ich bin die Auferstehung und das Leben.« Damit hat er die Zukunft in die Gegenwart hereingeholt, ohne die Zukunft aufzulösen. In ihm sind Gegenwart und Zukunft vereint. In ihm ist unser Leben heute, morgen und in Ewigkeit geborgen, in Zeiten der Gesundheit und in Phasen des Krankseins, in der Vollkraft unseres Lebens, in den dunklen Tälern der Depression oder in den Beschwernissen des Alterns. Er ruft aus dem Wissen zum Glauben, zum persönlichen Vertrauen auf ihn, den auferstandenen und lebendigen Herrn, der heute hier in Wilhelmsdorf ebenso wirken kann, wie er es damals in Betanien getan hat.

Aus dem Tod zum Leben

Nun geschieht das Wunder: Jesus betet zu seinem Vater im Himmel, er ruft Lazarus mit Namen – und der Verstorbene kommt aus dem Grab. Wir können vor diesem Wunder nur staunend stehenbleiben. Aber das eigentliche Wunder ist diese Totenerweckung nicht. Lazarus ist ja wieder gestorben, so wie wir alle sterben. Das größte Wunder in dieser Geschichte ist die Verheißung des ewigen Lebens, die Jesus ausspricht: »Ich bin die Auferstehung und das Leben. Wer an mich glaubt, der wird leben, auch wenn er stirbt. Und wer da lebt und glaubt an mich, der wird nimmermehr sterben.«

Ewiges Leben, Leben in der Gemeinschaft mit Jesus Christus – das ist das Ziel der Seelsorge Jesu. Ein Leben, von der Liebe Gottes geprägt, von der Geborgenheit Christi umfangen, vom Heiligen Geist geführt, das ist ewiges Leben. Leben, das weiß, woher es kommt und wohin es geht; Leben, dem gewiß ist, daß selbst der Tod es nicht aus den Händen Jesu reißen kann. Leben, das gebunden ist an den missionarischen und diakonischen Auftrag des Auferstandenen und deshalb frei ist von den eigenen Wichtigkeiten, frei zum Dienst an den Menschen, an Armen und Schwachen, an Kranken, Hilflosen und Gefährdeten; frei zu einem Leben, das sich nicht im Raffen und Festhalten erschöpft, sondern das etwas weiß von dem geheimen Segen des Dienens: ewiges Leben.

Aber nun ist noch eine Frage offen, liebe Gemeinde; für manche von uns vielleicht eine entscheidende Frage. Lazarus kam aus dem Grab. An ihm sind die Auferstehungskräfte Jesu Christi wirksam geworden. Aber wir – in Wilhelmsdorf und seinen Zweiganstalten, wo doch so viele Kranke und Gelähmte und Gebundene leben –, was ist mit unseren Kranken hier an diesem Ort und überall in den Krankenhäusern unserer Städte? Wir möchten doch auch einmal erleben, was damals in Betanien an Lazarus geschehen ist! – Wir müssen jetzt achthaben, daß wir unsere biblische Geschichte recht verstehen. Jesus spricht hier ein Verheißungswort aus und lädt durch dieses Wort zum Glauben ein. Er unterstreicht dann seine Verheißung des ewigen Lebens mit einer Zeichenhandlung, indem er Lazarus zum leiblichen Leben erweckt. Ein Zeichen war das, was hier geschah, eine Unterstreichung des Wortes von der Auferstehung und vom ewigen Leben.

Nun frage ich: Erleben nicht auch wir immer wieder solche Auferstehungen, wenn durch die Barmherzigkeit Jesu Christi, durch die Kunst von Ärzten und Therapeuten und durch die hingebungsvolle Begleitung von Schwestern und Pflegerinnen Menschen geheilt werden von Krankheiten, von Süchten, von Abhängigkeiten? Erleben wir nicht, daß Heilungen und Befreiungen geschehen, wo es niemand für möglich gehalten hätte? Daß Menschen loskommen von dem verhängnisvollen Kreisen um sich selbst und frei werden für andere, frei für Gottes Sache in dieser Welt? Doch, das gibt es auch bei uns. Solche Befreiungen geschehen auch heute, Befreiungen, die Zeichen sind für das stille Wirken des Heiligen Geistes in unserer Mitte. Ich bin gewiß, daß hier an diesem Ort und jetzt in diesem Gottesdienst manche Menschen sind, die davon erzählen könnten.

Nicht allen wird geholfen. Viele müssen leiden, manche ihr Leben lang; ich weiß es. Denn wir alle sind Kandidaten des Todes. Aber immer wieder blitzt ein Licht aus Gottes ewiger Welt unter uns auf, ein Zeichen der kommenden neuen Welt Gottes, in der es kein Leid, keine Tränen und kein Wehklagen mehr geben wird. Dorthin sind wir unterwegs, nicht als Weltflüchtige, sondern als Menschen, die mitten im Vergehenden um das Bleibende wissen und die deshalb immer wieder die Kraft finden, anderen den Weg zum ewigen Leben zu weisen und ihnen zugleich in ihren äußeren Nöten zu helfen. Sie tun das im Dienst des Herrn, der aus dem Klagen zum Hoffen führt, aus dem Wissen zum Glauben, aus dem Tod zum Leben. Er lädt uns ein zum Vertrauen auf ihn, der die Auferstehung und das Leben ist. Amen.

Christ und Welt

Die Kennkarte der Kirche*

Es ist heutzutage ratsam, immer den Personalausweis bei sich zu tragen, um Auskunft bei Kontrollen geben zu können. Auf dieser Kennkarte sind die wichtigsten Daten zu unserer Person ablesbar: Name, Vorname, Geburtstag, Wohnort, Größe, Augenfarbe, besondere Kennzeichen. Die Kennkarte ist der Ausweis unserer Identität.

Auch die Kirche Jesu Christi, zu der wir gehören, hat eine solche Kennkarte, auf der ihre wichtigsten Daten festgehalten sind, Daten, die ihre Identität bestimmen. Und so lautet die Kennkarte der Kirche, wie sie Jesus Christus, der Bergprediger, in Matthäus 5 ausgestellt hat:

»Ihr seid das Salz der Erde. Wenn nun das Salz nicht mehr salzt, womit soll man salzen? Es ist zu nichts mehr nütze, als daß man es wegschüttet und läßt es von den Leuten zertreten. Ihr seid das Licht der Welt. Es kann die Stadt, die auf einem Berge liegt, nicht verborgen sein. Man zündet auch nicht ein Licht an und setzt es unter einen Scheffel, sondern auf einen Leuchter; so leuchtet es allen, die im Hause sind. So laßt euer Licht leuchten vor den Leuten, damit sie eure guten Werke sehen und euren Vater im Himmel preisen.« (Mt 5,13–16)

Die Kennkarte der Kirche, der Personalausweis der Christen! Wenn wir als evangelische Kirchengemeinden in diesen Tagen in zahlreichen Veranstaltungen uns der

* Predigt zur Eröffnung der Kirchlichen Tage in Stuttgart auf dem Stuttgarter Schillerplatz am 10. Juni 1992

Öffentlichkeit vorstellen und Stellung nehmen zu Fragen, die uns in dieser Stadt, in unserer Kirche, in den sozialen und wirtschaftlichen Problemen unserer Zeit beschäftigen, so steht dabei im Hintergrund immer die Frage, ob wir bei alledem mit uns selber und unserem Auftrag identisch bleiben, mit dem, was auf unserer Kennkarte aufgeschrieben steht.

Ich will versuchen, diese Grunddaten unserer kirchlichen Kennkarte ein wenig zu entfalten:

Die Kirche lebt mitten in der Welt

Zweimal ist in den kurzen Versen unseres Textes von der Erde und von der Welt die Rede: »Ihr seid das Salz der Erde…, ihr seid das Licht der Welt.« Das eine Mal ist die bewohnte Erde, das andere Mal ist der ganze Kosmos im Blick. Der Kosmos mit allem, was dazu gehört, mit der Stratosphäre, mit dem Ozonloch, mit all den Gefährdungen, die immer wieder bei Umweltkonferenzen verhandelt werden. Die Kirche hat es also mit der Welt zu tun, mit ihrem Glanz und ihrem Elend, mit ihren schönen und mit ihren Schattenseiten. Sie kann sich nicht aus ihr zurückziehen, sie darf sich nicht von ihren Problemen abwenden und hinter Kirchen- und Klostermauern verstecken. Sie lebt in der Welt. Darum stehen unsere Kirchen überall in der Stadt, unsere Gemeindehäuser mitten in ihren Häuserzeilen. Sie haben offene Türen für alle, die mit irgendeiner Not und einem ungelösten Problem kommen, die nicht mehr weiterwissen, weil sie sich innerlich quälen oder äußerlich sorgen müssen.

Die Kirche lebt in der Welt, und darum hat sie mit der Welt zu tun. Mit dieser Stadt zuerst, mit dem, was hier ganz normal abläuft, und mit dem, was auffällig ist und zu Turbulenzen oder Ratlosigkeiten führt. Sie hat es mit der Drogenproblematik und mit den Nichtseßhaften zu tun, mit der Wohnungsnot, dem Verkehrsinfarkt und den Ausländerproblemen. Aber sie hat auch mit der Welt zu tun, weit über unsere Stadt hinaus. Es kann ihr deshalb nicht gleichgültig sein, wie auf unserer Erde mit dem Leben umgegangen wird. Es kann ihr nicht gleichgültig sein, was in Sarajewo geschieht, in den Republiken der GUS oder jetzt auf dem Umweltgipfel in Rio. Es kann ihr auch nicht gleichgültig sein, wie in Bonn über die so schwierige Frage des Lebensschutzes von Ungeborenen diskutiert und entschieden wird. Wenn sie ihrer Identität treu bleiben will, muß die Kirche die Bewegungen und Entwicklungen in der Welt mit aufmerksamen Augen und offenen Händen verfolgen und sich mit Rat und Tat, wo es geboten scheint auch mit Widerspruch, einschalten und einmischen. Selbst wenn heute viele sagen: »Kirche, bleib bei deinem Leisten! Sorge du für die Seelen, alles andere besorgen wir!«

Die Kirche hat einen Auftrag an der Welt

Zwei Bilder werden auf der Kennkarte der Kirche eingeführt, um ihren Auftrag zu beschreiben, zwei eindrucksvolle, sprechende Bilder: »Ihr seid das Salz der Erde..., ihr seid das Licht der Welt.« Bleiben wir jetzt kurz bei diesen Bildern stehen! Sie helfen uns, den Auftrag der Kirche deutlicher ins Auge zu fassen.

Das Salz würzt. Es gibt einer Speise den rechten Geschmack. Salzlose Gerichte sind fade Gerichte. So haben Christen den Auftrag, dafür zu sorgen, daß Würze in die Welt kommt, indem sie Dinge tun, die andere vielleicht erstaunt wahrnehmen, wenn sie sich Menschen zuwenden, die von anderen übersehen werden, wenn sie Abgeschriebene nicht aufgeben und Ausgegrenzten nachgehen.

Salz hat weiter die Aufgabe zu konservieren. Es schützt vor Fäulnis. So stehen Christen für Ordnungen und Grundlinien menschlichen Zusammenlebens ein, die extremen oder chaotischen Entwicklungen wehren. Sie versuchen, das Leben und die Schöpfung zu bewahren, wie sie Gott geschaffen hat.

Dazu aber muß das Salz aus dem Salzfaß heraus. Es gehört in die Suppe, es gehört in den Teig. Nur dann kann es seine Wirkung tun. Christen müssen heraus aus dem sicheren Gehäuse ihrer Kirchen, sie müssen hinein in den Luftzug anderer Meinungen, und zwar ohne alle Berührungsängste. Nur dann können sie Wirkung erzielen, auch wenn sie nur wenige sind und zunehmend weniger werden. Ein paar Körner Salz schon können den Teig durchsalzen. Ein paar wenige Christen schon können auf ihre Umgebung einwirken: das Klima im Lehrerzimmer verbessern, das Gesprächsniveau in der Kantine heben, den Umgangston im Geschäft vermenschlichen. Eine einzelne Familie im Hochhaus kann eine ganze Hausgemeinschaft zum Guten beeinflussen.

Und dann das Licht! Licht erhellt die Umgebung. Selbst der schwächste Lichtschein durchbricht das Dunkel. So kann die Freundlichkeit, die wir ausstrahlen, kalte Herzen und finstere Züge aufhellen, wo wir es gar nicht denken.

Und Licht erwärmt. Immer mehr werden die Verhältnisse der Menschen untereinander von der Kälte eines Gefrierschranks geprägt und von namenloser Angst bestimmt. Etwas Wärme und Zuwendung kann Eis zum Schmelzen bringen und Ängste zurückdämmen.

Schließlich: Licht orientiert. Es zeigt Gefahrenstellen und kann vor Irrwegen schützen. So kann der Hinweis auf Gottes Grundordnungen uns helfen, einen Orientierungsrahmen zu finden für Entscheidungen, die die Würde des Menschen bewahren und die Schöpfung schützen.

Wir dürfen als Christen unseren Glauben nicht verstecken, wenn wir Salz und Licht für unsere Stadt sein wollen. Das Christsein ist keine Verschlußsache, es ist eine öffentliche Angelegenheit. Deshalb wollen wir mit unserem Glauben kein Versteckspiel treiben und ihn ängstlich auf kirchliche Binnenkontakte beschränken. Wir helfen den Menschen und auch unserer Stadt am besten, wenn wir unerschrocken zu dem stehen, was unser Auftrag ist.

Die Kirche darf ihren Auftrag nicht verfehlen

In unserem Text aus der Bergpredigt Jesu ist davon die Rede, daß Salz kraftlos und damit nutzlos werden kann, und daß abgedunkeltes Licht niemandem hilft. Damit sind zwei Gefährdungen angedeutet, die den Weg der Kirche zu allen Zeiten begleitet haben und die uns auch heute bedrohen.

Mit anderen Worten gesagt: Eine angepaßte Kirche wird nichts bewegen, und ein laues Christsein regt keinen Menschen auf. Wenn wir meinen, wir müßten es allen recht machen, wir müßten nach allen Seiten hin nur Streicheleinheiten verteilen, wenn wir nicht den Mut haben, offen mitzureden, tatkräftig mitzugestalten und unsere besondere Sicht der Dinge als Christen einzubringen, verfehlen wir unseren Auftrag.

Darum lade ich heute ein zu einem überzeugenden Christenleben, zu einem Leben in der Nachfolge Christi, in der Spur dessen, der sich mit seinem versöhnenden Wort und seiner helfenden Hand uns Menschen zugewandt hat, hohen und niederen, kleinen und großen. Wer in seine Spur tritt, wer auf sein Wort hört und an seiner Hand geht, kann – in aller menschlichen Schwachheit – Salz der Erde und Licht der Welt sein, ein Körnlein Salz, ein kleiner Strahl vom großen Licht. Er selbst, der Bergprediger, hat als Salz und Licht in dieser Welt gewirkt. Und was hat er, den die Mächtigen an den Rand gedrängt haben, den sie ins Leiden und Sterben gehen ließen, nicht alles bewirkt! Ohne sein Wirken wären wir jetzt nicht hier. So ruft er uns zu einem

Leben in seiner Spur. Denn nur Überzeugte können andere überzeugen.

Ich wünsche uns, daß durch diese Kirchlichen Tage in Stuttgart ein paar Salzkörner mehr unter die Menschen unserer Stadt geraten, daß ein paar Lichtstrahlen mehr unsere Situation erhellen. Dann bliebe die Kennkarte der Kirche in dieser Stadt lesbar. »Ihr seid das Salz der Erde…, ihr seid das Licht der Welt.« Amen.

Ethische Grundfragen in der Wirtschaft

Zwei evangelische Denkschriften 1942 und 1991*

Wer heute auf die Bedeutung der Ethik für die Wirtschaft hinweist, muß sich kaum mehr ein nachsichtiges Lächeln gefallen lassen. »Die in jüngster Zeit intensiv geführte Diskussion über Wirtschafts- und Unternehmensethik zeigt, daß in vielen Unternehmen die Sensibilität für die ethische Verantwortung wirtschaftlichen Handelns gewachsen ist.«[1] Im Wirtschaftsteil einer großen Tageszeitung lautete vor kurzem eine Überschrift: »Das Thema Wirtschaft und Ethik hat Konjunktur in den Chefetagen.«

Diese Beobachtung hat ihren Grund in einer doppelten Bewegung: Auf der einen Seite ist seit einer Reihe von Jahren aufgrund der rasanten Entwicklung in Wissenschaft und Forschung, Technik und Wirtschaft unter deren Verantwortlichen die Frage lebendig, welche Folgen wissenschaftliche Erkenntnisse und technische Fortschritte für den Menschen, für die Gesellschaft und für die Umwelt haben und wie diese Fortschritte ethisch zu begründen, sachgerecht zu begleiten und verantwortlich zu begrenzen sind. Darf der Mensch alles tun, was er tun kann? Unter dieser Frage gewinnt der Begriff der Technikfolgenabschätzung zunehmende Bedeutung.

Andererseits haben in den letzten Jahrzehnten die Kirchen in verstärktem Maße ihre Verantwortung für die Welt erkannt, und sie versuchen, diese nach den Maßstäben und Einsichten christlicher Ethik wahrzu-

* Vortrag, zuletzt gehalten am 12. Mai 1993 vor der deutsch-amerikanischen Handelskammer in Stuttgart

nehmen. Ich weise hin auf die verschiedenen Denkschriften der Evangelischen Kirche in Deutschland zu Fragen des menschlichen Lebens, der Wirtschafts- und Sozialpolitik, vor allem auf die Wirtschaftsdenkschrift »Gemeinwohl und Eigennutz – wirtschaftliches Handeln in Verantwortung für die Zukunft« (1991). Ebenso ist hier die Arbeit unserer Evangelischen Akademien zu erwähnen. Ähnliches könnte auch von der katholischen Kirche berichtet werden.

Das Thema »Ethik in der Wirtschaft« hat Konjunktur, nicht erst heute. Blenden wir 50 Jahre zurück! In Freiburg im Breisgau hat sich während der nationalsozialistischen Herrschaft ein kleiner Kreis von christlich orientierten Professoren verschiedener Fakultäten in monatlichen Treffen mit Fragen um Ethik und Recht, mit politischen und auch sozial- und wirtschaftsethischen Fragen beschäftigt. Diesem »Freiburger Kreis«[2] gehörten, unter anderen, die Nationalökonomen Constantin von Dietze, Walter Eucken, Adolf Lampe, der Historiker Gerhard Ritter sowie Theologen der »Bekennenden Kirche« an. Auf Anregung Dietrich Bonhoeffers hat ein streng geheim tagender Ausschuß dieses Kreises, ergänzt durch Juristen und Theologen des Widerstands und der »Bekennenden Kirche« wie Carl Goerdeler, Otto Dibelius und Helmut Thielicke, im Herbst und Winter 1942/43 eine Denkschrift erstellt, in der, im Hinblick auf ein Ende der nationalsozialistischen Gewaltherrschaft, skizziert wurde, was »für jedes auf den Grundsätzen christlicher Sittlichkeit beruhende Staatswesen unbedingt (als eine Art von ›Minimalprogramm‹) zu fordern ist«. Neben einem programmatischen Teil über »Grundzüge einer politischen Gemeinschaftsordnung nach christlichem Verständnis« finden sich darin vor allem Ausführungen über eine künftige Wirtschafts- und Sozialordnung, die beide in einem engen Zusammenhang gesehen werden. Die zentralistische Wirtschaftsordnung des Sozialismus wird ebenso abgelehnt wie der wirtschaftliche Liberalismus des 19. Jahrhunderts. Dagegen wird, aufbauend auf »Grundsätzen christlicher Ethik«, eine Wettbewerbsordnung entworfen, die durch eine sinnvolle soziale Ordnung ergänzt werden soll.

Dieses Konzept ähnelt stark der von Alfred Müller-Armack 1947 so genannten »Sozialen Marktwirtschaft« – und das nicht von ungefähr. Ludwig Erhard hat viele Male darauf hingewiesen, daß seine politischen Entschlüsse von den Grundentscheidungen der »Freiburger« bestimmt gewesen seien und er es als seine Aufgabe angesehen habe, ihre Ideen in praktische Wirklichkeit umzusetzen. Es gehört zu den Merkwürdigkeiten der Geschichte, daß diese geistigen Wurzeln, die protestantischen Hintergründe der »Sozialen Marktwirtschaft«, weithin in Vergessenheit geraten sind.

Biblische Grundlinien

Diese Sicht von ethischer Verantwortung für das Wirtschafts- und Sozialleben eines Volkes beruht auf dem Bild, das wir in der Bibel über den Menschen und sein Verhältnis zu Gott und zur Welt finden und das hier in aller Kürze und ohne Anspruch auf Vollständigkeit skizziert werden soll. Daß es neben der christlichen Ethik zahlreiche Entwürfe philosophischer Ethik gibt, ist bekannt, soll aber hier außer Betracht bleiben. Ich erinnere nur an die Tugendethik der Stoa, an den kategorischen Imperativ Immanuel Kants, an die Unterscheidung von Gesinnungsethik und Verantwortungsethik bei Max Weber bis hin zu dem neuen Ansatz in Hans Jonas' »Ethik der Verantwortung«, die erstmals Natur und Umwelt, die Zukunft der Menschheit und den Bestand der Erde mit einbezieht. Beschränken wir uns jetzt auf einige knappe Andeutungen zur christlichen Ethik!

1. Als Christen gehen wir von der biblischen Grundaussage aus, daß Gott den Menschen nach seinem Bild geschaffen und ihn damit aus allen anderen Kreaturen herausgehoben hat (1. Mose 1,27). Die Würde des Menschen besteht darin, daß Gott ihn zu seinem Gegenüber bestimmt hat, zu einem Du, das er anreden und das ihm antworten kann. Der Mensch ist in der Tiefe seines Wesens nur zu verstehen, wenn man seine Bezogenheit auf dieses Transzendente und Absolute festhält, das jenseits aller menschlichen Begrenzungen und Veränderungen steht und das ihm in Jesus Christus, dem Befreier aus der Gottestrennung der Sünde, doch ganz nahe ist. In Christus hat Gott »den Menschen, jeden Menschen unbedingt angenommen«. So besitzt »jeder Mensch vor Gott und den Menschen einen eigenen Wert und Sinn«.[3] In diesem theologischen Traditionszusammenhang steht Artikel 1 Abs. 1 unseres Grundgesetzes: »Die Würde des Menschen ist unantastbar. Sie zu achten und zu schützen ist Verpflichtung aller staatlichen Gewalt.«

2. Weil Gott den Menschen angeredet hat und ihn durch sein Wort immer aufs neue anredet (1. Mose 1,28; Hebr 1,1–2), erwartet er Antwort von ihm. Aus Ver-antwortung für sein Verhältnis zu Gott, zu sich selbst, zu den Menschen, für die Welt und für die Schöpfung. So ist das Wahrnehmen von Verantwortung für andere ein Stück Verwirklichung des Mandats, das Gott dem Menschen verliehen hat. Der Mensch nimmt in Gottes Auftrag Anteil an dem Werk, diese Welt zu erhalten, bis sie einmal in die Vollendung mündet, in das kommende Reich Gottes.

3. Zur Wahrnehmung seiner Verantwortung hat Gott dem Menschen Worte und Weisungen gegeben, in deren Rahmen er sein Mandat ausüben soll: den Deka-

log (2. Mose 20), die Zehn Gebote, die als Gottes Angebote das Zusammenleben der Menschen ordnen, und deren Zuspitzung, das »höchste Gebot« der Gottes- und der Nächstenliebe (Mk 12,28–31); die Weisungen Jesu, etwa in der Bergpredigt (Mt 5–7), die diese Gebote weiterführen und radikalisieren; oder die Haustafeln und Ermahnungen der apostolischen Briefe, die grundlegende göttliche Weisungen in eine bestimmte Gemeindesituation und Gesellschaftsordnung hinein zu übersetzen suchen. Alle diese Ordnungen beschreiben einen Rahmen, sie formulieren Grundsätze, die im Einzelfall der Auslegung in die konkrete Situation bedürfen. Sie wollen nicht kasuistisch mißverstanden werden, sie sind Entfaltungen des Hauptgebots der Gottes- und der Nächstenliebe, das seine Begründung in der Menschenliebe Gottes hat. Über dem allem ist den Christen in der Bibel durchgängig die Aufgabe des kritischen Prüfens zugewiesen, des Abwägens und Vergleichens, des Messens an den Grundordnungen, die Gott gegeben hat: »Prüft aber alles, und das Gute behaltet« (1. Thess 5,21; vgl. Röm 12,2).

4. Auch das Spannungsfeld Technik und Ethik wird in der Bibel berührt, wenn dort schon auf den ersten Blättern im Rahmen des göttlichen Schöpfungswerkes dem Menschen einerseits geboten wird, sich die Erde untertan zu machen und sie zu beherrschen (1. Mose 1,28), wenn er auf der andern Seite aber den Auftrag erhält, den Garten Eden, die Erde, zu bebauen und zu bewahren (1. Mose 2,15). Ethisches Fragen und Urteilen begibt sich also auf ein biblisches Themenfeld, wenn es um die Bewahrung menschlichen Lebens und seiner ökologischen Grundlagen und um das Abschätzen der Folgen von technischen, biologischen und anderen naturwissenschaftlichen Entwicklungen geht. Die biblischen Schöpfungsgeschichten (1. Mose 1–2) markieren die ethischen Grenzen des technologischen Handelns,

einerseits des wagenden Fortschreitens (»untertan machen«), andererseits des sorgsamen Erhaltens (»bebauen und bewahren«). Sie machen in ihrem Fortgang aber zugleich deutlich, in welche Versuchung und Verstrickung sich der Mensch begibt, wenn er sein will wie Gott, wenn er anfängt, »babylonische Türme« zu bauen (1. Mose 11,1–9). Am Ende menschlicher Hybris steht die Verwirrung und das Chaos.

5. Weil es auf dieser Erde nichts Vollkommenes gibt, trägt das Tun des Menschen, auch sein Wahrnehmen von Verantwortung, immer fragmentarischen Charakter. Die Bibel spricht vom Stückwerk unseres Erkennens (1. Kor 13,9), von der Mühe, die mit der Arbeit verbunden ist (1. Mose 3,16–19), oder von der Vergeblichkeit, die vielem anhaftet, was wir ins Werk setzen (Ps 90,10). Die Wirklichkeit unserer Welt läßt das deutlich werden: Auch das technisch vollkommenste Produkt hat seine Tücken, stolzeste wissenschaftliche Erkenntnisse haben ihre Kehrseiten, und die wirksamsten Heilmittel gibt es nicht ohne schädliche Nebenwirkungen. So kann es im Licht des ersten Gebots der Bibel keine irdischen Höchstwerte geben, die wir allem anderen vor- oder überordnen dürften, weder die Arbeit noch die Produktion, weder das Wachstum der Wirtschaft noch den Fortschritt der Technik. Auch die sportliche, ökonomische oder denkerische Leistung, die ein Mensch erbringt, ist in diesem Sinne kein Höchstwert. Der Wert eines Menschen ist nicht von seiner Leistung her zu definieren, sondern liegt darin, daß Gott ihn gewürdigt hat, sein Gegenüber zu sein. Diese Würde schließt deshalb ausdrücklich auch das nicht (mehr) leistungsfähige, das kranke und alte, das schwache und behinderte Menschenleben ein.

Wie könnten auf diesem biblischen Hintergrund Konsequenzen für ethisch begründetes und verantwortetes Handeln in Wirtschaft und Wissenschaft aussehen? Ehe wir dieser Frage an wenigen Beispielen nachgehen, müssen wir einige systematisch-theologische Überlegungen anstellen.

1. Die christlichen Kirchen, vor allem in ihrer reformatorischen Ausprägung, verfügen nicht über einen kasuistisch anzuwendenden Gesetzesapparat, durch den alle Wechselfälle des Lebens ein für allemal mit Lösungsvorschlägen versehen sind. Wohl aber gibt ihnen die Bibel Wertorientierungen und Maßstäbe an die Hand, die in konkreten Situationen anzuwenden und zu bewähren sind. Schon die Denkschrift des »Freiburger Kreises« hatte formuliert: »Wir wollen nicht versuchen, eine besondere evangelische oder auch nur allgemein-christliche Wirtschaftsordnung zu entwerfen; denn wir können nicht aus den Grundlagen unseres Glaubens für die Wirtschaftsordnung genaue Regelungen mit dem Anspruch auf unverbrüchliche Gültigkeit ableiten. Für die konkreten Anforderungen an die Ausgestaltung der Wirtschaftsordnung ergeben sich vielmehr wichtige Gesichtspunkte aus der jeweiligen Lage; ihre Erkenntnis ist Sache der menschlichen Vernunft.«[4] Die Denkschrift der EKD von 1991 führt diesen Ansatz fort: »Die Bibel ist kein Rezeptbuch, aus dem unmittelbar Anweisungen für bestimmte Maßnahmen in Wirtschaft und Politik entnommen werden können. In der Auslegung der Bibel geht es um die ›Erneuerung unseres Sinnes‹ und um die Veränderung unserer Wahrnehmung dessen, was wir tun sollen.«[5]

Die Kirche kann deshalb zwar eine Richtung anzeigen, sie hat aber in der Regel keine Handlungsrezepte im einzelnen aufzustellen. Vor allem aber hat die Kirche den Auftrag, Mund der Stummen zu sein, Lobby für Menschen und für Gruppen, die sich selber nicht helfen können: »Tu deinen Mund auf für die Stummen und für die Sache derer, die verlassen sind. Tu deinen Mund auf und richte in Gerechtigkeit und schaffe Recht dem Elenden und Armen« (Sprüche 31,8 und 9).

2. Wir werden in Kirche, Wirtschaft und Wissenschaft immer dessen eingedenk bleiben müssen, daß wir in allem, was wir planen und entscheiden, nie das Unfehlbare, das absolut Richtige und Endgültige ins Werk setzen können. Jede unserer Entscheidungen trägt vorläufigen Charakter und muß deshalb hinterfragbar bleiben. Eben dies unterstreicht die Denkschrift von 1991, wenn sie sagt: »Alles, was von den biblischen Motiven und Richtungsimpulsen her über christliche Verantwortung in der Wirtschaft ausgeführt worden ist, steht unter dem Vorzeichen der Vorläufigkeit. Keine Wirtschaftsordnung kann den Anspruch erheben, für alle kommenden Zeiten letztgültig und zeit- und situationsunabhängig verbindlich zu sein. Verantwortung in der Wirtschaft bedeutet vielmehr immer die Verpflichtung zu konkreter Rechenschaft über Tun und Lassen und über dessen Folgen für die Mitmenschen und die Mitwelt.«[6]

Es gibt in dieser Welt und aus menschlicher Hand nicht die absolute Gerechtigkeit oder die absolute Freiheit. Was heute hier als Freiheit gefeiert wird, kann morgen anderswo als Unfreiheit in neuer Form erlitten werden, und was wir aus unserem Blickwinkel als Gerechtigkeit bezeichnen, können andere als Ungerechtigkeit empfinden. Aber es gibt Annäherungen an Gerechtigkeit, an Freiheit, an Menschenwürde, die wir mit Glaubensmut und Sachverstand anstreben sollten. Und das geschieht am besten in der überzeugenden Kraft des Gesprächs.

3. Jeder Mensch, wo immer er seinen Platz hat,

nimmt Teil an der Verantwortung, die für alle Menschen gleichermaßen gilt. Es können für Politiker, Unternehmer und Wissenschaftler keine anderen ethischen Grundsätze geltend gemacht werden als für alle übrigen Bürger. Wohl aber muß festgehalten werden, daß der Raum der Verantwortung bei Führungskräften größer ist und die Folgen ihres Handelns weitreichender sind als beim einzelnen Bürger. Bei allem Wissen um ihre Abhängigkeit von Sachzwängen gilt: Politiker in Führungspositionen entscheiden über Krieg und Frieden, Wissenschaftler über die genetische Entwicklung künftiger Generationen, Unternehmer und Finanzexperten über den Weg der Wirtschaft. Von allen diesen Entscheidungen sind Menschen, ist die Gesellschaft, sind unter Umständen ganze Teile unserer Welt betroffen. Deshalb kommt der Entscheidungsqualität von Führungskräften in Wirtschaft und Wissenschaft ein besonderes Gewicht zu.

Ausgewählte Problemfelder

Dem Theologen ist in der Fachdiskussion konkreter wirtschaftlicher Positionen und Prognosen Zurückhaltung geboten. In der Fachdiskussion fehlt ihm – es sei denn, er habe sich intensiv und speziell eingearbeitet und kundig gemacht – Überblick und Kompetenz. Erschwerend kommt hinzu, daß auch die Urteile der Fachleute häufig differieren und nicht selten eine Position die andere in Frage stellt.

So möchte ich nur einige Fragen grundsätzlicher Natur ansprechen, die dann freilich rasch konkret werden.

1. Verantwortung für das Leben

Biblischer Glaube sagt: Jedes Leben verdankt sich Gott, dem Schöpfer aller Dinge; es ist Zeichen seiner

Gnade. Dies ist vor allem im Blick auf gegenwärtige Entwicklungen in der Gentechnologie ins Gespräch einzubringen. Zu diesem Thema liegt eine Reihe von kirchlichen Stellungnahmen vor.[7] Sie ermutigen, sie mahnen, sie warnen. Und an bestimmten Punkten sprechen sie auch ein unmißverständliches Nein. Sie machen jedenfalls deutlich: Die Gentechnologie ist alles andere als eine bloße Technik, über die wertneutral geurteilt werden könnte. Das wird uns spätestens deutlich, wenn wir jene Linie weiterverfolgen, die dahin führt, wo heute noch weitgehend ein absolutes Tabu gesehen wird: zum Genbestand des Menschen. Aber wird tabu bleiben, was wissenschaftlich und technisch möglich sein wird? Könnte es nicht manch einem verlockend erscheinen, zum Beispiel gesündere, angepaßtere, leichter lenkbare Menschen zu »züchten«? Dies wird noch durch die Tatsache gefördert, daß in anderen Ländern auf diesem Gebiet keine Restriktionen oder Verbote gelten, was den internationalen Druck, etwa in der Pharmaindustrie, zweifellos erhöht.

Wir werden als Christen zur Gentechnologie zwei Perspektiven im Blick haben und vertreten müssen.

Die eine: Notwendig ist eine umfassende Sensibilisierung für das Geschenk des Lebens, das auf allen seinen Stufen nicht einfach »Material« in der Hand des Menschen ist, sondern Gabe Gottes, uns zur sorgsamen Pflege anvertraut. Die andere Perspektive: Weil es um ständig neu anstehende wissenschaftliche und wissenschaftstechnische Sachentscheidungen geht, deren Folgen im Positiven wie im Negativen nicht abzusehen sind, hat hier auch das Moratorium seinen Ort. Nicht das absolute Verbot also, aber ein zeitweiliger Verzicht, bis neue Erfahrungen gesammelt sind, die gegebenenfalls zu einer Kurskorrektur oder auch zum endgültigen Abbrechen eines solchen Forschungsstranges führen können.

In diesem Zusammenhang ist an das biblische Menschenbild zu erinnern, das nicht nur von der Würde und der Größe, sondern auch von der Fehlbarkeit des Menschen und der Begrenztheit seiner Einsichten spricht. Der Gesetzgeber ist deshalb gefordert, entsprechende Sicherheitsvorkehrungen zu treffen, um Folgen menschlicher Fehlbarkeit zu vermeiden. »Was wir brauchen, ist eine umfassende gemeinsame Anstrengung aller zum Schutz des Lebens.«[8] Dieser Leitsatz der gemeinsamen Erklärung des Rates der Evangelischen Kirche in Deutschland und der (katholischen) Deutschen Bischofskonferenz »Gott ist ein Freund des Lebens« (1989) muß für die Kirche, für ihr Reden und Handeln verpflichtend sein.

2. Verantwortung für den Menschen

Gott hat dem Menschen eine eigene Würde gegeben. Zu seinen Mandaten gehört nach dem biblischen Befund die Arbeit, aber ebenso die Ruhe. Anspannung und Entspannung müssen einander entsprechen. Die Gesundheit und das Befinden der Arbeitenden dürfen nicht außer Betracht bleiben.

Die Entwicklung der industriellen Produktion macht es notwendig, die Arbeitszeit zu flexibilisieren, um die bestmögliche Ausnützung teurer und sensibler Produktionsanlagen zu erreichen. An manchen Orten ist nun auch der Sonntag – mit höchster Genehmigung – in die Produktionszeit einbezogen. So verständlich an dieser Stelle die Hinweise auf die Wettbewerbssituation im Weltmarkt, auf die günstigen Herstellungschancen in den Billiglohnländern Südeuropas und Ostasiens und auf die Notwendigkeit der Sicherung von Arbeitsplätzen an unseren eigenen Industriestandorten auch sind, so unmißverständlich muß hier der Hinweis der Kirche auf die Folgen eines Verlustes des Sonntags als des gemeinsamen freien Tages für Familie und Gesellschaft sein.[9] Dabei haben wir vor Augen, daß der extensive Ausbau des Dienstleistungsgewerbes am Sonntag weithin toleriert wird und das ausufernde Freizeitangebot den Sonntag vielleicht in größerem Maße entleert als einzelne industrielle Produktionsbereiche. »Die Lebenszeit ist aber mehr als Arbeitszeit; dafür steht das Symbol des arbeitsfreien Sonntags, und darum ist der Kampf um die Bewahrung des Sonntags von solch grundlegender Bedeutung.«[10] Die Kräfte der inneren und äußeren Regeneration, die von einem gemeinsamen Tag der Besinnung, der Erholung und der Begegnung und seinem notwendigen zeitlichen Umfeld ausgehen, sind nicht zu unterschätzen. Der Rhythmus des Lebens ist im Schöpfungswerk Gottes verankert und durch sein Gebot geschützt. Deshalb sagt die Wirtschaftsdenkschrift von 1991 zu Recht: »Die Feiertage unterbrechen das tätige Leben und geben ihm Maß und Ordnung. Sie sind Tage der Erinnerung daran, daß wir wie alle Kreaturen Empfänger des Lebens sind, bevor wir arbeitend und gestaltend zu Tätern werden ... Feiertage sind für jeden einzelnen wie für die Gesellschaft ein lebenswichtiges Grundelement der Kultur.«[11] Wir durchbrechen eine solche Grundordnung nur zu unserem eigenen Schaden.

Zur Verantwortung für den Menschen gehört auch die Sorge für die Schwachen und die Behinderten. »Auf jedem Eigentum liegt eine soziale Hypothek«[12], so formulierte 1942 der Bonhoeffer-Kreis. Die Denkschrift von 1991 nimmt diesen Gedanken auf: »Weil immer die Tendenz besteht, daß in der Gesellschaft denen auch höhere Anerkennung zuteil wird, die über größere Leistungskraft und höheren Einfluß verfügen, tritt die Kirche mit besonderem Nachdruck für die vorbehaltlose Anerkennung gerade der Schwachen und Machtlosen ein.«[13] Eine Gesellschaft ist soviel wert, wie sie sich um ihre schwächsten Glieder kümmert und ihnen zu eigenem Wertempfinden und zur Sinnerfüllung hilft. Gewiß kann der hier angesprochene Personenkreis in der heutigen Unternehmenssituation nur in begrenztem Umfang berücksichtigt werden. Die Kirchen und einzelne soziale Träger haben deshalb in Württemberg einen sogenannten »zweiten Arbeitsmarkt« eröffnet und Einrichtungen geschaffen (zum Beispiel die »Neue Arbeit« in Stuttgart oder die »Neue Arbeit auf dem Lande«), in denen solchen Menschen wenigstens zeitweise geholfen werden kann. Es ist inzwischen längst eine vierstellige Zahl geworden, die auf diesem Wege wieder in einen normalen Arbeitsprozeß eingegliedert werden konnte.

3. Verantwortung für die Schöpfung

»Der Mensch ist von seiner Bestimmung her zur tätigen Bewahrung und Gestaltung der Erde aufgerufen. Zur Erfüllung dieser Aufgabe sind ihm als Geschöpf unter Geschöpfen von Gott der Lebensraum der Erde und die Lebenszeit gegeben. Das bedeutet nicht absolute Herrschaft, sondern Haushalterschaft im sorgsamen Umgang mit der Schöpfung Gottes.«[14] Ungeahntes ist seit dem Bestehen unserer Erde geschehen, um sie bewohnbar zu machen, zu kultivieren und ihre Schätze zu nützen. In den letzten Jahrzehnten ist uns freilich ein anderer Aspekt des Umgangs mit der Schöpfung bedrängend vor Augen gerückt worden. »Über Grenzen und Kontinente hinweg wächst die Einsicht, daß die Erde als Lebensraum der Menschen und aller Lebewesen in einem noch nicht dagewesenen Ausmaß bedroht ist. Wie können die Menschen die Fähigkeit erwerben, sich so zu verhalten und mit den technischen, wirtschaftlichen und politischen Systemen so umzugehen, daß wirtschaftliches Handeln mit der Schöpfung verträglich ist?« fragt die Wirtschaftsdenkschrift von 1991.[15]

Wir stehen heute in der Gefahr, gegen Katastrophenmeldungen abzustumpfen. Die Nachrichten von verseuchten Gewässern und belasteten Böden, von sterbenden Wäldern, von giftigen Schadstoffen in der Luft und von daraus entstehenden neuen Krankheiten bei Menschen und Tieren schaffen zwar augenblickliche Erregung, verlieren aber schnell an Wirkung. Über die Probleme der Müllentsorgung denken die wenigsten unserer Mitbürger nach, noch weniger, wie Müll vermieden werden kann. Tausende aber gehen auf die Straße, sobald in der eigenen Region eine Deponie oder eine Verbrennungsanlage für Sondermüll geplant wird. Überlastete Straßen, überfüllter Luftraum, möglicherweise eintretende klimatische Veränderungen als Folge einer Veränderung der Lufthülle unserer Erde, dies alles scheint zum Lebensalltag des heutigen Menschen zu gehören.

Aber damit dürfen wir uns nicht abfinden. Wer Verantwortung trägt für das Leben auf dieser Erde, muß sich für den Schutz der Schöpfung einsetzen. Darum sagt die Wirtschaftsdenkschrift: »Die Erhaltung der natürlichen Umwelt muß dem geltenden Zielkatalog der Sozialen Marktwirtschaft – Vollbeschäftigung, Geldwertstabilität, außenwirtschaftliches Gleichgewicht, angemessenes Wirtschaftswachstum und gerechte Einkommensverteilung – hinzugefügt werden.«[16] Dazu gilt es, Maßnahmen zu ergreifen, die von Politikern, Unternehmern, Gewerkschaftsführern, aber auch von Theologen und Pädagogen gemeinsam überlegt, verantwortet, vertreten und durchgesetzt werden müssen. Dies gilt etwa im Blick auf die Drosselung des Individualverkehrs und der Gütertransporte auf der Straße, die Pflicht, umweltverträgliche Stoffe in der Industrie zu verwenden, oder im Blick auf die Vermeidung, die Verminderung oder das Recycling von Haus- und Industriemüll.

»Langfristig ist nur das ökonomisch sinnvoll, was auch ökologisch verantwortet werden kann.«[17] Dies erfordert konkrete Einschränkungen und Verzichte im öffentlichen wie im privaten Bereich. Dazu ist eine neue Gesinnung nötig, die von der Verantwortung für die Schöpfung und für die uns nachfolgende Generation ausgeht und zu einem neuen Lebensstil hinführt, dessen Hauptworte nicht »mehr, besser, schneller, komfortabler« heißen.

4. Verantwortung für die Welt

Die Welt wird kleiner mit jedem Tag. Was tagsüber in der weiten Welt geschieht, beschäftigt am Abend die Fernsehzuschauer in ihren Wohnzimmern. Wörter wie Weltgesellschaft, Weltwirtschaft, Weltöffentlichkeit, leider auch Weltkrieg, gehören zu unserem gängigen Vokabular. Wie aber sieht es mit der Weltverantwortung aus? Auch hier liegen ethische Probleme, die nicht übersehen werden dürfen.

Die Denkschrift »Gemeinwohl und Eigennutz«, die in der Situation des Zusammenbruchs des kommunistischen Staats- und Wirtschaftssystems in der ehemaligen DDR und der Sowjetunion entstanden ist, bemerkt: »Der Abbau des West-Ost-Gefälles und die Herstellung einheitlicher Lebensverhältnisse in Deutschland haben Bedeutung über unser Land hinaus. Denn der Übergang von planwirtschaftlichen zu marktwirtschaftlichen Strukturen vollzieht sich derzeit noch in zahlreichen anderen Ländern Mittel- und Osteuropas, und die Lebensverhältnisse zwischen den reichen Industrieländern und den armen Völkern der Dritten Welt klaffen weit auseinander... Sollte es in Deutschland nicht gelingen, das West-Ost-Gefälle auszugleichen und einheitliche Lebensverhältnisse herbeizuführen – wer wollte dann noch die Hoffnung darauf bewahren, daß in Europa und schließlich weltweit ein größeres Maß an Gerechtigkeit geschaffen werden kann?«[18] Daß wir hier vor epochalen Aufgaben stehen, ist jedem bekannt, der mit offenen Augen den Prozeß des Zusammenwachsens der Bundesrepublik verfolgt.

Daneben steht das Nord-Süd-Gefälle, das den reichen Gebieten der Erde ihren Reichtum garantiert, die armen dagegen nicht aus ihrer Situation weiterer Verarmung herausführt. Manches, was unseren westlichen Wohlstand stabilisiert, geschieht auf Kosten der Dritten Welt und lebt von deren Ressourcen. Die Armutswanderung, die gegenwärtig weit mehr als 15 Millionen Menschen als Flüchtlinge in aller Welt unterwegs sein läßt und die das westliche Europa, besonders die Bundesrepublik Deutschland, durch den vermehrten Zustrom immer neuer Aussiedler und Asylbewerber in den nächsten Jahren vor kaum lösbare Probleme stellen wird, ist nur ein Reflex dieser Entwicklung. Hinzu kommt, daß es den Politikern immer weniger zu gelingen scheint, dieses Problem zu steuern und den durch aggressive Übergriffe rechtsradikaler Kräfte bedrohten inneren Frieden in unserem Land zu bewahren. Wir alle, die wir Bewohner der Wohlstandsländer sind, tragen Mitverantwortung für einen strukturellen und finanziellen Beitrag zur allmählichen Gesundung der verarmten Regionen und zu einer Anhebung des dortigen Lebensstandards. »Die Völker der Erde gehören zu *einer* Welt, und einem jeden steht ein gerechter Anteil an den Reichtümern der Erde, den natürlichen ebenso wie den von den Menschen geschaffenen, zu. Freilich wächst zugleich die Einsicht, daß die Erde, ökologisch betrachtet, eine Ausdehnung der Lebensverhältnisse in den Industrieländern auf die ganze Welt überhaupt nicht zu tragen vermag: Im globalen Maßstab sind weder der Energie- und Ressourcenverbrauch noch der Schadstoffausstoß in den Industrieländern schöpfungsverträglich. Um so dringlicher stellt sich angesichts der Ungleichheit der gegenwärtigen Lebensverhältnisse die Frage der sozialen Gerechtigkeit.«[19]

Ich verkenne nicht die ungeheuren Schwierigkeiten, die damit verbunden sind. Aber die weltweite Vernetzung wirtschaftlicher Interessen stellt eine ethische Herausforderung von besonderem Gewicht dar. Der politische Weltfriede wird auf die Länge nur zu bewahren sein, wenn es gelingt, wenigstens annäherungsweise ein Gleichgewicht der Weltwirtschaft zu erreichen. »Es geht um die Einsicht, daß in einem komplexen System weltweiter wechselseitiger Abhängigkeiten das eigene Wohlergehen auf Dauer gefährdet ist, wenn aufgrund der Kluft, die reiche und arme Länder trennt, internationale Spannungen auftreten, ökologische Zerstörungen hervorgerufen und Migrationsbewegungen ausgelöst werden.«[20]

Es sind nur wenige Punkte, die ich als konkrete Weiterführungen und Anfragen aus meinen grundsätzlichen Überlegungen zur Ethik in der Wirtschaft formuliert habe. Es ist deutlich, daß diese Anfragen sich nicht nur an eine Seite richten, sondern uns alle meinen, die Kirche eingeschlossen. Sie zielen ab auf ein neues Wahrnehmen unserer Weltverantwortung, die wir nur gemeinsam tragen können, und auf eine grundlegende Änderung unseres Lebensstils, weg von immer höheren eigenen Ansprüchen, hin zur Bereitschaft zum Teilen mit Menschen in Not. Mit der Erfüllung dieser Aufgaben werden wir nie am Ende sein.

Anmerkungen

1 Gemeinwohl und Eigennutz. Wirtschaftliches Handeln in Verantwortung für die Zukunft. Eine Denkschrift der Evangelischen Kirche in Deutschland. Gütersloh 1991, S. 105 (zit. Gemeinwohl).

2 Vgl. zum folgenden: In der Stunde Null. Die Denkschrift des Freiburger »Bonhoeffer-Kreises«: Politische Gemeinschaftsordnung.

Eingeleitet von Helmut Thielicke. Tübingen 1979, S. 26ff. (zit. Stunde Null). Die Denkschrift »In der Stunde Null« ist neu zugänglich in der Schrift von Philipp von Bismarck, Soziale Marktwirtschaft – Das Geschenk der Stunde Null, Freiburg 1992.

3 Gott ist ein Freund des Lebens. Herausforderungen und Aufgaben beim Schutz des Lebens. Gemeinsame Erklärung des Rates der Evangelischen Kirche in Deutschland und der Deutschen Bischofskonferenz, Gütersloh 1989, S. 40.

4 Stunde Null, S. 128.

5 Gemeinwohl, S. 84.

6 Gemeinwohl, S. 113.

7 Z. B. Gott ist ein Freund des Lebens (Anm. 3); Von der Würde werdenden Lebens, EKD-Texte 11, 1985; Zur Achtung vor dem Leben. Maßstäbe für Gentechnik und Fortpflanzungsmedizin, EKD-Texte 20, 1987.

8 Gott ist ein Freund des Lebens, S. 11.

9 Unsere Verantwortung für den Sonntag. Gemeinsame Erklärung der Deutschen Bischofskonferenz und des Rates der Evangelischen Kirche in Deutschland, EKD-Texte 22, 1988.

10 Gemeinwohl, S. 125.

11 Gemeinwohl, S. 88.

12 Stunde Null, S. 94.

13 Gemeinwohl, S. 93.

14 Gemeinwohl, S. 101.

15 Gemeinwohl, S. 18.

16 Gemeinwohl, S. 132.

17 Gemeinwohl, S. 121.

18 Gemeinwohl, S. 139.

19 Gemeinwohl, S. 25.

20 Gemeinwohl, S. 78.

Wie wird die Schule der Zukunft gerecht?*

Unvergeßlich bis zum heutigen Tag ist mir jener Frühlingsmorgen im April 1939, als ich mich mit einem Kameraden aus der Volksschule am Marbacher Kroneneck traf, um zum ersten Mal den Weg in die Oberschule zurückzulegen. Unter dem Torturm hindurch, die Torgasse hinunter, am Schillerhaus vorbei – dann öffneten sich uns die Türen in die neue Welt. Nur wenige Wochen später brach der Zweite Weltkrieg aus. Fortan stand unser Schulalltag im Schatten des Kriegsgeschehens. 1939 bis 1945, sechs Jahre Krieg, voller Nöte und Einschränkungen, die Väter und Lehrer im Felde, am Ende die Einsätze unserer Klasse als Luftwaffenhelfer in den Flugabwehrgeschützen beim Marbacher Kraftwerk der EVS, oft mitten aus dem Unterricht heraus. Der Stuttgarter Historiker und Politologe Martin Greiffenhagen hat unserer Generation in seinem Buch »Jahrgang 1928«, München 1988, ein literarisches Denkmal gesetzt. Mit dem Ende des Zweiten Weltkriegs war auch unsere Schulzeit zu Ende: Sechs Jahre Oberschule in Marbach.

Dies alles liegt nun mehr als 50 Jahre zurück. Sie, meine Damen und Herren, sind jetzt nicht hierhergekommen, um Jugenderinnerungen eines alten Mannes anzuhören. Aber so viel möchte ich im Rückblick doch festhalten: Unsere Schulzeit war eine prägende Zeit,

* Vortrag beim Festakt »600 Jahre Lateinschule Marbach« (heute Friedrich-Schiller-Gymnasium) am 17. September 1992 in der Stadthalle Marbach am Neckar

auch wenn sie vom Kriegsgeschehen überschattet und – zumindest zu einem Teil – durch den Ungeist des Nationalsozialismus beherrscht war. Es waren Jahre, die gerade durch diese kriegsbedingten Begrenzungen und die inneren Auseinandersetzungen mit den Schatten der damals herrschenden Ideologie in uns etwas haben wachsen lassen, das uns bis heute instandsetzt, das Leben und seine Herausforderungen zu bestehen. Deshalb blicke ich in großer Dankbarkeit auf meine hiesigen Schuljahre zurück und gedenke in Ehrerbietung unserer einstigen Lehrerinnen und Lehrer, die uns zum Leben befähigt haben.

Inzwischen leben wir in einer anderen, völlig anderen Zeit. Unsere Gegenwart läßt sich mit der damaligen Zeit nicht mehr vergleichen. Für die Situation der Schule gilt das in besonderer Weise. Man muß nur einmal in der Festschrift das Foto unserer Klasse mit den Bildern der Leistungskurse von heute, oder das alte Schulgebäude der einstigen Oberschule für Jungen in der Unteren Holdergasse mit dem großzügigen Behnisch-Ensemble des Friedrich-Schiller-Gymnasiums vergleichen, um im Äußeren schon diese grundlegenden Unterschiede zu erkennen. Nicht weniger verändert haben sich die inneren Werte und Ziele, die unser heutiges Schulsystem und die ihr zugrundeliegende Pädagogik tragen und prägen. Durch zahllose Veränderungen und Neuanfänge auf dem Feld der Pädagogik sind wir in den letzten Jahrzehnten gegangen. Und wir scheinen auf diesem Weg noch längst nicht an ein Ende gekommen zu sein.

Ähnlich tiefgreifende Umwandlungen beobachten wir im gesellschaftlichen Umfeld der Schule. Der Wandel von der Groß- zur Kleinfamilie, die wachsende Zahl von Einzelkindern und von Alleinerziehenden, veränderte Wohnverhältnisse, durch Termine überlastete Schüler, die Auswüchse der Medien- und Konsumgesellschaft – dies alles hat Auswirkungen auf das Leben der Schule und überträgt ihr Aufgaben, die früher mit Selbstverständlichkeit von der Familie, der Nachbarschaft, der kommunalen Ordnung oder von den Kirchen wahrgenommen wurden. In dem Maße, wie Erziehungskraft von Familie und Gesellschaft nachläßt oder ganz ausfällt, richten sich heute immer höhere Erwartungen an die Schulen und ihre Lehrerschaft. Von der »Schule als Lebensraum« spricht unsere Kultusministerin gerne, und sie hat sicher recht, wenn man davon ausgeht, daß die Schüler heute etwa 200 Tage im Jahr, rund 1500 Stunden, in der Schule verbringen.

Aber ist die Schule damit nicht überfordert? Frau Dr. Schultz-Hector ist zuzustimmen, wenn sie darauf hinweist, daß die Schule nicht »der Reparaturbetrieb unserer Gesellschaft« sein kann. Doch die Kritiken mehren sich, daß die Schule vorwiegend Belehrung und Wissensvermittlung biete und die Schüler nicht zureichend auf das Leben vorbereite. So hat vor kurzem der Bielefelder Pädagoge Hartmut von Hentig bei einer Lehrertagung in der Evangelischen Akademie Bad Boll beklagt, Erziehung ereigne sich im gegenwärtigen Schulsystem überwiegend als Abfallprodukt des Unterrichts, weil die heutige Schule vor allem dem »Aufbewahren, Sortieren, dem Erwerb von Berechtigungen und der Steuerung des gesellschaftlichen Bedarfs« diene. Eine »pädagogische Schule« muß nach Ansicht von Hentigs »die jungen Menschen vorbereiten auf die Welt, wie sie ist, ohne sie dieser Welt zu unterwerfen«. Dazu sei es notwendig, daß die Schule die Fähigkeit vermittle, »Unterschiede zu erkennen und zu bejahen sowie in der Gemeinschaft zu leben«. Außerdem müsse die Schule den Menschen in seiner Ganzheit berücksichtigen und eine Brücke zwischen der Kleinfamilie und der Gesellschaft bilden.

Es ist leicht, die Schule zu kritisieren. Viele, die sich

heute an diesem Geschäft beteiligen, projizieren im Grunde nur ihre persönlichen Versäumnisse auf eine Institution, von der sie dann eine Kompensation ihres eigenen pädagogischen Versagens erwarten. Ungleich schwerer ist es dagegen, Ratschläge zu geben, wie man die Situation, in der wir stehen, so verbessern kann, daß die Schule ihrem Verfassungsauftrag, eine »Erziehungs- und Bildungseinrichtung« zu sein, wirklich entspricht. Wenn ich mich nun selbst auf die Diskussion einlasse, wie die Schule der Zukunft gerecht werden kann, so werden Sie von mir jetzt keine fachspezifischen Antworten erwarten. Ich bin kein Pädagoge, kein Mann der Schulverwaltung und auch kein Bildungspolitiker. Aber ich möchte als Theologe den Finger auf einige Punkte legen, die nach meiner Einschätzung der gegenwärtigen Situation für den Auftrag der Schule in der Zukunft unaufgebbar sind.

Wie wird die Schule der Zukunft gerecht? Ich versuche, einige wenige Bausteine zusammenzufügen, von denen ich denke, daß sie über die fraglos notwendige Wissensvermittlung hinaus Grundlagen für eine Schule der Zukunft sein können.

Zugang zur Sinnfrage eröffnen

Ohne dessen gewahr zu werden, neigen auch heute Eltern und manche Erzieher dazu, die Sinnfrage im Leben eines jungen oder heranwachsenden Menschen schlicht zu übergehen. Für sie steht a priori fest, wozu der junge Mensch da ist und wohin es mit ihm gehen soll. Ihr Bild ist fertig, die Antwort gegeben, noch ehe von den Betroffenen eine Frage gestellt ist.

Ich meine dagegen, daß es zu den vornehmsten Aufgaben der Pädagogik gehört, Jugendliche auf ihrem Weg zur Selbstfindung zu begleiten und ihnen zu einer eigenständigen Antwort auf die Frage nach dem Sinn ihres Daseins zu verhelfen. Dies zähle ich zu den pädagogischen Grundaufträgen, die weit über das Fach der Religionslehre hinausreichen. Nicht wenige Schüler haben bereits bedrückende und entmutigende Lebenserfahrungen hinter sich, fühlen sich als Person nicht angenommen oder erleben das Zerbrechen von Beziehungen in der eigenen Familie. Wer bin ich? Wozu bin ich da? Wohin gehöre ich? Diese Fragen zu stellen, braucht es Raum, auch in der Schule.

Das uns in der Bibel überlieferte Bild des Menschen öffnet uns den Blick für seine Einmaligkeit und seine Würde: Er ist Gottes Geschöpf und sein Ebenbild. Diese Sicht gibt ihm die Freiheit, ohne Angst zu fragen: Wer bin ich? Wozu bin ich da? Auch Enttäuschungen können nicht in Frage stellen, daß Gott sich dem Menschen als einzelnem zuwendet, ihn anspricht und ihn liebt.

Aus einer solchen Sichtweise heraus werden Lehrer ihren Schülern Mut machen, über sich selbst nachzudenken, um ihre eigenen Anlagen und Fähigkeiten zu entdecken und zu entfalten. Dazu ist nötig, daß die Schule Raum gibt zur Besinnung und zu freiem Gespräch. Selbstfindung kann nur dort gelingen, wo nicht allein zielgerichtet Stoff bewältigt wird, sondern wo auch Zeit ist, Atem zu holen, wo Lehrer und Schüler einander wahrnehmen. Deshalb dürfen gerade die musischen und kreativen Fächer in den Lehrplänen der Schule der bedrängenden Stoff-Fülle der wissenschaftlichen Fächer nicht zum Opfer fallen.

Ethische Orientierung vermitteln

Junge Menschen brauchen und wollen Ziele, auf die hin sie ihren Lebensentwurf ausrichten können. Ziele, die den Einsatz lohnen. Sie müssen fähig werden, sich selbst ein Urteil zu bilden und eigene Gewissensentscheidungen im Leben zu treffen. Damit ist die Frage nach der Werterziehung gestellt.

Es steht außer Zweifel, daß die Bibel – nicht nur durch die Zehn Gebote im Alten und die Bergpredigt Jesu im Neuen Testament – Maßstäbe gesetzt hat, die unser Leben, unsere Kultur, sogar die Rechtsprechung beeinflußt haben. Neben diesem rechts- und kulturprägenden Einfluß spielt sie aber auch bei der persönlichen Gewissensbildung eine entscheidende Rolle.

Soll Werterziehung nicht eine wertlose Deklamation bleiben, so braucht es Lehrer, die aus ihrer persönlichen Überzeugung, wie immer sie geprägt sein mag, keinen Hehl machen, die sich von jungen Menschen befragen und auf die Glaubwürdigkeit ihres eigenen Handelns ansprechen lassen. Nicht unfehlbare und unangreifbare Lehrer, sondern offene, ihrer Grenzen bewußte, glaubwürdige, wenn es nötig ist, auch eigenes Versagen zugebende Erzieher sind heute und in der Zukunft gefragt.

Verantwortung für die Schöpfung wecken

Viele junge Menschen haben trotz oder gerade wegen ihrer durch und durch technisch geprägten Lebenswelt ein empfindliches Gespür für die Unverfügbarkeit der Natur und ihre Bedrohung durch den Menschen. Man hat manchmal den Eindruck, daß die Jugend besser begriffen hat als mancher Erwachsene, daß verantwortlicher Umgang mit der Natur zu Konsequenzen in Wirtschaft, Technik und nicht zuletzt im Blick auf den persönlichen Lebensstil führen muß. Schließlich ist es ihre eigene Zukunft, deren Lebensgrundlagen sie erhalten sehen wollen.

Die Bibel sieht den Menschen als Mitgeschöpf und zugleich als Treuhänder, dem die Schöpfung anvertraut ist, um sie zu bebauen und zu bewahren. Er trägt Verantwortung für diese Erde und wird über sein Handeln, über den rechten Gebrauch oder den Mißbrauch und die Vergeudung der Güter dieser Erde Rechenschaft geben müssen. In Konsequenz dessen wird die Schule dazu helfen, daß Schüler nicht nur die Grundlagen der Biologie, Physik, Chemie und Geographie kennenlernen, sondern fachübergreifende Zusammenhänge erkennen, die Welt als gemeinsamen Lebensraum für alle Geschöpfe wahrnehmen und in Ehrfurcht vor der Schöpfung ihre persönliche Verantwortung entdecken.

Zum menschlichen Zusammenleben befähigen

In bisher nie gekanntem Ausmaß ist heute der einzelne in der Lage, trotz aller Zwänge, in denen wir uns vorfinden, unabhängig von anderen sein Leben zu gestalten. Urlaub, Wochenende und Freizeit, ökonomischer Wohlstand und eine arbeitsteilige Welt ermöglichen das. Auch Jugendliche haben an dieser großen Freiheit ihren Anteil. Der Tübinger Pädagoge Andreas Flitner hat vor kurzem davon gesprochen, das »Hopping«, das viele im verkabelten Fernsehen praktizieren, indem sie von einem Programm zum anderen springen, sei heute im Begriff, in eine Art von »Beziehungs- und Erlebnis-Hopping« auszuarten, wo man von einem Kurzurlaub zum nächsten, von einem Reise-Wochenende zum andern, von einem Eindruck gleich zum dritten oder fünften springt.

Die Kehrseite dieser Entwicklung ist freilich, daß gleichzeitig in zunehmendem Maß über schwindende Beziehungen, über Bindungsunfähigkeit und Verlust an Geborgenheit und Beheimatung geklagt wird. Nachbarschaft, Dorfgemeinschaft und Familie, sie alle binden nicht mehr in dem Maße, wie sie das in früheren Zeiten mit Selbstverständlichkeit getan haben.

Die Bibel beschreibt den Menschen als ein Wesen, das auf Gemeinschaft angelegt ist und das ein Zuhause braucht. Sie zeigt in vielen Situationsschilderungen, wie menschliches Zusammenleben gelingen oder auch mißlingen kann. Christliche Lebensgestaltung schließt zugleich auch ein, für den Mitmenschen, insbesondere für den Schwachen, den Hilflosen, den in seinem Recht Eingeschränkten, überhaupt für den Menschen am Rand der Gesellschaft, offen zu sein und sich ihm zuzuwenden, dem Unbehausten ein Zuhause, dem Ungeborgenen eine Heimat zu geben.

Die Klagen, daß Jugendliche heute Schwierigkeiten haben, sich in vorgegebene Gemeinschaftsformen einzufügen, und die Beobachtung der jüngsten Zeit, daß an den aggressiven Übergriffen auf Heime und Unterkünfte von Asylanten und Aussiedlern vor allem Jugendliche beteiligt sind, fordern dringlich dazu heraus, daß über die Strukturen von Familie, Vereinen, Verbänden und Kirchen hinaus gerade auch die Schule in ihrem Bereich versucht, soziale Verantwortung zu wekken und Gemeinschaftsfähigkeit zu entwickeln. Gemeinschaftsfähig aber ist nur, wer um Toleranz weiß. Diese kann dort wachsen und eingeübt werden, wo Konflikte offengelegt und bearbeitet werden, wo man lernt, Spannungen auszuhalten und faire Kompromisse zu schließen.

Zum Leben ermutigen

In früheren Zeiten gehörten zum Jugendalter mit Selbstverständlichkeit das Vorwärtsstürmen, Lebensfreude und große Pläne für die Zukunft. Wie sehr sich dies gewandelt hat, daß es unter jungen Menschen – neben einer verbreiteten Konsumentenmentalität – heute zunehmend auch Angst vor der Zukunft gibt, läßt sich nicht wegreden. Aber Pessimismus und Resignation bedrohen die gesunde Entwicklung eines jungen Menschen. Deshalb gehört die Ermutigung zum Leben zu den fundamentalen Erziehungsaufgaben auch der Schule.

Aus der Bibel erfahren wir, daß Gott jeden Menschen als einzelnen ernst nimmt und eine gute Absicht mit ihm verfolgt. Das machen die Autoren der Bibel an

Begriffen wie Gnade, Vergebung, Versöhnung und Vertrauen fest. Die Bibel zeigt aber auch, daß Ängste, Leid und das Durchhalten schwieriger Situationen fundamental zum Leben gehören und daß gerade in solchen Phasen der Mensch erst seine Bewährung erfährt und zur Reife kommt.

Wer jungen Menschen in ihren schwierigen Lebenssituationen helfen will – und das gehört mit zu den Aufgaben schulischer Erziehung –, wird zuerst ihre Sorgen und Ängste ernst nehmen müssen. Er wird vor allem zulassen, daß sie über das reden können, was sie bewegt. Er wird versuchen, mit ihnen zu ergründen, was ihnen Angst macht. Zugleich wird man gemeinsam versuchen, die eigenen Kräfte zu mobilisieren, zu einer realistischen Einschätzung der Lage zu kommen und nicht Illusionen zu nähren.

Wie wird die Schule der Zukunft gerecht? Diese Frage ist nicht durch Patentrezepte zu beantworten. Aber es gibt Schneisen, die wir wahrnehmen können, und Wege, die es zu erproben und weiter auszubauen gilt. Ob das nicht eine immer von neuem gemeinsam zu wagende Aufgabe sein könnte, in Gesprächen zwischen Schulleitung, Lehrerkollegium, Elternbeirat und Schülermitverwaltung sich mit diesen Fragen zu befassen und sie ein Stück voranzutreiben? Die Schule kann das ganz gewiß nicht allein leisten. Sie hat ja zuerst den Auftrag, das für ein künftiges Leben notwendige Wissen zu vermitteln. Aber sie steht in ihrem Bemühen, über die Wissensvermittlung hinauszuführen, nicht allein. Es gilt, im Verbund mit anderen Trägern des Erziehungsauftrags und mit freien Verbänden, die sich der Jugendpflege widmen, die notwendigen Grundlagen weiter auszubauen, um nicht nur wissende, sondern zugleich selbständige, urteils- und gemeinschaftsfähige Menschen heranzubilden, Menschen, die in der Lage sind,

Verantwortung für andere zu übernehmen. Die Festschrift, die zum Jubiläum des Friedrich-Schiller-Gymnasiums erschienen ist, vermittelt einen Eindruck von dem umfassenden Bemühen dieser Schule, junge Menschen auf das Leben vorzubereiten und ihnen mitzugeben, was sie zu einem Leben in Freiheit und Verantwortung brauchen. Ich halte sie für die gelungene Visitenkarte einer Schule, die stolz sein kann auf ihre Vergangenheit, die sich den Fragen der Gegenwart stellt und die zugleich die Herausforderungen der Zukunft mutig in den Blick nimmt.

Mit diesen unvollständigen Bemerkungen zu einem weitgespannten Thema wollte ich meiner alten Schule gegenüber eine Dankespflicht abstatten. Ich wünsche ihr für ihren Weg in das 7. Jahrhundert ihres Bestehens ein erfolgreiches Arbeiten und Gottes Segen.

Europa evangelisieren – eine gemeinsame Aufgabe der Kirchen*

Europa und die Kirchen

Die Europäische Gemeinschaft, auf deren politische Verwirklichung wir zugehen, ist bisher überwiegend unter ökonomischen Gesichtspunkten gesehen und geplant worden. Rein wirtschaftlich orientiertes Denken und Planen birgt in sich aber die Gefahr, zu einem seelenlosen Denken zu werden. Wir müssen deshalb den politisch und wirtschaftlich Verantwortlichen in allen europäischen Ländern mit Nachdruck ins Gedächtnis rufen, daß Europa eine lange geistig-geistliche Geschichte hat, die untrennbar mit dem christlichen Glauben verbunden ist. Wer an die Zukunft Europas denkt, darf dessen christliche Tradition, zu der auch die Reformation mit ihrem besonderen Verständnis der Rechtfertigung und der Freiheit gehört, nicht vergessen oder verleugnen. Daß Europa erst unter dem Kreuz Christi zu dem wurde, was es heute ist, mahnt uns, daran zu denken, daß die politische und wirtschaftliche Weiterentwicklung unseres Kontinents auf tönernen Füßen steht, wenn diese nicht mit einer Neu-Evangelisierung der Länder Europas verbunden ist. Europa ist deshalb in der gegenwärtigen Weltstunde für uns eine geistliche Aufgabe ersten Ranges; es ist eine Herausforderung an die missionarische Kraft der europäischen Kirchen. Die

* Statement bei der Sondertagung der Römisch-Katholischen Bischofssynode für Europa vom 28. November bis 14. Dezember 1991 in Rom

neue Situation in Europa ist, wenn wir sie sub specie aeternitatis betrachten, ein Kairos, eine Gottesstunde, die Gott uns gewährt und die nicht jeder Generation widerfährt.

Dabei gilt es zu sehen, daß Europa nicht in der westlichen Gemeinschaft aufgeht. Auch die Länder des Ostens mit ihren ungeheuren Umwälzungen der letzten Jahre gehören dazu. Sie stehen vor der Tür des neuen Europa und warten auf die Aufnahme in unsere Gemeinschaft. Ihre jüngere Vergangenheit im Würgegriff einer militanten atheistischen Ideologie hat die christlichen Kirchen dort nicht zum Erliegen gebracht. Sie wurden – nach der Verheißung Jesu Christi (Mt 16,18) – »nicht überwältigt« und stehen nun mit uns vor der großen Aufgabe der Evangelisierung ihrer Länder. So ergibt sich auch dort eine bisher nicht gekannte missionarische Herausforderung.

Wir müssen in aller Nüchternheit davon ausgehen, daß weite Teile der Bevölkerung Europas heute der Kirche entfremdet sind. Für sie ist ein christliches Daseinsverständnis nicht mehr verbindlich. Sie leben weithin ohne den Bezugspunkt Gott. Andere Menschen fallen Sekten anheim oder öffnen sich Strömungen nichtchristlicher Frömmigkeit, die als Ausdruck einer vagabundierenden und schwer zu definierenden Religiosität immer mehr Menschen in ihren Bann ziehen. Insgesamt ist Europa auf dem Weg, ein Kontinent zu werden, in dem Nationalitäten und Religionen sich mischen und wo vor allem der Islam mehr und mehr an Boden gewinnt.

Dennoch kann davon ausgegangen werden, daß in vielen Menschen auf oft verborgene Weise christliche Werte weiterwirken und die Sehnsucht nach wahrer Freiheit vorhanden ist. Unsere Ausgangsfrage muß daher sein, wie wir in einem immer weltlicher werdenden Europa christliche Wurzeln aufzeigen und sie neu zum Wachsen und Blühen bringen. Unser Kontinent wird nur soweit christlich sein, als Christen seine Gesellschaft und Kultur von innen her mitprägen.

Die neue Aufgabe der Evangelisierung

Es ist ein erfreuliches Zeichen, daß diese große Aufgabe von den christlichen Konfessionen gleichermaßen als dringlich angesehen wird. Ende 1990 hat Papst Johannes Paul II. seine Enzyklika »Redemptoris missio« bekanntgemacht, in der »die fortdauernde Gültigkeit des missionarischen Auftrags« herausgestellt wird. Wenig später hat der Lutherische Weltbund in einer Verlautbarung »Mission und Evangelisation« Positionen beschrieben, die das gemeinsame Bekennen in allen Bereichen des kirchlichen Zeugnisses und Dienstes zu fördern suchen und die den engen Zusammenhang zwischen Kirche und Mission festschreiben. Im November 1991 hat Bischof Martin Kruse vor der Synode der Evangelischen Kirche in Deutschland nachdrücklich auf den missionarischen Auftrag der Kirche verwiesen: »Die Kirche ist Mission oder sie hört auf, Kirche zu sein. Sie ist ein Instrument der missio Dei, seines Heilswillens für alle Welt.« Darum gebührt der missionarischen Aufgabe heute unbedingte Priorität.

Eine erfreuliche Übereinstimmung auf höchster Ebene! An der Basis jedoch, in den Gemeinden und auch unter Theologen, können wir nicht die gleiche Einheitlichkeit erkennen. In den protestantischen Kirchen, vor allem in der Bundesrepublik Deutschland, ist der Begriff »Evangelisierung« und die Sache, die wir darunter verstehen, von manchen theologischen, kirchenpolitischen und auch soziologischen Vorurteilen belastet. Von solchen Vorurteilen her hat auch das Stichwort von der Re-Evangelisierung Europas in manchen Kreisen kein gutes Image. Dennoch bedeutet unsere gegenwärtige Situation der geistigen Unruhe und der offenen Fragen eine nachdrückliche Herausforderung an die Kirchen, sich neu an den Auftrag des auferstandenen Christus zu erinnern: »Macht alle Menschen zu meinen Jüngern« (Mt 28,19).

Angesichts der Tatsache, daß der Kontinent Europa wieder zu einem Missionsland geworden ist, stehen wir vor der gemeinsamen Aufgabe, das Evangelium, die »gute Nachricht«, als verbindliche Einladung zur Nachfolge Jesu Christi und zur Gliedschaft in seiner Kirche so zu vermitteln, daß sie als tragfähiges Fundament des Lebens und der Gesellschaft erfahren werden kann.

Evangelisierung als Aufgabe der Gemeinde

Die Aufgabe der Evangelisierung – das ist reformatorisches Erbe – ist der ganzen Kirche anvertraut, dem Leib Christi, in dem die Gaben und Funktionen aller Glieder versammelt sind. Was in der Kirche im ganzen gilt, muß jedoch in der einzelnen Gemeinde konkret werden. »Ekklesia« ist im Neuen Testament nicht nur die Kirche in ihrer Gesamtheit, es ist zugleich die jeweilige Gemeinde am Ort. Sie lebt in unmittelbarer Beziehung zu den Menschen als Gottes Missions- und Diakoniestation in der Welt.

Die Ortsgemeinden in ihrer volkskirchlichen Prägung, wie sie uns in der Bundesrepublik Deutschland vorgegeben ist, sind aber nur unzureichend für diese Aufgabe vorbereitet. Ihre Strukturen dienen eher dem Bewahren des Überkommenen als der missionarischen Bewegung nach draußen. Zu lange haben wir auf Extensität, auf flächendeckenden Service für religiöse und soziale Bedürfnisse gesetzt und haben dabei die Intensität des Glaubensvollzugs und die Spiritualität vernachlässigt. Die Evangelische Kirche in Deutschland umfaßt nach der Vereinigung mit den Kirchen in den »neuen

Bundesländern« mehr als 29 Millionen evangelische Christen, unsere württembergische Landeskirche hat 2,5 Millionen Mitglieder; am gottesdienstlichen und geistlichen Leben der Kirche nimmt aber nur eine Minderheit teil. Die meisten haben sich in eine distanzierte Kirchlichkeit zurückgezogen. Die geistliche Ausstrahlung und die kirchliche Sitte hält nicht mehr Schritt mit den Privilegien, die die Kirche in der Öffentlichkeit noch immer genießt. Geistliche Aufbrüche und spirituelle Zentren entstehen eher am Rand der Kirche als in ihrer Mitte. So ist nicht allein die säkulare und multikulturelle Gesellschaft, sondern die Volkskirche selbst zum Feld der Evangelisierung geworden.

Die doppelte Ausrichtung der Evangelisierung

Evangelisierung muß sich demgemäß in einer zweifachen Richtung entfalten. Sie wird sich einerseits »nach innen« richten und auf Erweckung der vorhandenen Gemeinde zielen, die weithin in traditionellen Formen festgefahren ist, im Blick auf den Einsatz ihrer Charismen unterentwickelt, verunsichert oder müde geworden. Die Paraklesen des Neuen Testaments, das Ermutigen und Ermahnen, werden dabei im Vordergrund stehen müssen. Im einzelnen geht es hier um die Gewinnung und Zurüstung von Mitarbeitern und Laien zu Zeugnis und Dienst, um Angebote spirituellen Lebens als Oasen für den Dienst in der Welt, um das Einüben eines Lebensstils, der von der Freiheit geprägt ist, zu der uns Christus befreit (Gal 5,1), um Anleitung zur Gewissensbildung und zur Bereitschaft, öffentliche Verantwortung zu übernehmen.

Hand in Hand damit muß durch die Gemeinde am Ort und durch übergemeindliche Bewegungen die »Evangelisierung nach außen« Platz greifen. Sie geschieht durch den permanenten missionarischen Einfluß, den eine Gemeinde ausstrahlt, die geistlich lebendig ist, durch Glaubensgespräche, durch einladende, glaubenweckende Verkündigung und Bildungsarbeit, durch diakonische Zuwendung zu Armen und Benachteiligten, zu Randgruppen und Minderheiten, und durch die Bereitschaft zum Dialog mit Menschen anderen Glaubens, anderer Tradition und anderer Kultur.

So liegt im Blick auf die missionarische Durchdringung Europas der Ansatzpunkt nach reformatorischem Verständnis bei der missionierenden Gemeinde, die im Sinne des allgemeinen Priestertums aller Gläubigen ihre Gaben entdeckt und entfaltet. »Unsere missionarische Aufgabe besteht in der Befähigung der Gemeinden zu selbständigem Bekenntnis und verantwortlichem Handeln« (Arbeitspapier des Lutherischen Weltbundes »Mission und Evangelisation«, 1991).

Bis zu diesem Ziel haben wir noch einen langen Weg vor uns. Auf diesem Weg werden uns Enttäuschungen und Rückschläge nicht erspart bleiben. Darum ist es notwendig, daß zur Bewältigung dieser Aufgabe alle Kräfte in den verschiedenen Kirchen, denen es um die Verwirklichung unseres missionarischen Auftrags geht, zusammenstehen und zusammenarbeiten. Die Mission der Kirchen in einem säkularisierten Europa ist unsere gemeinsame Aufgabe. Ein gespaltenes Zeugnis, das nur die eigene Konfession oder die eigene Nation im Blick hätte, wäre eine Verleugnung des Herrn der Kirche, der will, »daß alle eins sein sollen« (Joh 17,21). An dieser ökumenischen Gemeinsamkeit hängt – bei allem noch vorhandenen Getrenntsein in Fragen der Lehre – zu einem wesentlichen Teil die Glaubwürdigkeit der Kirchen in einem vereinten Europa. Zusammen wollen wir darum bitten, daß Gottes lebenschaffender Geist auf unserem Kontinent ein neues Erwachen schenke, daß er selbst den Weg bereite, der uns zu seinem ewigen Reich führt.

Zum politischen Auftrag der Kirche

Anmerkungen zu einem umstrittenen Thema*

»Die Kirche hat den Auftrag, das Evangelium von Jesus Christus zu verkündigen: daß Gott die Welt geschaffen hat und ihr Herr ist; daß Jesus Christus das Heil der Welt ist und den schuldigen und leidenden Menschen zu Glauben und neuem Leben beruft; daß Gott diese Welt im Kommen seines Reiches zu ihrem Ziel bringen wird.«[1] Mit diesen Worten wird in einer Stellungnahme der »Arnoldshainer Konferenz«, eines Zusammenschlusses von Landeskirchen innerhalb der Evangelischen Kirche in Deutschland, die grundlegende Bestimmung der Kirche umschrieben: Zuerst und zentral hat die Kirche den Auftrag, allen Menschen das Evangelium von Jesus Christus zu verkündigen.

Von diesem Zentrum ihrer Verkündigung aus hat sich die Kirche dann aber auch zu »äußern« zu politischen, zu wirtschaftlichen und kulturellen Fragen. Denn das Evangelium von der heilsamen Befreiung durch Jesus Christus betrifft nicht nur den Menschen in seinem Innern, es meint immer den ganzen Menschen und sein jeweiliges Umfeld. Darum heißt es in dem zitierten kirchlichen Votum »Möglichkeiten und Grenzen eines politischen Zeugnisses der Kirche« weiter: »Diese Botschaft (von der Versöhnungstat Christi) gilt dem Menschen auch in seinen gesellschaftlichen und politischen Bezügen. Denn Gott, der die Welt und die Menschen geschaffen hat, will nicht, daß wir sie verachten

---

* Leicht gekürzter Vortrag vor der Landesgruppe Baden-Württemberg der CDU-Bundestagsfraktion am 23. September 1991 in Bonn

und zerstören. Gott, der barmherzig ist, will, daß wir dem Haß widerstehen und uns für Versöhnung einsetzen. Gott, der das Recht und den Frieden liebt, will nicht, daß Menschen einander Unrecht tun und in Friedlosigkeit leben. Gott, der die Vollendung seines Reiches zugesagt hat, läßt uns in den Nöten der Welt nicht tatenlos bleiben.«[2]

Wenn es der erste und zentrale Auftrag der Kirche ist, dem Menschen das Evangelium von Jesus Christus zu verkündigen, so beinhaltet dies auch ihren zweiten, davon ausgehenden, aber darum nicht weniger wichtigen Auftrag, angesichts der Fragen und Nöte in der Welt nicht tatenlos zuzusehen und die Welt sich selbst und den ihr innewohnenden Gesetzen zu überlassen.

Dies beides hat seinen Ursprung und Grund in dem, was Jesus gesagt und getan hat. Mit seinem Kommen ist etwas hoffnungsvoll Neues in dieser Welt angebrochen: das Reich Gottes. Als Zeichen dafür hat er Menschen die Vergebung Gottes zugesprochen, das Heil, und er war zugleich um ihr Wohl besorgt, einschließlich der menschlichen Beziehungen, in denen sie standen. Noch einmal: Es ging ihm immer um den ganzen Menschen!

Hinter das, was mit Jesus einst zeichenhaft begonnen hat, darf die Kirche nicht zurückgehen. Gottes Reich ist seitdem gegenwärtig und zukünftig zugleich: Zukünftig, weil erst am Ende der Zeiten Gott selber seine Herrschaft endgültig und für alle sichtbar herbeiführen wird. Aber auch schon gegenwärtig. Dafür haben die Christen und hat die Kirche in der Welt Zeichen zu setzen, indem sie – wie Jesus – ebenfalls um beides, um das Heil und um das Wohl der Menschen, besorgt sind.

I

Wie kann die Kirche diesen Auftrag wahrnehmen?

Die Kirche »macht« keine Politik auf direktem Wege, wie ein Parlament, eine Regierung und wie die politischen Parteien das tun. Sie kann sich nicht in Detailfragen politischen Ermessens einlassen und Ratschläge geben, wie es eine Regierung mit ihren Entscheidungen in der Innen- und Außenpolitik oder in Fragen der Wirtschaftspolitik im einzelnen zu halten habe, und welche der fast immer mehreren Möglichkeiten die vom christlichen Standpunkt aus einzig richtige sei. Wohl aber agiert sie als Anwalt: »Die Kirche hat gegenüber dem Staat und anderen Institutionen die Aufgabe, in Grundfragen des Gemeinwesens ihre Stimme zu erheben, Orientierung zu geben und den politischen Prozeß kritisch zu begleiten. Sie darf in konkreten Fällen den Konflikt mit dem Staat und der Öffentlichkeit nicht scheuen.«[3]

Einige Bereiche kirchlicher Anwaltschaft möchte ich im folgenden näher ausführen:

Die Kirche als Anwalt für den Willen Gottes in der Welt

Auch die Kirche hat teil an der allgemeinen Ratlosigkeit angesichts vieler Fragen und Probleme in einer immer undurchschaubarer werdenden Welt. Und auch die Kirche weiß nicht immer, was in der jeweiligen Situation der Wille Gottes ist. Was aber die Kirche in bestimmten Situationen kann und soll, das ist, die Gesellschaft und die Politiker an die Grundordnungen Gottes zu erinnern und so die Gewissen zu schärfen.

Ich erinnere hier zuerst an den Dekalog (2. Mose 20), an die Zehn Gebote Gottes. Auch in einer säkularen Gesellschaft gibt es, zumindest für die das menschliche Zusammenleben betreffenden Gebote, breite Zustimmung. Bei dem Balanceakt auf hohem Seil, der in manchen umstrittenen ethischen Fragen heute unumgänglich ist, sind die göttlichen Gebote so etwas wie ein darunter aufgespanntes Netz. Man kann zwar links oder rechts vom Seil fallen, aber solange wir von diesem Netz aufgefangen werden, ist schlimmerer Schaden vermieden. Darunter, unter die Ebene der Gebote, darf es nicht gehen, wenn ein Volk Bestand haben soll, wohl aber darüber hinaus.

Deshalb erinnere ich, darüber hinaus, an die Weisungen Jesu, von denen Grundlegendes in der Bergpredigt des Matthäusevangeliums (Mt 5–7) zusammengefaßt ist. Letztlich lassen sich alle diese Weisungen in dem uneingeschränkten Gebot der Liebe zusammenführen: Gott zu lieben und seinen Nächsten – ja, sogar den Feind! (Mt 22,37–40; 5,43–48).

Es wäre allerdings kurzschlüssig, zu meinen, daß diese biblischen Regeln für sich allein schon eine praktikable Grundlage für die Gesetzgebung in einem säkularen Staat abgeben könnten. Sie sind keine politisch direkt und im einzelnen umsetzbaren Handlungsanweisungen. Die Bergpredigt und viele einzelne Weisungen der Bibel stellen keine detaillierte Landkarte dar, auf der wir genau ablesen könnten, wohin der Weg geht. Eher sind sie einem Kompaß zu vergleichen: Es werden in diesen Worten deutliche Richtungen gewiesen, Hinweise auf das bleibend Gültige, woran sich zu orientieren sich lohnt.

Der Bereich von Grundwerten, Sinnstiftungen, Personwürde

Gerade hier gibt es erstaunlich hohe Erwartungen an die Kirchen. Und von nicht wenigen Zeitgenossen wird ihr in diesen Fragen Kompetenz zugesprochen – auch von solchen, die der Kirche und dem christlichen Glauben durchaus kritisch oder distanziert gegenüberstehen. Besonders deutlich war dies während der »Wende« in der DDR zu beobachten, als die Kirche die einzige gesellschaftliche Gruppierung war, die noch in hohem Maße Vertrauen genoß. Ihr wurde zugestanden und abgenommen, daß sie das Ganze des Menschlichen zu sehen bemüht ist, daß sie Vermittlerin von Sinnstiftungen und Grundwerten, von tragfähigen ethischen Fundamenten für die Lebens- und Weltgestaltung sein kann, daß sie für eine bei Gott verankerte Personwürde eintritt, die den stärksten Schutz gegen unmenschliche Ideologien und Systeme darstellt. Es war nicht das erste Mal in der Geschichte, daß gerade das erste Gebot des Dekalogs, das die grundsätzliche Bindung des Christen an Gott vor allen anderen Bindungen betont, Ideologien entlarvt und zu politischen Umwälzungen beigetragen hat. Von diesem ersten Gebot her wird es auch in der gegenwärtigen Situation im vereinten Deutschland eine der wesentlichen Aufgaben der Kirche bleiben, auf einen Wandel der Gesinnung hinzuarbeiten und zu vermitteln suchen, daß wirtschaftlicher Fortschritt, Wohlstand und Komfort allein nicht die höchsten Lebensgüter sein können.

Allerdings erwächst aus dem der Kirche entgegengebrachten Vertrauensvorschuß auch eine hervorgehobene Verantwortung. Wenn besonderes Gewicht hat, was sie in ethischen Fragen äußert, ist sie auch zu besonderer Sorgfalt bei der Findung und Vermittlung der Wahrheit verpflichtet.

Gesundes Mißtrauen ist deshalb gegenüber solchen Gedankengängen angebracht, die aus einem allgemeinen theologischen Grundsatz vorschnell nur eine einzige politische Folgerung ziehen und nur diese als allein wahr und gültig anerkennen. Ein Kurzschluß ist nicht immer der Weisheit letzter Schluß. Manches Porzellan ist durch solche kurzgeschlossenen politischen Äußerungen schon zerschlagen worden.

Parteinahme für die Schwächeren und Benachteiligten

Es ist nicht zu übersehen, daß sich Jesus den »Mühseligen und Beladenen« (Mt 11,28), den Menschen am Rand der Gesellschaft, den Menschen ohne eigenes Recht, in besonderer Weise zugewendet hat. Er hat ihnen das Heil zugesprochen und, wie schon erwähnt, sich in vielen Fällen auch um ihr äußeres Wohl gekümmert.

Wo heute Menschen in Not sind, wo offensichtliche Ungerechtigkeiten herrschen oder wo Menschenrechte verletzt werden, darf die Kirche nicht schweigen und tatenlos bleiben. Sie muß Partei ergreifen – ohne selbst zur Partei zu werden. Denn Schweigen könnte in diesen Fällen – zu Recht oder zu Unrecht – als Duldung von Unrechtsverhältnissen verstanden werden. Politische Neutralität als Prinzip bedeutet immer und automatisch politische Parteinahme für die stärkere Seite. Aus diesem Grund kann auch Ausgewogenheit nicht generell zum obersten Prinzip kirchlichen Redens und Handelns erklärt werden. Sachlich begründete Kritik gehört zum Auftrag der Kirche gegenüber Parteien, Interessenverbänden und gesellschaftlichen Gruppen.

Anwalt für die Schwächeren und Benachteiligten hat die Kirche in der Nachfolge Jesu zu sein. Allerdings ist gar nicht immer eindeutig zu entscheiden, wer jeweils wirklich der Schwächere ist. Sind die in unserem Land am Rande Stehenden nicht deutlich privilegiert gegenüber jenen, die in anderen Teilen der Welt sich auf der Flucht befinden und ums Überleben kämpfen? So ist diese Parteinahme für die Schwächeren, damit sie sachgemäß bleibt, immer in einen weiteren als den nationalen oder gar nur kommunalen Horizont zu stellen: sie muß in einem weltweiten Horizont gesehen werden.

Die Kirche hat Anwalt für Gerechtigkeit, Frieden und Bewahrung der Schöpfung zu sein

Mit diesen Stichworten wurde bei der Weltkirchenkonferenz in Vancouver 1983 ein Rahmen für die politische Verantwortung der Kirche abgesteckt; damit sind weltweite Probleme und Aufgaben angezeigt, deren Lösung überlebensnotwendig und deshalb auch von nationalem Interesse ist. Aber nur in einer internationalen und gemeinsamen Anstrengung aller können diese Aufgaben gelöst werden.

In der Einsicht, daß wir in den Fragen um Gerechtigkeit, Frieden und Bewahrung der Schöpfung zu langfristig tragfähigen Lösungen oder Kompromissen gelangen müssen, besteht breiter Konsens, über Kirchengrenzen, über Parteigrenzen, auch über nationale Grenzen hinweg. In den Antworten aber, wie diese Lösungen konkret aussehen könnten, tun wir uns schwer, die Politiker und die Kirche. Was sie dazu beitragen kann, bringt die Kirche ein: ihre Grundüberzeugungen, auch die ihr mögliche und zur Verfügung stehende Sachkompetenz von Spezialisten in Akademien, Fakultäten und Instituten. Sie erstellt Denkschriften zu ethischen und politischen Problemen. Bischöfe versuchen, sachgemäß und zugleich der biblischen Überlieferung verbunden, zu aktuellen Problemen Stellung zu nehmen.

Aber es ist natürlich deutlich, daß auch die Kirche nicht den Schlüssel hat, der in alle Schlösser paßt. Sie kann keine fertigen Rezepte anbieten.

Aus diesem Grund darf die Kirche niemals eine Partei überheblicher Besserwisser sein. Und dort, wo sie diesen Eindruck erwecken sollte, wird sie sich selbstkritisch zu prüfen haben. Sie muß sich darüber im klaren sein, daß alle menschlichen Bemühungen angesichts der komplexen Sachverhalte unserer technisch-wissenschaftlichen Entwicklung mit allen damit zusammenhängenden Folgeerscheinungen immer Stückwerk bleiben werden. Zur Einsicht in die Relativität menschlicher Bemühungen gehört auch, zuzugeben, daß es beim Herantasten an einzelne Lösungsversuche Differenzen, ja Streit geben kann. Die Kirche leidet darunter, daß in unserer von Schuld und Entfremdung gezeichneten Existenz alles nur bruchstückhaft, annäherungsweise – wenn überhaupt – zum Besseren gestaltet werden kann, daß es in dieser Welt Gerechtigkeit, Frieden und auch Wahrheit nur in relativer Annäherung und nicht als absolute Größen geben kann. Sie hat dies zu tragen als Teil des Kreuzes in der unerlösten Welt.

Ein Paradies auf Erden wird es deshalb nie geben. Es wird nur immer Menschen geben, die bereit sind, daran mitzuwirken, daß diese Erde ein wenig besser und gerechter gestaltet wird – im Sinne des Martin Luther zugeschriebenen Wortes von dem Apfelbäumchen, das er heute noch pflanzen würde, wenn er wüßte, daß morgen die Welt unterginge.

II

An zwei aktuellen Fragen möchte ich nun das bisher Gesagte beispielhaft erproben. Es kann dabei nicht um eine jeweils umfassende Stellungnahme zu dem genannten Problem gehen. Es sollen, sehr viel bescheidener, einige Aspekte zu unserem Thema sein, wie der politische Auftrag der Kirche konkret werden kann.

Die Frage des Schwangerschaftsabbruchs

Durch den Einigungsvertrag ist dem Bundestag die Aufgabe übertragen worden, die bisher bestehende Rechtsungleichheit zwischen Ost und West im Blick auf den § 218 zu beseitigen. Dieser Paragraph des StGB berührt vitale Grundfragen menschlichen Lebens. Darum hat sich auch die Kirche dazu zu äußern. Die katholische Kirche kann zu dieser Problematik aufgrund ihrer Morallehre eine einheitlichere Meinung vortragen als die evangelische, die immer stärker den einzelnen Menschen und seine persönliche Gewissensentscheidung im Blick hat. Dennoch müssen – aus meiner evangelischen Sicht – die folgenden Gesichtspunkte bei einer Neufassung des Strafrechtsparagraphen 218 beachtet werden.

1. Jedes Leben, auch das noch ungeborene, ist Geschenk Gottes und steht unter seinem Schutz. Gottes Gebot »Du sollst nicht töten« weist jeden Übergriff auf menschliches Leben ab. Gerade der Anfang und das Ende des Lebens, sein Werden und sein Erlöschen, sind in besonderer Weise schutzbedürftig. Beide sind für uns unverfügbar, und sie müssen es bleiben; sie stehen nicht in des Menschen Hand. Der Gesetzgeber hat das Mandat, für diese Unverfügbarkeit einzutreten und das Leben in seinem Werde- und Endstadium durch das Mittel gesetzlicher Maßnahmen zu schützen. Es darf hier keinen rechtsfreien Raum geben. Eine generelle Freigabe des Abbruchs einer Schwangerschaft – und sei es nur für drei Monate – bedeutet die Freigabe der Tötung menschlichen Lebens. Sie fällt damit unter das Netz des in seinen Geboten umgrenzten Willens Got-

tes. Weil menschliches Leben von Anfang an menschliches Leben ist, muß es von Anfang an geschützt werden. Die Kirche kann – nach meinem Verständnis – deshalb keiner gesetzlichen Regelung das Wort reden, die es letztlich in das freie Ermessen von Menschen stellt, über Leben und Tod zu entscheiden.

2. Es ist keine Frage, daß für unerwartet schwangere Frauen Lebenssituationen eintreten können, die sie als ausweglos und untragbar empfinden. Die Sensibilität für solche Situationen darf auch in der Kirche kein Lippenbekenntnis bleiben. Insbesondere sollten die Männer stärker in die Verantwortung für das Leben miteinbezogen werden.

Aber nicht jede persönliche, soziale oder wirtschaftliche Notsituation ist zugleich ein ethischer Konflikt. Ein echter, ethisch begründeter Konflikt ist – wenn wir Bonhoeffers Überlegungen zur Frage des Tyrannenmords heranziehen – zum Beispiel dann gegeben, wenn Leben gegen Leben abgewogen werden muß. Auch wenn für schwerwiegende Konfliktfälle rechtlich ein umgrenzter Raum der Straffreiheit geschaffen wird, darf dadurch nicht der Eindruck entstehen, der Abbruch einer Schwangerschaft sei als solcher sittlich gerechtfertigt. Tötung ist immer Schuld, und es wird in solchen besonderen Fällen Aufgabe der Kirche sein, in ihrer Seelsorge vermehrte Aufmerksamkeit denjenigen zuzuwenden, die davon betroffen sind.

3. Staat und Kirche müssen weitere Anstrengungen unternehmen, auf ein kinderfreundlicheres Klima in unserer Gesellschaft hinzuarbeiten. Verstärkte staatliche und kirchlich-diakonische Hilfen müssen Schwangeren in Notlagen zur Verfügung stehen. Dazu gehören zum Beispiel materielle Hilfen, die Schaffung von preiswertem Wohnraum, besonders für Alleinerziehende, von ausreichenden Beratungsmöglichkeiten, von Hort- und Kindergartenplätzen wie auch die Garantie, nach einer

gewissen Zeit wieder in ein adäquates Arbeitsverhältnis, eventuell mit flexibler Arbeitszeit, einsteigen zu können.

Das Asylrecht

Daß es in unserem Land auch in der Zukunft ein Grundrecht auf Asyl geben muß, steht außer Frage. Vor einem halben Jahrhundert haben fast eine Million Deutsche, die der Hitlerdiktatur entfliehen konnten, Zuflucht in anderen Ländern gefunden. Vor diesem Hintergrund ist Artikel 16 des Grundgesetzes zu sehen und in seiner fundamentalen Bedeutung festzuhalten: »Politisch Verfolgte genießen Asylrecht.«

Die Väter des Grundgesetzes konnten damals freilich nicht ahnen, daß 40 Jahre später ihre sehr allgemeine und weite Formulierung und deren Praxis zu einer hochbrisanten Entwicklung und zu äußerst gereizten Stimmungslagen in weiten Teilen der Bevölkerung führen würde. Daß einmal Hunderttausende aus den armen Regionen des Südens und des Ostens dieser Erde in eine reiche Bundesrepublik streben und Asyl beantragen würden, war für sie nicht vorstellbar. Im Grunde ist die Völkerwanderung, die heute weltweit im Gange ist und die ungefähr 20 Millionen Menschen als Flüchtlinge oder Asylanten unterwegs sein läßt, eine Armutswanderung. Sie könnte letztlich nur gesteuert werden, wenn es den reichen Nationen der Erde gelänge, in den Ursprungsländern der Flüchtenden solche wirtschaftlichen Verhältnisse zu schaffen, daß die Gründe für einen Aufbruch in andere Regionen entfallen. Mit verstärkter und qualifizierter Entwicklungshilfe allein ist das Problem aber – zumindest in einem überschaubaren Zeitraum – nicht zu lösen, und Bürgerkriege lassen sich in dieser Welt – wie jüngste Beispiele zeigen – nicht abschaffen. Ethnische Fragen werden künftig wohl ein immer stärkeres Konfliktpotential bilden. Den großen Fluchtbewegungen der Moderne kann offenbar nicht mehr allein mit den Mitteln eines individuellen, auf persönliche politische Verfolgung zugeschnittenen Rechts angemessen begegnet werden, so sehr dieses festgehalten werden muß.

Als Christen treten wir für ein Asyl- und Ausländerrecht ein, nach dem unverbrüchlich gilt, daß jedem Menschen in Not und Verfolgung geholfen werden soll, auch und gerade dem Ausländer und Flüchtling. Eindrücklich bleibt, wie im angeblich fremdenfeindlichen alten Israel Gott selber den Ausländer im Land unter seinen Schutz stellt: »Wenn ein Fremdling bei euch wohnt in eurem Lande, den sollt ihr nicht bedrücken. Er soll bei euch wohnen wie ein Einheimischer unter euch, und du sollst ihn lieben wie dich selbst; denn ihr seid auch Fremdlinge gewesen in Ägyptenland. Ich bin der HERR, euer Gott« (3. Mose 19,33f. u. ö.). Viele Menschen der Bibel haben, zumindest zeitweise, Asyl in einem anderen Land gefunden, angefangen bei den Erzvätern Abraham, Jakob und Josef, ausgesprochenen Wirtschaftsflüchtlingen, bis hin zu Maria und Josef mit dem neugeborenen Jesuskind. Jeder wird verstehen, daß die Kirche von daher als »Lobby« der Bedrängten und Verfolgten auftreten muß und deshalb gesetzliche Regelungen wünscht, die die Menschenwürde des entsprechenden Personenkreises sichern. Ich denke in diesem Zusammenhang auch an die vielen ehrenamtlichen Kräfte und Arbeitskreise in den Kirchen, die sich mit großem Engagement um Asylbewerber und Aussiedler kümmern, ihnen in ihren Schwierigkeiten beistehen und mit ihnen erste Schritte der Integration zu gehen versuchen.

Wir wissen aber auch, daß Wunsch und Wirklichkeit oft zweierlei sind, und daß Herz und Verstand häufig in

Konflikt miteinander geraten. Darum ist verständlich, daß verantwortliche Politiker Kompromisse suchen müssen zwischen Herz und Verstand. Gesetzliche Regelungen können nie allen einzelnen Menschen und Schicksalen gerecht werden, und bei allem Bemühen, Wunsch und Wirklichkeit möglichst menschen- und sachgerecht auszubalancieren, werden sich doch Ungerechtigkeiten und Härten nicht vermeiden lassen. Wir wissen als Kirche um die damit verbundene Belastung und Gewissensnot. Wir sehen aber auch, daß es über die Parteigrenzen hinweg zu einer »Übereinkunft der Vernunft« kommen muß (Erwin Teufel), wenn die Probleme der Zuwanderung nicht weiter eskalieren sollen.

Was immer jetzt im einzelnen geschehen wird, es darf am Ende nicht das Ergebnis stehen, daß die Tür zur Bundesrepublik so dicht geschlossen wird und unser Land im Vorfeld schon so abgeschirmt wird, daß politisch Verfolgte erst gar nicht anklopfen, geschweige denn hereinkommen können. Daß den in ihrer Heimat politisch echt Verfolgten bei uns Asyl und eine neue Heimat in unserem Land gewährt wird, sollte uns, wie den Vätern des Grundgesetzes, selbstverständlich sein.

Ich komme zum Schluß, wohl wissend, daß wichtige Aspekte noch hinzuzufügen und zu erläutern wären.

Ich hoffe, es ist deutlich geworden, daß die Kirche nicht in einem Ghetto lebt, fernab aller Politik. Mitten in der Welt hat sie neben ihrem missionarischen und diakonischen auch ihren politischen Auftrag wahrzunehmen, so daß beide, Staat und Kirche, jeder auf seine Weise, nach seinen Möglichkeiten und gemäß seinem Auftrag, sich gemeinsam um die ihnen gestellten Aufgaben bemühen.

Anmerkungen

1 Theologischer Ausschuß der Arnoldshainer Konferenz: Möglichkeiten und Grenzen eines politischen Zeugnisses der Kirche und ihrer Mitarbeiter, Neukirchen 1982, S. 10.

2 Ebda.

3 Evangelische Kirche und freiheitliche Demokratie. Eine Denkschrift der Evangelischen Kirche in Deutschland, Gütersloh 4. Aufl. 1990, S. 47.

Unerwartet schwanger?*

Sehr geehrte Frau...,
mit diesem Brief möchte ich Sie persönlich ansprechen. Ich kenne Sie und Ihr ganz eigenes Schicksal zwar nicht, ich weiß aber in etwa dieses:

Sie sind unerwartet schwanger geworden und dadurch in eine Situation geraten, die Sie als schwere Belastung erleben. Auch wenn Sie Kinder durchaus bejahen, sehen Sie jetzt, in Ihren augenblicklichen Lebensumständen, doch keine Möglichkeit, das neue Leben anzunehmen. Vielleicht, weil Sie sich mit Ihrer Verantwortung alleingelassen sehen oder Konflikte und Enttäuschungen mit Ihrem Partner zu überwinden haben. Vielleicht, weil Ihre berufliche Existenz gefährdet, Ihre Lebensgrundlage nicht gesichert, keine oder nur eine unzureichende Wohnung vorhanden ist. Oder auch, weil Ihr Ehemann das Kind nicht bejaht, weil es die Lebensverhältnisse der Familie einschränkt. Dies alles kann Ängste auslösen und in Ratlosigkeit führen.

Obwohl mir bewußt ist, daß die Lebensumstände einzelner Menschen viel zu verschieden sind, als daß man sie in wenigen Sätzen zutreffend beschreiben könnte, versuche ich, mich in Ihre Situation hineinzudenken: Sie spüren Ihre Verantwortung gegenüber dem neuen Leben, das Ihnen anvertraut ist. Gleichzeitig werden Sie von der Tatsache bedrängt, daß weder Ihre Kraft noch Ihre finanziellen Mittel ausreichen, diesem Kind

* Ein Brief, der erstmals 1990 gedruckt und in Evangelischen Beratungsstellen ausgelegt wurde

das zu geben, was es nach Ihren Vorstellungen zum Leben braucht.

Wir Christen, die wir Ihnen in dieser Situation zur Seite stehen möchten, wissen, daß es solche Gewissenskonflikte gibt. Sie gehören zu den schwersten, die ein Mensch in seinem Leben durchzustehen hat.

Wir glauben, daß Gott als unser Schöpfer das menschliche Leben liebt und daß er uns den Auftrag gegeben hat, es anzunehmen und in allen seinen Phasen zu schützen, sei es geboren oder noch nicht geboren. Gleichzeitig sehen wir, daß es Situationen gibt, in denen Menschen sich diesem Auftrag nicht gewachsen fühlen und sich nicht vorstellen können, das Recht eines anderen auf Leben und Zuwendung zu akzeptieren, wenn es sie selber in unerträglich scheinender Weise belastet. Als Menschen haben wir nur begrenzte Kräfte. Das weiß ich. Deshalb maße ich mir nicht an, zu urteilen, wie immer Ihre Entscheidung ausfallen mag. Ich möchte Sie aber verstehend begleiten und Ihnen einiges zu bedenken geben, das Ihnen in Ihrer Lage vielleicht ein kleines Stück weiterhelfen kann.

Lassen Sie sich Zeit mit der endgültigen Entscheidung

Sie stehen vor einer Entscheidung, in der es um Leben oder Tod geht. Es ist deshalb wichtig, daß Sie Ihre Entscheidung in Ruhe treffen, nicht in der ersten Panik. Halten Sie jetzt vor allem Zwiesprache mit sich selbst, mit dem Leben, das in Ihrem Leib begonnen hat, und mit Gott, dem Ursprung alles Lebens. Lassen Sie alle Ihre Gedanken und Gefühle an sich herankommen; verdrängen Sie nichts, auch wenn es schwierige, unbequeme und widersprüchliche Gedankengänge sind, auch wenn Zweifel und Ängste Sie quälen.

Vielleicht gehen manche Ihrer Gedanken in diese Richtung: »Mein Verantwortungsbewußtsein sagt mir, daß ich mit einem Schwangerschaftsabbruch etwas tue, was ich eigentlich nie wollte, was gegen das Leben gerichtet ist. Ich weiß, wenn ich dies tue, wird das Trennung bedeuten, Schmerz, Trauer und Schuld. Und mein Leben wird in der Zukunft nicht wieder so sein, wie es war, ehe ich schwanger wurde.«

Wenn solche Gedanken in Ihnen aufsteigen, dann wehren Sie sich nicht dagegen. Selbst wenn Sie am Ende keine andere Möglichkeit sehen sollten als den Abbruch der Schwangerschaft, kann es wichtig sein, diese schmerzhaften Empfindungen nicht wegzuschieben, sondern bewußt zuzulassen.

Treffen Sie Ihre Entscheidung nicht gegen Ihre eigene Überzeugung

Eine Entscheidung von solcher Tragweite darf nicht von anderen getroffen oder Ihnen aufgedrängt werden, auch nicht von den Allernächsten. Lassen Sie sich nicht von den Ansichten und Erwartungen anderer bestimmen. Ihre eigene Entscheidung ist hier gefragt.

Die Beziehung zu Ihrem Partner mag durch die Schwangerschaft in eine ernste Krise geraten sein. Entweder er hält zu Ihnen auch in dieser kritischen Situation – oder er steht auch sonst nicht zu Ihnen. Nehmen Sie eine erste Ablehnung oder sein Unverständnis über Ihre bedrängte Lage und Ihre Gewissensnot nicht als letztes Wort. Auch er braucht Zeit, sich mit der neuen Situation auseinanderzusetzen. Er urteilt »von außen«. Haben Sie, wenn es sein muß, den Mut, eine Strecke Ihres Lebens allein zu gehen.

Ihre Umgebung bedrängt Sie vielleicht mit unbedachten oder gar verletzenden Äußerungen. Es ist schwer, sich davon nicht beeindrucken zu lassen. Bedenken Sie aber, daß diese Reaktionen sich ändern können, wenn Sie entschlossen zu Ihrer Entscheidung stehen und innerlich gewiß sind über Ihren Weg.

Noch ringen Sie um diese Gewißheit. Deshalb will ich ein paar weitere Überlegungen anfügen, die für Sie wichtig sein können:

Haben Sie Vertrauen, daß eine bedrückende Situation sich auch ändern kann

Vielleicht haben Sie jetzt das Gefühl, Ihr Leben sei gänzlich aus dem Lot geraten. Sie haben Angst, daß Ihre körperlichen oder seelischen Kräfte nicht ausreichen, um die Situation zu bewältigen und einem Kind gerecht zu werden. Die Fülle von Schwierigkeiten, die unsichere Zukunft, all dies kann wie ein Berg vor Ihnen stehen. Nichts scheint darüber hinwegzuhelfen.

Bitte bedenken Sie aber: Es könnte sein, daß Sie nur in den ersten Monaten der Schwangerschaft Ihre Kraftlosigkeit besonders stark empfinden. Gewiß ist Ihre Befürchtung nicht abzuweisen, Sie könnten an der Belastung zerbrechen. Doch wir wissen auch von Frauen, die in einer solchen Krise die Erfahrung gemacht haben, daß sie darin wachsen und Kräfte entfalten konnten, die sie gar nicht bei sich vermutet hätten.

Vielleicht haben Sie einen Zugang zum Gebet. Gerade ausweglos scheinende Situationen können uns dazu bringen, mit Gott zu reden und mit seiner Hilfe zu rechnen. Bitten Sie Gott, daß er Ihnen Kraft schenkt für den Weg, der vor Ihnen liegt, für die Entscheidung, die Sie zu treffen haben.

Noch ein Gedanke, der Sie vielleicht entlasten mag: Oft meinen wir, unsern Kindern umfassend geordnete und äußerlich optimale Verhältnisse bieten zu müssen. Aber Kinder brauchen keinen Perfektionismus, um glücklich zu sein. Für ihr Gedeihen ist Wärme, Nähe, Angenommensein und Liebe viel wichtiger.

Wir möchten Sie zu einem (weiteren) vertraulichen Beratungsgespräch einladen

Niemand kann Ihnen Ihre persönliche Entscheidung abnehmen. Aber fachlich geschulte und erfahrene Beraterinnen können Ihnen helfen, eine eigene Entscheidung zu finden und zu bejahen. Sie sind bereit, ein Stück Ihres Weges mit Ihnen zu gehen, wenn Sie das wünschen. Die Menschen, denen Sie sich anvertrauen, bewahren Verschwiegenheit und bleiben offen für Sie, auch nach der erfolgten Beratung.

Über das Angebot der Beratungsstellen hinaus bieten Ihnen auch Pfarrerinnen und Pfarrer, einzelne Gemeindeglieder oder besondere Helferkreise ihre Zuwendung und Zeit an für Gespräche, Begleitung und ganz praktische Hilfeleistungen. Wenn Sie niemanden kennen, gibt die Beratungsstelle oder ein Pfarramt Ihnen gerne Adressen weiter oder stellt einen Kontakt für Sie her. Ich wiederhole noch einmal: Wir möchten für Sie da sein, wenn Sie uns brauchen.

Mit freundlichen Grüßen
D. Theo Sorg
(Landesbischof)

Unerwartet Vater?*

Sehr geehrter Herr...
»Daß gerade uns das passieren muß!« – das mag einer Ihrer ersten Gedanken gewesen sein, als Sie von Ihrer Frau oder Ihrer Partnerin erfahren haben, daß sich ganz unerwartet ein Kind angemeldet hat. Vielleicht stehen Sie noch in der Ausbildung oder im Studium und fühlen sich nicht in der Lage, Verantwortung für ein Kind zu übernehmen. Oder Sie möchten sich nicht auf Dauer binden und würden jetzt am liebsten die Beziehung beenden. Vielleicht haben Sie sich beim Hausbau oder durch Anschaffungen stark verschuldet und überblicken die finanziellen Folgen nicht, die ein Kind zum jetzigen Zeitpunkt für Ihre Familie mit sich bringt. Oder Sie leben in so beengten Wohnverhältnissen, daß ein weiteres Kind Ihre Ehe- und Familiensituation über Gebühr belasten könnte. Sie können sich über das Leben, das nun begonnen hat, nicht freuen. Im Gegenteil: Sie empfinden es als eine unzumutbare Belastung. So legt sich Ihnen der Gedanke nahe, das »Problem« so rasch und unauffällig wie möglich aus der Welt zu schaffen.

Ich nehme Ihre Bedenken und die möglichen Folgerungen ernst. Ich weiß, daß die Konfliktsituation, in der Ihre Familie oder Ihre Partnerin und Sie stehen, von außen her kaum zu beurteilen ist. Mir ist auch klar, daß ein Appell, doch einfach die Situation anzunehmen

* Ein Brief, der erstmals 1991 gedruckt und in Evangelischen Beratungsstellen ausgelegt wurde

und einen mutigen Schritt zu wagen, aus dem sich neue Perspektiven ergeben, in Ihrer Lage wenig hilfreich ist. Schließlich ist mir bewußt, daß Angebote äußerer Hilfe, über die Sie in den anerkannten Beratungsstellen umfassende Auskunft erhalten, weder alle Probleme lösen noch Ihr eigenes Ja zu dem heranwachsenden Leben, das ganz wesentlich auf die elterliche Annahme und Liebe angewiesen ist, ersetzen können.

Dennoch möchte ich Sie bitten, Ihre ersten Gedanken nicht schon Ihr letztes Wort sein zu lassen. Eine so tiefgreifende und weitreichende Entscheidung über Leben und Tod muß gründlich bedacht werden. Dem steht freilich entgegen, daß die Zeit drängt. Sie müssen innerhalb von wenigen Wochen gemeinsam zu einer Entscheidung kommen. Deshalb ist es wichtig, die Gedanken anderer in Ihr Nachdenken mit einzubeziehen. Ich möchte Ihnen jetzt einige Gesichtspunkte nennen, von denen ich meine, daß Sie sie nicht außer acht lassen sollten.

Miteinander reden

Voraussetzung für eine sorgfältig und verantwortlich zu treffende Entscheidung ist, daß Sie zusammen mit Ihrer Frau oder Partnerin alle denkbaren Wege gründlich prüfen und offen miteinander besprechen. Sie sollten dabei Ihre eigenen Gefühle nicht unterdrücken. Sie sollten auch sorgfältig darauf achten, wie Ihre Frau oder Ihre Partnerin die neue Situation empfindet. Gerade ihre Fragen und Ängste dürfen nicht einfach ausgeblendet werden. Ich bitte Sie deshalb: Sprechen Sie offen miteinander! An dieser Stelle gilt der Satz nicht: Das muß jeder mit sich selber abmachen! Nein: Auch Sie als Mann und werdender Vater sind hier gefordert! Entziehen Sie sich Ihrer Verantwortung nicht! Selbst das Eingestehen Ihrer eigenen Hilflosigkeit kann in einer solchen Situation schon eine Hilfe sein.

Weiter halte ich es für ganz wichtig, daß Sie in dieser Zeit der Entscheidungsfindung – und natürlich auch darüber hinaus – zu Ihrer Frau oder Ihrer Partnerin stehen und die unerwartete Schwangerschaft nicht als »allein ihr Problem« abtun. Für manche Frau wird eine ungeplante Schwangerschaft erst dadurch zum Problem, daß der mitverantwortliche Mann sie allein läßt. Vielen Frauen würde ein Ja zu dem neuen Leben leichter fallen, wenn es von ihrem Partner mitgetragen würde. Lassen Sie Ihre Partnerin gerade dann nicht im Stich, wenn sie Sie am meisten braucht! Distanzieren Sie sich nicht von ihr! Solche Erfahrungen des Alleingelassenseins belasten eine Ehe oder eine Partnerbeziehung auf kaum wieder gutzumachende Weise.

Stellen Sie Ihre Frau oder Ihre Partnerin auch nicht vor die Alternative: »Das Kind oder die Ehe!« oder: »Das Kind oder unsere Beziehung!« Gehen Sie, wenn Ihre Partnerin es wünscht, mit zur Beratung! Verlieren Sie nicht gleich die Geduld, wenn das erste Gespräch vielleicht noch kein greifbares Ergebnis bringt. Eine Entscheidung muß reifen! Und tragen Sie auf jeden Fall die Entscheidung mit! Wenn es zu einem Schwangerschaftsabbruch kommen sollte, dann braucht Ihre Partnerin Sie in dieser von Schmerz und Trauer geprägten Situation ganz besonders. Und sie braucht Sie ebenfalls, wenn Sie sich gemeinsam für Ihr Kind, und damit auch für Einschränkung, Verzicht und Opfer entscheiden. In einer verantwortlichen Beziehung der Liebe stehen die Partner zueinander. Sie nehmen wahr, was dem anderen gut tut. Sie achten einander und nehmen Rücksicht. Sie versetzen sich in die Lage des anderen und üben keinen Druck aufeinander aus. Sie versuchen, einen für beide gangbaren Weg zu finden und ihn gemeinsam zu verantworten.

Verantwortung für das Leben übernehmen

Das Leben ist ein wunderbares Geschenk. Wir Menschen sind von Gott beauftragt, Leben zu schützen und zu erhalten. Aber wir werden diesem Auftrag nicht immer gerecht. Wir sehen uns manchmal dazu auch gar nicht in der Lage. Es gibt ausweglos erscheinende Situationen, wo uns nur die Wahl bleibt zwischen zwei Übeln. Wir werden so oder anders schuldig und bleiben auf Gottes Barmherzigkeit angewiesen. Die Entscheidung, ein Leben, das gerade begonnen hat, gewaltsam zu beenden, kann nicht ohne ernsthafte Gewissensprüfung getroffen werden. Sie muß in Rechnung stellen, daß es hier um Leben und Tod geht. Ich bitte Sie, entscheiden Sie sich für das Leben, wenn immer Sie die Möglichkeit dazu sehen!

Sie haben diesen Brief nicht achtlos weggelegt. Ich schließe daraus, daß Sie es sich nicht leicht machen. Sie wollen keine oberflächliche Entscheidung treffen. Es ist meine Erfahrung und die Erfahrung vieler anderer Christen, daß uns aus dem Glauben immer wieder seelische Kräfte zuwachsen, die wir selber nicht in uns vermutet hätten. Wir können an einer bewußt übernommenen Verantwortung innerlich wachsen.

Könnte es nicht sein, daß nach einer Durststrecke von einigen Jahren alles wieder ganz anders aussieht? Aus einer anfänglich nicht gewollten Schwangerschaft kann ein Kind hervorgehen, das den Eltern besonders ans Herz gewachsen ist und das sie aus ihrem Leben nicht mehr wegdenken können. Aus dem anfänglichen »Daß gerade uns das passieren muß!« kann ein »Wie gut, daß es dich gibt!« werden.

Mit freundlichen Grüßen
(D. Theo Sorg)
Landesbischof

Nicht wegsehen!*

Sehr geehrte, liebe Brüder und Schwestern
im Pfarramt,
wir gehen auf den Buß- und Bettag des Jahres 1992 zu. In großem Ernst sprechen uns die biblischen Worte dieses Tages an. In Sprüche 13,34 heißt es: »Gerechtigkeit erhöht ein Volk; aber die Sünde ist der Leute Verderben.« Und zu Beginn des Predigttextes des Bußtags steht in Röm 2: »Darum, o Mensch, kannst du dich nicht entschuldigen, wer du auch bist, der du richtest. Denn worin du den andern richtest, verdammst du dich selbst, weil du ebendasselbe tust, was du richtest.« Es ist der Ruf zur Buße und Umkehr, der uns aus diesen Texten entgegenkommt. Wir wollen diesen Ruf des biblischen Wortes hören und annehmen, in der Hoffnung, daß auch unter uns wahr werde, was Paulus in der Mitte des Predigttextes schreibt: »Weißt du nicht, daß dich Gottes Güte zur Buße leitet?« (Röm 2,4)

Buße, Umkehr, Gerechtigkeit... Wie schon lange nicht mehr, berühren uns diese Worte in unverhüllter und eindringlicher Weise.

Wir erleben in diesen Wochen und Monaten, wie unser Volk aufgewühlt wird durch Geschehnisse, die wir vor noch nicht allzulanger Zeit für undenkbar hielten. Zuerst waren es böse und verletzende Worte, die fielen. Dann flogen Steine und Brandflaschen. Menschen in unserem Land wurden angegriffen, in ihrer Gesund-

---

* Brief vom 28. Oktober 1992 zum Buß- und Bettag an die württembergischen Pfarrerinnen und Pfarrer

heit beschädigt; ja bis zu Totschlag und Mord reicht die Eskalation. Brennende Asylunterkünfte, antisemitische Schmierereien, geschändete jüdische Friedhöfe, Angriffe auf Fremde, unverfrorenes Auftreten rechtsextremer Gruppen und deren ausdrückliche Duldung durch einen Teil der Bevölkerung – das alles sind nicht Alpträume, es ist Realität mitten unter uns. Darüber hinaus regen sich nationalistische Strömungen in vielen Staaten Europas, ein mörderischer Krieg tobt in Südosteuropa. Wir stehen dabei nicht abseits, sondern mitten drin.

Wir wissen, daß unser Land vor schwierigen wirtschaftlichen und sozialen Problemen steht. Wir wissen auch, daß Migrationsbewegungen europaweit, ja weltweit im Gang sind. Und wir wissen, daß sich den politisch Verantwortlichen in der Bundesrepublik Aufgaben stellen, die nicht mit schnellen Rezepten zu erledigen sind. Es ist gerade die Ratlosigkeit, die uns zu schaffen macht, weil wir keine Wege sehen, wie dieses oder jenes Problem zu lösen ist.

Als christliche Gemeinde sind wir aufgerufen – unabhängig davon, wie wir die vorgeschlagenen politischen Lösungen für einzelne Probleme beurteilen –, für die Menschen einzutreten, die in unserem Land an Leib und Leben bedroht werden. Wir sind aufgerufen, in unmißverständlicher Form jeder Art von Antisemitismus entgegenzutreten. Wir sind aufgerufen, Kriegsflüchtlingen beizustehen, und ich danke für manche konkreten Hilfen, die in den letzten Wochen hier spontan sichtbar geworden sind. Wir sind aufgerufen, auch mit denen das Gespräch zu suchen, die – aus mancherlei Gründen – sich auf den Weg des Hasses und der Gewalt oder der stillschweigenden Duldung von Übergriffen begeben haben. Nicht wegsehen ist für uns das Gebot der Stunde; das Einmischen ist jetzt unsere Aufgabe. Nicht das Abseitsstehen, sondern das Entgegentreten.

Im Sinne des Predigttextes am Buß- und Bettag richtet sich die erste Frage an uns selbst, an uns als Christen und als christliche Kirche, wie weit wir das Zeugnis unseres Glaubens in überzeugender Weise gelebt haben und leben. Sind wir glaubwürdige Zeugen des Evangeliums, das die Versöhnung durch Christus als Mitte hat? Der Buß- und Bettag führt uns in die Selbstbesinnung, in die Buße und in das Gebet. Vielleicht kann sich an diesem Tag wieder das ereignen, was Paulus in unserem Text beschreibt: »Weißt du nicht, daß dich Gottes Güte zur Buße leitet?«

Ich bitte Sie alle, im Gottesdienst am Buß- und Bettag in besonderer Weise der angesprochenen Problemfelder zu gedenken. Ich füge einen Vorschlag für ein Fürbittengebet diesem Brief bei.

In der Verbundenheit des Glaubens und des Dienstes grüßt Sie herzlich Ihr
(D. Theo Sorg)

Fürbittengebet

In Jesus Christus hast du, ewiger Gott, uns mit dem Reichtum deiner Güte beschenkt. Du hast uns, mehr als andere Völker in der Welt, mit Gütern zum Leben ausgestattet. Dafür danken wir dir. Vergib uns, wo wir achtlos mit deinen Gaben umgegangen sind. Wo wir für selbstverständlich genommen haben, was nicht selbstverständlich ist. Wo wir nur geklagt und gefordert haben, anstatt uns dankbar zu freuen.

Höre uns nun, wenn wir jetzt zu dir kommen und dich bitten.

Herr, wir bitten für die Menschen in unserem Volk, die voller Angst sind, weil sie fürchten, daß der Raum zum Leben nicht mehr ausreicht, daß Arbeit und Wohnmög-

lichkeiten eingeschränkt werden. Laß sie erkennen, daß das Vertrauen in deinen Weg mit uns wichtiger ist als alle Sicherungen des Lebens, die wir selbst schaffen. Wir rufen zu dir:
Herr, erbarme dich.

Wir bitten für alle Menschen, die in unserem Land Zuflucht suchen, Zuwendung und Hilfe. Laß sie Zeichen der Barmherzigkeit finden, Zeichen der Hoffnung. Öffne ihnen und uns Wege, die aus der Ratlosigkeit herausführen. Wir rufen zu dir:
Herr, erbarme dich.

Wir bitten für die jüdischen Mitbürger und ihre Gemeinden in unserem Land, die jetzt aufs neue geängstigt sind, die beschimpft und geschmäht werden. Du selbst trägst das Antlitz deines Volkes. Gib uns Kraft und Mut, allem zu widerstehen, was dieses Antlitz schändet. Wir rufen zu dir:
Herr, erbarme dich.

Wir bitten für die Menschen im ehemaligen Jugoslawien, wo unablässig die Furie des Krieges tobt und Menschen bedroht, wo Tod, Zerstörung und Vertreibung ihr grausames Wort sprechen. Du hast das letzte Wort, das dem Tode die Macht nimmt. Gib uns in aller Ohnmacht diese Gewißheit – und helfende Hände, um Zeichen der Hoffnung zu setzen. Wir rufen zu dir:
Herr, erbarme dich.

Wir bitten für alle Politiker und Verantwortlichen in unserem Land. Wir leiden mit an ihrer Ratlosigkeit. Stärke sie, damit sie gemeinsame Wege finden, die vor dir bestehen können, und Lösungen, die gerecht sind und den Menschen helfen. Wir rufen zu dir:
Herr, erbarme dich.

Wir bitten für alle, die sich auf die Straße des Hasses, der Gewalt oder des tödlichen Schweigens haben ziehen lassen, daß sie sich abwenden von allem Bösen und sich zur Umkehr rufen lassen. Wir rufen zu dir:
Herr, erbarme dich.

Wir bitten für uns, deine Kirche und Gemeinde. Wir tragen deinen Namen. Verlaß uns nicht! Vergib uns unsere Schuld, unsere Sprachlosigkeit, unsere unterlassene Hilfe.

Herr, wir wissen nicht mehr als die anderen, die mit uns in dieser Welt unterwegs sind. Aber dies wissen wir, daß du Herr bist und daß deine Güte uns zur Umkehr leitet. Erhalte uns in diesem Glauben um deines Namens willen. Amen.

Wundmale am Leib der Kirche*

»Wenn ihr auch viel betet, höre ich euch doch nicht, denn eure Hände sind voll Blut. Wascht euch, reinigt euch, tut eure bösen Taten aus meinen Augen, laßt ab vom Bösen! Lernet Gutes tun, trachtet nach Recht, helft den Unterdrückten, schaffet den Waisen Recht, führet der Witwen Sache!« (Jes 1,15–17)

»Eure Hände sind voll Blut.« Nein, sie hatten keine blutigen Hände, die Mörder von Grafeneck. Wer nur einen Gashahn aufzudrehen braucht, bekommt keine blutigen Hände, nicht einmal schmutzige. Es gehört zu den traurigsten Errungenschaften unseres Jahrhunderts, daß man gelernt hat, Menschen umzubringen, ohne dabei blutige Hände zu bekommen. Aber schuldige Hände waren es allemal, die an den Gasventilen hier in Grafeneck herumgefingert und unschuldige Menschen einem grausamen Tod ausgeliefert haben. Hände, die nicht einfach reinzuwaschen sind von der Blutschuld, die an ihnen klebt.

Um nur ein einziges Beispiel aus jener schrecklichen Zeit vor fünfzig Jahren zu nennen: Vor kurzem ist ein kleines Buch erschienen mit dem Titel: »Emma Z. Ein Opfer der Euthanasie«. Einer unserer württembergischen Pfarrer hat es geschrieben, und er beschreibt darin das Schicksal seiner Großmutter, der Pfarrerswitwe Emma Zeller. Ihre letzten Lebensjahre mußte sie in der Psychiatrie in Weinsberg verbringen. Am 4. Juni

* Ansprache zur Eröffnung der Gedenkstätte Grafeneck am Buß- und Bettag, 21. November 1990

1940 wurde sie in Grafeneck ermordet – vergast. 89 Frauen starben mit ihr an jenem Tag. »Lebensunwertes Leben« nannte man im Jargon der NS-Ideologen solche Menschen, und mit dem Stichwort »Euthanasie« versuchte man, das Mordgeschehen menschlich zu verbrämen.

Fünfzig Jahre sind seitdem vergangen. Lange haben wir in Kirche und Diakonie geschwiegen über die Vorgänge in den Einrichtungen der damaligen Inneren Mission bei der Durchführung der »Geheimen Reichssache T 4« hier in Grafeneck. Wir haben geschwiegen zu der Ermordung von mehr als 10600 körperlich oder psychisch kranken Mitmenschen – mitten unter uns. Vielleicht waren wir zu sehr von diesem furchtbaren Geschehen betroffen und hatten nicht die innere Kraft, uns dem zu stellen, was damals geschehen ist. Es hat sich aber auch hier, wie schon so oft, gezeigt, daß Schuld nicht getilgt wird und Probleme nicht gelöst werden, indem man sie verdrängt. Was wir verdrängen, ohne es wirklich bewältigt zu haben, kommt an anderer Stelle wieder hoch, bedrängend und belastend.

So stehen wir heute, nachdem das Schweigen gebrochen ist, in einer doppelten Schuldverhaftung an dieser Gedenkstätte hier in Grafeneck. Wir sind schuldig geworden, daß ein solches Mordgeschehen sich in unserer Mitte ereignen konnte. Und wir tragen Schuld, daß die Zunge der Christen damals gelähmt war, daß der gemeinsame Aufschrei der Kirche ausgeblieben ist. Wir wollen die Akte persönlicher Tapferkeit, die es in jener Zeit auch gab, nicht gering achten und nicht vergessen: den Widerstand von Pfarrer Schlaich in Stetten, oder die tapferen Briefe von Landesbischof Wurm an den Reichsminister des Inneren. Aber den Christen und der Kirche insgesamt war der Mund verschlossen.

Wenn wir nun heute hier in Grafeneck versammelt sind und uns an die Ereignisse vor fünfzig Jahren erinnern, so können wir nur mit dem Stuttgarter Schuldbekenntnis von 1945 sprechen: »Wir klagen uns an, daß wir nicht mutiger bekannt, nicht treuer gebetet, nicht fröhlicher geglaubt und nicht brennender geliebt haben.« Wir stellen uns unter das vergebende Wort Christi und bitten ihn, daß er sich uns zuwendet, uns, den Nachkommen derer, die damals geschwiegen haben und so das Unrecht unter uns nicht nur duldeten, sondern durch ihr Schweigen förderten.

Die Gedenkstätte auf dem Friedhof des Samariterstifts Grafeneck, die heute ihrer Bestimmung übergeben wird, soll ein Mahnmal sein, das uns an eine Wunde in unserer Kirche und unserem Volk erinnert. Es gibt Wunden, die nicht heilen dürfen. Auch die Wunde Grafeneck gehört dazu. Eine Wunde am Leib unserer Kirche, eine Wunde, die schmerzt, so oft wir sie berühren. Es braucht solche Wundmale schmerzhafter Erinnerung. Eine Kirche braucht sie, unser Volk, und wir als einzelne, damit Geschehenes nicht vergessen und Versäumtes nicht länger verdrängt wird.

Aber nun will uns dieses Mahnmal, das jetzt eröffnet wird, nicht nur an die Vergangenheit erinnern. Es will uns zugleich für die Gegenwart Orientierung und für die Zukunft Richtung geben. Als der Staatspräsident Israels, Chajim Herzog, vor wenigen Jahren die Bundesrepublik besuchte, sprach er bei einer Gedenkfeier im ehemaligen KZ Bergen-Belsen die Sätze: »Kein Volk kann aus seiner Geschichte ausbrechen und sie verleugnen. Wir sind Erben unserer Vergangenheit. Aber wir wissen, daß Menschen fähig sind, sich zu ändern und eine neue Zukunft zu schmieden. Die Vergangenheit will uns nicht in Selbstlähmung führen. Sie ist ein moralischer Imperativ, der entschlossen fordert, daß das, was einmal geschehen ist, nie wieder geschehen darf.«

Das ist es, was der Prophet Jesaja uns mit seinen Worten sagt: »Laßt ab vom Bösen, lernet Gutes tun, trachtet nach Recht, helft den Unterdrückten, schaffet den Waisen Recht, führet der Witwen Sache!« Erinnerung hat gestaltende und befreiende Kraft. Wo wir zur Umkehr bereit sind und um die Vergebung Jesu Christi wissen, werden wir frei zu einer neuen Gesinnung, frei zu Taten der Liebe, frei zur Versöhnung und zum Ablegen von Vorurteilen. Die Unterdrückten, die Waisen, die Witwen werden hier genannt, Menschen, die sich selbst nicht Recht schaffen konnten, weil sie am Rand der Gesellschaft lebten und von den anderen übersehen wurden. Heute müßten wir andere Gruppen benennen: die ungeborenen Kinder, die Alleinerziehenden oder die Aussiedler und Asylbewerber, Suchtgefährdete, Abhängige und psychisch Belastete, Randgruppen, die es schwer haben mit sich selber und die deshalb so leicht ins Abseits gedrängt werden von einer Gesellschaft, in der nur die Leistung zählt.

Das Wundmal Grafeneck will für uns zu einem Mahnmal werden, das auffordert, uns den Menschen zuzuwenden, die sonst keine Lobby haben und die sich selber nicht Recht schaffen können. Jesus, der schuldlose Gottessohn, ist für uns Schuldige am Kreuz gestorben. Er hat gesühnt, was wir verbrochen haben. Er ist in den Riß getreten, der uns von Gott trennt. So hat er die Brücke wieder gebaut, die durch unsere Schuld zerbrochen war. Nun will er, daß wir in seiner Nachfolge Brückenbauer werden, Brückenbauer der Versöhnung, die mit dazu beitragen, daß Menschen in Frieden leben und ihr Recht finden können, gerade die Schwachen, die Hilflosen, die nicht in der Lage sind, selbst um ihr Recht zu kämpfen. Weil Jesus Christus uns das entscheidend Gute getan und unsere Schuld vergeben hat, können auch wir einander Gutes tun. So wächst aus der Erinnerung an die blutigen Hände von Grafeneck ein Neues, das Zukunft hat, weil es aus den Händen kommt, die für unsere Schuld am Kreuz vor Jersualem ausgehalten haben. Nur wer seine Vergangenheit nicht verdrängt, kann Schritte der Hoffnung tun in die Zukunft. Dazu gebe Gott seinen Segen.

Vertrauen wagen*

»Werft euer Vertrauen nicht weg, welches eine große Belohnung hat. Geduld aber habt ihr nötig, damit ihr den Willen Gottes tut und das Verheißene empfangt.« (Hebr 10,35–36)

Einen größeren Widerspruch können wir uns kaum vorstellen: Der 3. Oktober 1990, das wichtigste und einschneidendste Datum der deutschen Nachkriegsgeschichte – so empfinden heute ungezählte Mitbürger in Ost und West, und sie geben ihrer Freude und Dankbarkeit darüber lebhaften Ausdruck, jedes auf seine Weise. Und hart daneben stehen andere und fragen: Was gibt es heute eigentlich zu feiern? Sie verweisen auf die zähen Diskussionen, die im Vorfeld dieses Datums geführt wurden, und auf die mancherlei Irritationen, die dabei zutage getreten sind.

Haben wir heute Grund zum Feiern? Ich denke, wir haben zuerst einmal Grund zum Danken, tausendfachen Grund. Wir brauchen uns jetzt nur zu erinnern: Vor einem Jahr, Anfang Oktober 1989, hat doch wohl niemand unter uns in seinen kühnsten Träumen zu hoffen gewagt, was inzwischen Wirklichkeit geworden ist. Die Mauer quer durch Deutschland und mitten durch Europa, das Symbol einer Konfrontation von weltpolitischem Ausmaß, ist gefallen. Mit dem heutigen Tag der Vereinigung der beiden gewaltsam getrennten deutschen Staaten hat ein neuer Abschnitt in der Ge-

* Predigt am Tag der Vereinigung der beiden getrennten deutschen Staaten am 3. Oktober 1990 in der Stiftskirche Stuttgart

schichte unseres Volkes begonnen. Durch Jahre hindurch haben unzählige Kirchengemeinden in Ost und West in ihren Friedensgebeten Gott um die Erhaltung des Friedens und um das Geschenk der Freiheit gebeten. Der Friede ist uns in Europa in den ganzen Jahrzehnten, auch während der dramatischen Monate Ende 1989, erhalten geblieben. Darum muß neben dem »Verleih uns Frieden gnädiglich«, das wir in unseren Gottesdiensten im Blick auf die Golfkrise weiter singen, jetzt das »Nun danket alle Gott« unter uns seinen gebührenden Platz haben.

Freude und Dankbarkeit stehen an diesem Tag mit Recht im Vordergrund. Es ist Grund zum Feiern heute. Aber wir dürfen nicht übersehen, daß in die Freude über gefallene Mauern, geöffnete Grenzen und befreite Menschen sich auch Sorgen und Ängste mischen. Das geschieht auf beiden Seiten. Die Perspektiven für die Bewohner der bisherigen DDR sind keineswegs ungetrübt. Sie haben Wege in die Zukunft vor sich, die – zumindest in der nächsten Zeit – von großen Unsicherheiten belastet sind. Viele fragen sich, wie sie die kommenden Jahre bestehen werden. So liegen in unseren Empfindungen am heutigen Tag und in diesem Gottesdienst das Kyrie und das Gloria ganz nahe beisammen, das »Herr erbarme dich« und das »Ehre sei Gott«.

In dieser Situation, in der wir Gott unseren Dank bringen und auf sein Wort hin neues Vertrauen wagen, hören wir auf ein biblisches Wort aus dem 10. Kapitel des Hebräerbriefes. Dort schreibt der Apostel: »Werft euer Vertrauen nicht weg, welches eine große Belohnung hat. Geduld aber habt ihr nötig, damit ihr den Willen Gottes tut und das Verheißene empfangt.«

Das ist ein Wort an Menschen, die in ihrem Vertrauen wankend geworden sind. Ihre Freude am Glauben war durch Enttäuschung und Ernüchterung überschattet. Es ist eine »Gemeinde der gemischten Gefühle«, an die sich der Schreiber des Hebräerbriefes wendet. Auch wenn ihre Situation damals eine andere war als die unsere am heutigen Tag, so stehen wir doch ganz nahe bei ihnen und hören mit ihnen dieses Wort. Mir scheint, daß uns dieses Bibelwort eine dreifache Wegweisung geben möchte.

Am Gottvertrauen festhalten

Wir Bürger im westlichen Teil Deutschlands werden wohl nie ganz ermessen können, unter welchem Druck, bis ins Persönliche und Alltägliche hinein, die Menschen in unseren Partnergemeinden der bisherigen DDR gelebt haben. Nur in Umrissen können wir das Ausmaß an staatlicher Kontrolle, an ideologischer Indoktrination und an persönlicher Unfreiheit erkennen, das dort zum Lebensalltag gehörte. Die Luft, die man täglich atmen mußte, war von Mißtrauen und Lüge durchsetzt. Wen wundert es, wenn viele in solcher Luft seelisch krank wurden und das Vertrauen in die Menschen verloren haben?

Viele hatten in diesen Jahren ihre Zuflucht in der Kirche gefunden, bei ihren Friedensgebeten, die auch solchen ein Dach und eine Möglichkeit der Aussprache boten, die nicht mehr zur Kirche gehörten. Dort konnte man in einem Raum relativer Freiheit Gott begegnen und ihn erfahren als den, der persönlichen Mut und sonst nicht gekannte Zivilcourage schenkt und der weltpolitische Konstellationen herbeiführen kann, die das Klima zwischen den Völkern weltweit verändern. Ohne Gorbatschows Reformen in der UdSSR, ohne die aufsehenerregenden Veränderungen in Ungarn, Polen und der CSFR wäre die Wende in der DDR nicht denkbar gewesen. Dafür Gott zu danken, sind wir jetzt hier versammelt. Und dazu, neues Vertrauen zu ihm zu fassen im Blick auf den Weg der Gemeinsamkeit, den wir von heute an als deutsches Volk gehen.

»Werft euer Vertrauen nicht weg, welches eine große Belohnung hat.« Laßt euch nicht abdrängen von dem Glauben, daß Gott im Regiment sitzt und uns durch alle menschliche Schuld hindurch zu seinem Ziel führt! Unsäglich mehr als wir im Westen haben unsere Brüder und Schwestern im Osten an den Folgen des Krieges zu tragen und zu leiden gehabt, der vor mehr als 50 Jahren von deutschem Boden ausgegangen ist, der Millionen und Abermillionen von Menschen das Leben gekostet und der weitere Millionen aus ihrer angestammten Heimat vertrieben hat. »Werft euer Vertrauen nicht weg!« Bewahrt die Zuversicht, daß Gott auch durch die Schuld menschlicher Wege hindurch seinen Plan verfolgt. Ihm sich anvertrauen, seinem Wort folgen, mit seinem Geleit rechnen, das ist an einem Tag wie heute geboten.

Die Geduld nicht verlieren

»Geduld habt ihr nötig«, so schreibt der Apostel an die Hebräer-Christen, und er zieht damit eine erste Konsequenz aus seinem Aufruf zum Gottvertrauen. Geduld, das ist eine Aktivität des Glaubens; kein tatenloses Gewährenlassen, sondern eine zielgerichtete Beharrlichkeit, die von dem Glauben lebt, daß Gott uns treu ist. Die Geduld stellt sich den Problemen; sie weicht ihnen nicht aus, sondern versucht, sie mit Besonnenheit und Augenmaß zu lösen. Sie macht sich für uns Christen fest an dem Bild Jesu Christi, der im Leiden und im Sterben am Kreuz ausgehalten hat, in dem Vertrauen, daß Gott auch durch das Sterben hindurch seine Pläne verwirklicht.

»Geduld habt ihr nötig.« Wir brauchen sie in den nächsten Monaten und Jahren mehr denn je. Die niedergerissene Mauer und die geöffneten Grenzen haben in unserem Volk und in ganz Europa Entwicklungen ausgelöst, die noch längst nicht an ihr Ende gekommen sind. In vieler Hinsicht ist erst ein kleiner Anfang gemacht. Der heutige Tag ist ein entscheidender Meilenstein in dieser Entwicklung. In Wirtschaft und Landwirtschaft aber, in Politik und Verwaltung der bisherigen DDR müssen in der nächsten Zeit harte Wegstrecken gemeistert werden. Wen wundert es, daß jetzt Stimmen der Ungeduld laut werden, die eine noch raschere Gangart fordern und die noch schneller Früchte der Wende sehen wollen? Aber diese neuen Entwicklungen kosten Zeit; sie sind nicht ohne den langen Atem der Geduld zu bewältigen. Weder die Frage des Eigentums läßt sich im Handumdrehen lösen noch die Sanierung der Landwirtschaft, weder die Arbeitslosigkeit noch die Stasi-Problematik. Was hier im Westen in Jahrzehnten durch harte Arbeit und zähen Fleiß gewachsen ist, kann dort nicht mit wenigen Schritten bewältigt werden. »Geduld aber habt ihr nötig«, Aufmerksamkeit füreinander und Rücksicht aufeinander.

Auf unserer Seite, im westlichen Teil Deutschlands, wirkt es geradezu peinlich und erschreckend, wenn neuerdings immer angstvoller die Frage gestellt wird, was uns denn die staatliche Einheit kostet. Ich meine, so zu fragen sei ein Akt blanker Undankbarkeit. Die Einheit und die Freiheit, die unsere Politiker durch Jahrzehnte hindurch beschworen und um die wir in den Kirchen unablässig gebetet haben, sind nicht umsonst zu haben. Sie haben ihren Preis, sie werden uns etwas kosten. Selbst die wohlhabende Bundesrepublik wird das nicht beiläufig abmachen können. Schritte zu weiterer Gemeinsamkeit gibt es nicht ohne Schnitte in das Eigene. Ich denke, es wird uns Bundesbürgern nicht schaden, wenn wir an der einen oder andern Stelle den Gürtel jetzt etwas enger schnallen. Und auch unserer Kirche schadet das nicht. Die Überwindung der Teilung kann nur durch Bereitschaft zum Teilen gesichert werden.

»Geduld aber habt ihr nötig«, sagt der Schreiber des

Hebräerbriefes. Das gilt auch uns, im Westen wie im Osten unseres Vaterlandes. Geduld als Aktivität des Glaubens, die das Bereitsein zum Ausharren auf der einen wie das zum Verzichten und Opfern auf der andern Seite einschließt.

Den Willen Gottes tun

»Geduld aber habt ihr nötig, damit ihr den Willen Gottes tut und das Verheißene empfangt.« Gottes Wille – was heißt das für uns heute? Kann man ihn einfach an geschichtlichen Entwicklungen und politischen Ereignissen festmachen? Wir müssen hier Vorsicht walten lassen, damit wir nicht vermengen, was auf verschiedenen Ebenen liegt. An *einer* Stelle aber ist Gottes Wille und seine Absicht klar und unmißverständlich zu erkennen. Dort, wo uns die Bibel sagt: »Gott will, daß allen Menschen geholfen werde und sie zur Erkenntnis der Wahrheit kommen.«

Millionen von Menschen haben bis zur Wende in der DDR in einem atheistischen Staat leben müssen. Viele haben sich dort vom Glauben und von der Kirche abgewandt und leben heute fern von jeder christlichen Tradition. »Die Altlasten der DDR reichen bis ins Grundwasser unserer Seelen«, so hat vor kurzem ein namhafter Theologe aus der einstigen DDR geschrieben. Auch bei uns in der Bundesrepublik ist der geistliche Grundwasserspiegel in den letzten Jahrzehnten erschreckend abgesunken. Viele haben sich – unter völlig anderen Voraussetzungen – aus ihren kirchlichen Bindungen verabschiedet in ein gänzlich säkularisiertes Leben. Wir haben als Kirche nicht vermocht, sie bei uns festzuhalten. Deshalb haben wir es hüben und drüben, und von heute an gemeinsam nötig, daß wir uns aufs neue Gott und seinem Wort zuwenden. Nach der politischen Wende ist nun eine Wende der Herzen gefragt, eine Wende hin zu Jesus Christus, der unser Leben mit Sinn erfüllen und uns Geborgenheit in seinen starken Händen schenken kann.

Wenn wir uns ihm zuwenden und nach seinem Willen zu fragen beginnen, wird es auch geschehen, daß wir uns als Menschen einander zukehren, unsere Herzen und Hände füreinander öffnen und nicht nur unsere Freude und Dankbarkeit, sondern auch unsre Sorgen und Ängste miteinander teilen. Diese Wende zueinander hin kann uns freimachen von dem fatalen Schwarzweiß-Denken, das neuerdings die Menschen in Deutschland in »Ossis« und »Wessis« sortiert und das davon ausgeht, als wäre im Westen immer alles nur gut und im Osten immer alles nur schlecht gewesen. Sie kann uns freihalten von nationalem Überschwang und politischer Selbstüberhebung und uns zeigen, daß wir auch künftig – bei allen eigenen Problemen – die Völker der Dritten Welt nicht aus unserer Fürsorge und Verantwortung ausblenden dürfen. Die Wende der Herzen kann uns davor bewahren, nachdem nun die Mauern quer durch Berlin und durch Deutschland gefallen sind, neue Mauern aufzurichten, Mauern der Mißgunst und des Mißtrauens, Mauern des Neides, der Antipathie und der Feindseligkeit gegenüber Fremden. Und schließlich kann uns eine Wende der Herzen von der Meinung befreien, als hinge das Heil unseres geeinten Volkes nur an seinem Wohlstand. Die harte Währung darf unsere Herzen nicht hart machen, und das Sparbuch darf nicht zum Lebensbuch unseres Volkes werden.

Liebe Gemeinde, mit dem heutigen Tag wird ein neues Kapitel in der Geschichte unseres Volkes aufgeschlagen. Wir freuen uns aus ganzem Herzen über diesen Neuanfang, den Gott uns Deutschen in Ost und West ermöglicht hat. Aber dieser politische Neubeginn wäre nur eine halbe Sache, wenn wir als Glieder dieses nun geeinten Volkes die Chance eines persönlichen Neuanfangs verspielen würden, wenn es bei uns nicht zu einer Wende der Herzen käme, hin zu Jesus Christus und hin zu den Menschen, die uns brauchen. Darum »werft euer Vertrauen nicht weg, welches eine große Belohnung hat. Geduld aber habt ihr nötig, damit ihr den Willen Gottes tut und das Verheißene empfangt.« Amen.

Christ werden – Christ bleiben*

Der Berliner Bischof Martin Kruse hat vor kurzem zwei Fragen als das Generalthema der Kirche bezeichnet: Wie wird heute einer Christ? Wie kann heute einer Christ bleiben? Diese Problemanzeige hat Aufsehen erregt. Die Diskussion darüber ist seitdem nicht mehr verstummt. Auf vielen Ebenen setzt sie sich fort. Allgemeingültige Antworten wird es auf diese Fragen freilich nicht geben können. Jeder kann nur sehr persönlich darauf antworten. Auch ich.

Gott hatte eine lange Vorgeschichte mit mir

Wie ich Christ wurde? Wenn Eltern ihren Kindern den Glauben vererben könnten, hätte ich die besten Voraussetzungen gehabt: Ein bewußt christliches Elternhaus, ein eindrücklicher Konfirmandenunterricht, dessen Inhalte ich freilich erst später voll begriffen habe, die evangelische Jugendarbeit, in der ich aktiv mittat – das waren Vorgaben, wie man sie sich nicht besser wünschen kann. Aber gleichzeitig war da auch die andere Seite: der Einfluß der Ideologie des Nationalsozialismus, die Hitlerjugend, Lehrer, die uns in dieser Richtung beeinflußten. So brauchte es den politischen Zusammenbruch von 1945, den ich als Sechzehnjähriger auf dem Rückzug des deutschen Heeres im Allgäu erlebte, damit in meinem Leben die Kraft des biblischen

* Überarbeitete Fassung eines Beitrags aus: Ortsgespräch. Taschenbuch der Aktion »Neu anfangen – Christen laden ein zum Gespräch« in Marbach und Umgebung, S. 28–30

Evangeliums über die Faszination des ideologisierten Denkens siegen konnte.

Ein älterer Mitarbeiter unserer evangelischen Jugendarbeit war es, ein sogenannter Laie, der mir in jenen krisenhaften Monaten des Sommers 1945 (ich war inzwischen Schüler des Evangelischen Seminars in Schöntal an der Jagst geworden) den Weg vom Vergänglichen zum Bleibenden gewiesen hat. Erst hinterher ist mir aufgegangen, daß meine Eltern, die unvergessene Schwester im Marbacher Kindergarten, die Leiterin im Kindergottesdienst, mein Konfirmator und manche anderen je auf ihre Weise diesen Weg vorbereitet hatten, der mich später über das Theologiestudium in den Pfarrdienst unserer württembergischen Kirche geführt hat. Gott hatte eine lange Vorgeschichte mit mir, ehe daraus ein persönliches Verhältnis zu Jesus Christus wurde. Ich kann nur staunen, wie er auch durch Krisen hindurch ein Leben zu seinen Zielen lenkt. Manchmal schon habe ich über den Vers Gottfried Arnolds in unserem Gesangbuch nachgedacht:

»Die Wege sind oft krumm und doch gerad,
darauf du läßt die Kinder zu dir gehn;
da pflegt es wunderseltsam auszusehn,
doch triumphiert zuletzt dein hoher Rat.«

So ist es in der Tat. So habe ich es erfahren.

Auch ein Bischof hängt manchmal durch

Und wie ich Christ bleibe? Christsein ist weder ein Standpunkt noch ein Zustand, es ist ein Weg. Ich bin als Christ unterwegs, mitten durch die Welt, in der wir leben. Dieser Weg führt über Höhen und durch Tiefen. Manchmal scheint die Sonne, dann wieder ist es stürmisch. In allem aber ist mir mein Denkspruch die entscheidende Leitlinie, den ich bei der Konfirmation am 7. März 1943 in der Marbacher Stadtkirche mitbekommen habe: »Ich bin darin guter Zuversicht, daß, der in euch angefangen hat das gute Werk, der wird's auch vollenden bis an den Tag Christi Jesu« (Phil 1,6). In dieser Zuversicht versuche ich meine Tage zu gestalten und meinen Dienst zu tun.

Im Bischofsamt unserer Kirche bin ich oft extremen Belastungen ausgesetzt. Wichtig ist für mich deshalb ein geistlich geordneter Tag, die Stille Zeit am frühen Morgen, der Psalm am Abend, die Heimat in unserer Wohngemeinde am Rand von Stuttgart, soweit es zeitlich möglich ist. Seit über 30 Jahren gehöre ich einer Bruderschaft von Theologen an, in der ich für meinen Glauben und meinen Dienst Entscheidendes empfange. Ich habe dort Brüder und Freunde, deren Gebet und persönliches Geleit mich stützt und trägt.

Und nicht zuletzt: Die ständige Aufgabe der Verkündigung des Evangeliums, manchmal am gleichen Wochenende auf verschiedenen Kanzeln in allen Teilen des Landes, nötigt mich zur Bewährung des eigenen Glaubens in der Konfrontation mit den Problemen der Zeit.

Ich kann nicht sagen, daß mir dies immer gelingt. Auch ein Bischof kennt schwarze Stunden, und manches Mal »hängt er durch«. Aber ich halte mich an das Wort meines Denkspruchs: »Gott wird's vollenden.« Darauf verlasse ich mich.

Nachweis der Erstveröffentlichungen

Gemeinde in diakonischer Verantwortung (S. 43ff.):
Sonderdruck für die Evangelische Landeskirche in Württemberg, 1991

Charismatische Gruppen in unserer Kirche. Ein Wort an die Gemeinden (S. 75ff.):
Sonderdruck für die Evangelische Landeskirche in Württemberg, 1990. Nachgedruckt in zahlreichen Zeitschriften und Kirchengebietsblättern

Grund, Ziel und Weg missionarischer Verkündigung (S. 89ff.):
Klaus Teschner (Hg.), Die Botschaft von der freien Gnade. Festschrift für Johannes Hansen, Neukirchen-Vluyn 1990, S. 61–67

Hirtendienst (S. 101ff.):
Pfarrverein aktuell. Mitteilungen aus dem Evang. Pfarrverein in Württemberg 3/1991, S. 24–27

Zwischen Hoffen und Verzagen. Pfarrer sein, Pfarrerin sein heute (S. 107ff.):
Theologische Beiträge 24 (1993), S. 95–101. Erweiterte Fassung des Beitrags »Wir Pfarrer und Pfarrerinnen heute« in: Hermann Mittendorf (Hg.), »Gottes gesammelte Stückwerke«. Hundert Jahre Evangelischer Pfarrverein in Württemberg, Stuttgart 1991, S. 9–15

An der Quelle leben. Vom geistlichen Leben des Pfarrers und der Pfarrerin (S. 118ff.):
Theologische Beiträge 23 (1992), S. 182–192. Zugleich als Sonderdruck für die Evangelische Landeskirche in Württemberg erschienen

Vom Dienst der Knechte Gottes (S. 134ff.):
Theologische Beiträge 22 (1991), S. 169–173

Vertrauen in die Heilige Schrift (S. 167ff.):
Erweiterte Fassung eines Vortrags, der in der Jahresgabe 1992 der Evangelischen Sammlung in Württemberg gedruckt wurde

Europa evangelisieren – eine gemeinsame Aufgabe der Kirchen (S. 243ff.):
Evangelische Kommentare 25 (1992), S. 102–104

Unerwartet schwanger? (S. 163ff.):
Verteilschrift für die württembergischen Kirchengemeinden, 1990

Unerwartet Vater? (S. 268ff.):
Verteilschrift für die württembergischen Kirchengemeinden, 1991

Vertrauen wagen (S. 282ff.):
Sonderdruck für die Evangelische Landeskirche in Württemberg, 1990

Christ werden – Christ bleiben (S. 290ff.):
Ortsgespräch. Über den Glauben läßt sich reden. Taschenbuch der Aktion »Neu anfangen« in Marbach und Umgebung, 1991, S. 28–30